Seadove

Seadove

Seadove

Seadove

# 一本書讀懂德國史

## Germany History

歷史是一條直線

記住每一個歷史關鍵

每個事件都與世界歷史對照

一目了然，給記憶一個重要的位址

# 前言：充滿傳奇的德國歷史

這是一片令人神往的土地，萊茵河蜿蜒而過，黑森林連綿起伏，阿爾卑斯山橫亙在它的南方，多瑙河歡騰奔湧……東南西北的貨物在這裏彙聚，世界精英的思想在這裏碰撞。

這是一個盛產大師的國度，音樂家貝多芬、莫札特、巴哈、華格納等層出不窮；文學家歌德、席勒、格林兄弟等光照古今；哲學家康德、黑格爾、尼采、佛洛伊德等數之不盡；科學家萊布尼茲、愛因斯坦等大師輩出；繪畫家杜勒、瓦爾德、柯勒惠支等彪炳史冊……他們像一顆顆明亮的恆星，閃耀在世界文化的天空。

這就是德國，這就是德意志。

這是一個飽經風霜的民族，日耳曼人從興起到遍地開花，最後卻淪為羅馬人的奴隸；法蘭克帝國在查理曼的領導下南征北戰，最終卻三分天下；在神聖羅馬帝國的光環下，統一的力量卻被消耗在同教權無休無盡的爭鬥中；長達幾千年裏幾百個邦國分裂的局面無法解決；曾經的老大奧地利被踢出了統一的大局面；還有那細節繁瑣的兩德統一和分裂……它時而像溫順的羔羊任人宰割，時而又像凶殘的獅子咆哮世界，讓人唏噓不已。

不統一的德國，不僅當過羅馬教皇的「奶牛」，還因為落後而成為歐洲其他大國的附庸，成為它們爭霸歐洲的工具和犧牲品。

大大小小的戰爭在德意志的土地上展開，德意志漸漸熟悉這樣的場景：今天法國皇帝耀武揚威地以統治者的面目出現，明天在自己家園橫衝直撞的可能就是俄國的儀仗隊。

終於，在鐵血宰相的領導下，完成了統一大業，並讓德國成為19世紀末歐洲最強大的君主制國家之一。他曾經宣導的「鐵」與「血」，在當時震驚了整個世界，也預示了德國今後百年的命運：兩次挑起世界大戰。

德意志人擁有世界上最複雜的心理，他們在精神上激情勃發、無拘無束，但現實生活中卻循規蹈矩、一絲不苟；他們為自由、人性而歌唱，但實際上又殘暴不仁、不擇手段。

哲學家尼采這樣描述：「他們的靈魂中有一些通道和長廊，帶有各種洞穴、掩體和地牢；它的雜亂無章具有神秘之美。」

有什麼樣的文明，就會有什麼樣的國家，悠久的德意志文明充滿了神秘的色彩。有歷史學家認為，這個國家的歷史就像一輛雙層公共汽車，文化生活和政治生活有自己的發展道理。上面的乘客極目遠眺，飽覽風光，但卻不能影響車行的方向，因為在下層掌握方向盤的司機根本無暇顧忌他們。無疑，德意志民族是世界上最偉大的民族，在一千餘年的歷史中，德國的歷史從來就不僅僅是一個國家或一個民族的成長史。德意志人在世界上留下的筆記總是那麼深刻而厚重，它就像一隻不死的鳳凰，兩次挑起戰爭，兩次戰敗而受到嚴懲，但兩次都在短短的二、三十年間一躍為歐洲第一大強國。

這個民族有著嚴謹、冷靜而內斂的性格，精確而合理地安排總能讓德國社會有條不紊地前進，即使面對的是一片廢墟，他們也能沉著苦幹，保持一種本能的坦然。無論是《凡爾賽條約》的苛刻，還是「冷戰」後兩德分裂的苦楚，都不能阻止德意志民族前進的步伐。

歷史之所以耐人尋味，也許就在於它的複雜多變和模糊微妙。德國人真正從歷史中學會了尊重，放棄了自己的傲慢姿態，融入到世界之中。在漫長的追尋中，他們所經歷的大喜大悲，已經成為這個民族的集體記憶，為整個世界史書寫了一段不可忽視的歷史。

# 目錄

## | 第十四章 | 全新的掌權者

# | 序章 | 日耳曼人的故事

　　日耳曼，這個常常與「德意志」聯繫在一起的詞，卻比「德意志」出現的歷史要久遠得多。它的意思是「令人生畏的戰士」，這一點在德意志人的身體中埋藏得很深。無論是主動還是被動的遷徙，讓日耳曼人終於在德意志這片土地上扎根了。

1. 巴登-符騰堡
2. 巴伐利亞
3. 柏林
4. 勃蘭登堡
5. 不來梅
6. 漢堡
7. 黑森
8. 梅克倫堡-前波莫瑞州
9. 下薩克森
10. 北萊茵-威斯特法倫
11. 萊茵蘭-普法爾茨
12. 薩爾
13. 薩克森
14. 薩克森-安哈爾特
15. 石勒蘇益格-荷爾斯泰因
16. 圖林根

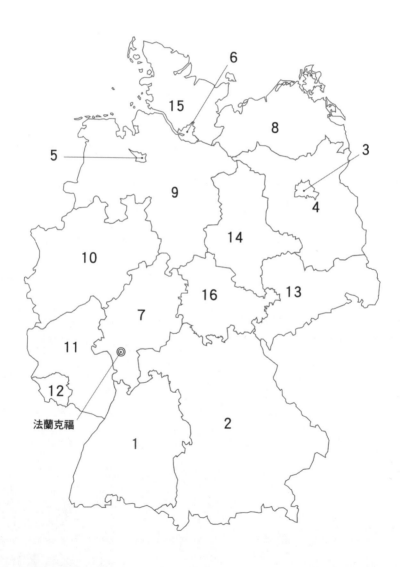

# 多瑙河畔的雅利安人

希特勒曾在他的著作《我的奮鬥》中提到，雅利安人，是地球上最高貴的人種，是繼承神的意志的民族。他認為具有金髮、碧眼和白膚等體質的雅利安人，有權統治非雅利安人。

正是在這樣的思想指導下，希特勒對其他國家的民眾犯下了滔天大罪。然而，具有諷刺意味的是，希特勒本人並不是純正的雅利安人種。顯然，希特勒扭曲了雅利安的原意。

雅利安，一詞來源於梵語，「高貴」的意思。

大約一萬年前，中國的炎帝和黃帝都還沒有出生的時候，在地中海西北部的多個部族中，就有一個叫雅利安的部落，生活著一群金髮碧眼、體型高大的大漢。他們主要以游牧為生，擅長騎射，難以忍受炎熱，卻對寒冷處之泰然；他們不大吃植物類糧食，穿著也很簡單，馴養牛、羊等動物。

由於人口的繁衍，為了尋找新的牧場和水源，雅利安人開始不斷向外遷徙。一千多年裏，他們從俄羅斯出發，向西進入歐洲大部分地區，向東深入歐亞的腹地，向南則伸入西亞和南亞，在人類歷史上形成了規模巨大的世界性游牧部落遷徙浪潮。

向西發展的雅利安人，沿著多瑙河一直走到了今天的德國一帶，然後又向北，到達了今天的瑞典、丹麥一帶，這群雅利安人，就是後來的日耳曼人，羅馬人口中的「令人生畏的好戰之士」。

一個國家和民族所居住的地理環境，往往對文化的形成有重要的

BC

耶穌基督出生　0—

君士坦丁統一羅馬

羅馬帝國分成兩部

波斯帝國　500—

回教建立

凡爾登條約

神聖羅馬帝國建立
　　　　　　1000—

十字軍東征

蒙古第一次西征

英法百年戰爭開始

哥倫布發現新大陸
　　　　　　1500—

英國大破無敵艦隊

發明蒸汽機

美國獨立

美國南北戰爭開始

第一次世界大戰
第二次世界大戰
　　　　　　2000—

影響，尤其是對早期文化的形成更為直接，可以說是文化形成的首要因素。「如果把各民族、各國度有聲有色的文化表現比喻為一幕接一幕悲喜劇，那麼，這些民族、國度所處的地理環境便是這些戲劇得以演出的舞臺和背景。」有人曾這樣生動地描述了地理環境對文化形成的重要性。

日耳曼民族獨特的傳統和民族主義，就是由原始時期所處的地理環境決定。當時的日耳曼人保持了淳樸的古風，對金銀等不感興趣，主要保持實物交換的方式。由於生產力水準的低下，日耳曼人幾乎沒有什麼剩餘產品可供交換，主要是用他們從戰爭中奪來的戰利品，來交換一些鹽、布等生活用品。

儘管窮得要死，但日耳曼卻是一個熱情的民族，對待客人非常慷慨。無論來者是尊貴的客人，還是流浪者，他們都傾其所有來款待。如果自己家裏窮得也沒糧食了，他就會把客人引到另一家去，而新主人同樣會殷勤招待。客人離開的時候，還可以隨意向主人索要禮物，如果他相中哪樣東西的話。

日耳曼人的婚姻生活十分嚴格，他們崇尚晚婚，認為一個人二十歲以前就知道關於女性的知識，是一件可恥的事情。他們大概是野蠻人中唯一以一個妻子為榮的一種人。他們不受聲色的影響，無論男女，都不懂得什麼是秘密幽會。如果丈夫發現妻子與他人通姦，就將她的衣服全部脫光，剃光頭髮，趕出家門，全村的人都可以鞭打她一番。可以說，日耳曼人優良的風俗習慣，比那些先進文明所制定的法律還有效。

冰天雪地的環境，把日耳曼人磨練得驍勇善戰，崇尚武力，他們認為，可以用流血的方式獲得的東西，如果用流汗的方式獲得，就是一種懦弱。當還是孩子的時候，他們就被訓練得習慣艱苦，經常赤裸上身在泥地玩耍；而他們的成年禮，是當眾獲得兵器。他們常常蓄鬍明志，直

到親手殺死一個敵人，才把鬍鬚剃光，以顯示自己的勇猛無畏。就連日耳曼人的舞蹈，也充滿著尚武的精神：赤裸上身的青年男子在劍叢中跳舞。

大約從西元前六世紀開始，日耳曼部落開始南遷，登上了歐洲的歷史舞臺。這個時候，發源於義大利半島的古羅馬共和國已經成為一個地跨歐亞非的大帝國。在羅馬看來，日耳曼人不過是沒有開化的蠻族。

然而，蠻族的力量，文明人有時候也是不敢輕視的。日耳曼人的驍勇善戰，不斷地成為羅馬人的噩夢。西元前115年，日耳曼人和羅馬人發生了第一次大衝突，也從這個時候開始，德國和義大利這對歡喜冤家，開始了長達兩千年的恩怨歷史。

### 相關鏈結：利姆斯牆

為了抵禦日耳曼人，羅馬人修築了綿延500公里的界牆。界牆北起北海，南到萊茵河，包括土牆、壕溝、柵欄、瞭望塔和要塞；每400公尺就設有一個瞭望塔，大概共有900座，使用烽火或其他方式聯絡；每15公里建造防禦要塞，共有120多個要塞。全部界牆可分為四段，以科隆為中心，美茵茲為大本營。界牆在保護羅馬的同時，也為日耳曼人創造了獨立發展的有利條件。

# 懸殊的條頓堡森林之戰

BC

耶穌基督出生　0—

君士坦丁統一羅馬

羅馬帝國分成兩部

波斯帝國　500—

回教建立

凡爾登條約

神聖羅馬帝國建立
　　　　1000—

十字軍東征

蒙古第一次西征

英法百年戰爭開始

哥倫布發現新大陸
　　　　1500—

英國大破無敵艦隊

發明蒸汽機

美國獨立

美國南北戰爭開始

第一次世界大戰
第二次世界大戰
　　　　2000—

　　德國民族主義歷史學家R.拉克爾說過：「無論是誰，只要他說德語並覺得自己是德意志人，永遠不應忘記，為了這一點他應該感謝誰。」德意志人不應該忘記誰呢？自然是德意志「開國之父」海爾曼。

　　海爾曼的一生是不幸的，幾乎可以說是在一連串的失敗中度過，但他堅韌不拔、永不服輸，屢戰屢敗、屢敗屢戰。從某種意義上來說，這位只活到37歲的英雄，用失敗和受難的方式捍衛了自己的榮譽和價值。他，一戰成名，條頓堡森林之戰足以奠定他在德國歷史中不可動搖的位置。

　　西元前12年，羅馬征服了萊茵河畔的廣大地區，大多數日耳曼部落成了帝國的附庸，成立了日耳曼尼亞省。海爾曼雖然擁有羅馬公民權，且享有羅馬授予的極高榮譽，但他身在曹營心在漢，視帝國的榮華富貴為糞土，一直在等待機會追求自由和獨立。

　　機會終於來了。羅馬皇帝奧古斯都調離了精明能幹的大將軍提貝留，任命自己的侄子，放蕩公子瓦魯斯為新的統治者。這位新到任的總司令，驕奢淫逸、橫徵暴斂，激怒了很多日耳曼人。

　　面對羅馬人的剝削和威脅，海爾曼承擔起了領導日耳曼人反抗壓迫統治、爭取解放的鬥爭。他一方面透過密謀的方式，暗中聯繫日耳曼各部，做好戰爭準備；一方面建議大家假意遵從《羅馬法》，他自己也經常以羅馬人的面貌在瓦魯斯的家裏出現，騙取了瓦魯斯的深度信任。

　　秋季的一天，瓦魯斯接到報告，說北方的日耳曼部落造反了。瓦魯

斯聽了很生氣，一怒之下調動三個軍團前去鎮壓。行軍路上的瓦魯斯不會想到，這是他的好朋友海爾曼給他安排的陷阱。

戰爭的雙方，一方知己知彼，另一方卻完全蒙在鼓裏。儘管日耳曼人在裝備和技術上遠遠不如羅馬人，但在戰場上，戰術和謀略更起決定作用。這場戰爭，註定了是一場有懸殊無懸念的戰爭，在一開始就已經決定了結局。

起義的部落與羅馬主力部隊之間，隔著條頓堡森林，這是海爾曼精心策劃的，他要在條頓堡森林擊垮傲慢的羅馬人。當時正值秋季，綿綿的陰雨讓道路變得泥濘不堪。雄赳赳的羅馬軍團很快被淋得透濕，一步一步艱難跋涉，踏上了前往條頓堡森林的不歸之路。

很快，瓦魯斯發現不對勁了，但為時已晚。海爾曼聯合的日耳曼部落大軍已經在條頓堡森林裏埋伏妥當，張著大嘴巴隨時恭候著瓦魯斯的大軍。

突然，一聲雄壯的號角響起，被壓迫很久的日耳曼戰士，將手中的利箭化成仇恨和憤怒，射向敵人。無數的箭頭變成死神的召喚，吞沒了一個又一個羅馬士兵的生命。久經戰場的羅馬人迅速反應過來，但蔓藤纏繞的森林讓他們失去了用武之地。

羅馬人且戰且前行，終於擺脫了箭陣的糾纏。在一處峽谷前，海爾曼命人提前砍倒的幾十棵大樹，擋住了他們的去路。瓦魯斯只得命令部隊丟棄馬車，步行前進。不願放棄貴重物品的羅馬士兵，爭先恐後到車上拿自己的東西。儘管瓦魯斯拼命叫喊，讓他們保持隊形，但無人聽從。片刻之間，羅馬軍團亂成一團。

悄悄埋伏在峽谷的海爾曼一看時機已到，下令總突擊。他親自帶隊衝鋒，一時間，殺聲震天。羅馬士兵被金銀細軟壓彎了腰，根本無力回擊，很多人抱著金銀死去。叫喊聲、求救聲、臨死前的呻吟、刀劍交錯

BC　日耳曼部落

漢

— 0

三國
晉
———民族大遷徙

南北朝

— 500　德意志立國

隋朝
唐朝

———查理曼帝國
———東、西法蘭克帝國
五代十國
———薩克森王朝
宋朝
———奧托一世稱帝
— 1000

元朝

明朝

— 1500
———德國宗教改革

———三十年戰爭
清朝

———神聖羅馬帝國滅亡
———德意志邦聯
———普法戰爭
中華民國
———分裂成東、西德
———兩德再次統一
— 2000

的巨響,將條頓森林變成了殺戮之谷。

經過兩天多的激戰,三萬多羅馬人戰死,剩下一小部分被俘。俘虜不是被當成神的祭品,就是變成了奴隸,生還的不到一百人。眼前的慘狀,讓瓦魯斯徹底絕望,這位花花公子拔劍自殺了,保住了一點僅有的尊嚴。

噩耗傳到羅馬城,給羅馬帝國當頭一棒。奧古斯都聽了之後,幾個月不洗臉,不刮鬍子,常常以腦袋撞牆,一邊撞一邊悲呼:「瓦魯斯,還我軍團!」

此戰之後,羅馬軍團不可戰勝的神話破滅了。有勇有謀的德意志之父將羅馬人開疆拓土的偉大事業劃上句號。羅馬人被趕過萊茵河,日耳曼人贏得了獨立,並因此被稱為條頓人。此戰的勝利,也意味著日耳曼人避免了被羅馬同化的命運,開始在歷史的舞臺上扮演重要的角色。

### 相關鏈結:條頓堡森林

條頓堡森林是一塊高地,位於今天德國西北部歐斯納布魯克附近,它地勢起伏很大,河谷縱橫。這裏生長著高大茂密的橡樹林,灌木草叢很少,人和馬可以在其中穿行無阻。直到今天,條頓堡森林的地貌都沒有多少改變,地圖上顯示的一些地名,如「勝利場」、「白骨巷」,和「殺戮谷」等,還能讓我們依稀瞭解到當年戰爭的殘酷。

神聖羅馬帝國建立 1000—

十字軍東征

蒙古第一次西征

英法百年戰爭開始

哥倫布發現新大陸 1500—

英國大破無敵艦隊

發明蒸汽機

美國獨立

美國南北戰爭開始

第一次世界大戰
第二次世界大戰

2000—

# 匈奴人殺過來了

東漢永元三年（西元91年），大將軍竇憲、耿秉深入萬里瀚海沙漠，出擊鹿塞三千華里，在金微山大破匈奴，徹底解決漢朝歷時三百年之久的匈奴之患。自此，匈奴分為南北兩部，南匈奴歸順東漢，北匈奴向西逃竄。

漢明帝不會想到，當年他一聲令下，開始對北匈奴實行戰略反擊，會帶來如此巨大的多米諾骨牌效應。向西逃竄的北匈奴，用了整整兩百年的時間，跨過窩瓦河，進入俄羅斯境內，沒有人知道他們是怎樣走過大半個亞洲的。

所幸，長途跋涉的結果還是很美好的，豐饒的俄羅斯草原，讓在西遷途中不斷混居的匈奴人想定居了。於是，他們停下了前進的腳步，準備在草原定居了。但想要真正定居，他們必須趕走這片草原上的當地居民阿蘭人。

兩百年的休養生息，讓匈奴人恢復了元氣。勇敢的阿蘭人在這群外來者排山倒海的攻擊下，只得放棄自己的家園。匈奴人殺死了阿蘭國王，徹底征服了阿蘭國。阿蘭人，連同生活在這片草原上的哥德人，紛紛向西逃竄。

如果匈奴就此停下，歐洲的歷史或許會不一樣。然而歷史沒有如果，俄羅斯豐饒的草原很快就不能滿足貪婪的匈奴人了，他們決定挺進歐洲。

西元374年，匈奴人向東哥德人發動進攻，只因為那片由東哥德人

控制的草原讓他們垂涎不已。匈奴雖然輸給了東漢王朝，但是對其他部族來說還是強大的「上帝之鞭」。

匈奴人一路向西，所向披靡，就算是好戰狠勇的日耳曼人也擋不住這些從東方來的強悍騎兵。

匈奴人的這次進攻，幾乎驅動了所有的日耳曼部落，他們只好攜家帶眷，紛紛向西逃竄，到羅馬帝國境內尋求庇護。這便引起了日耳曼人

雪崩似的遷徙運動，同時也加快了日耳曼人取代羅馬人的步伐。

經過討價還價，羅馬皇帝瓦倫斯批准難民入境，數十萬難民如潮水

般，越過利姆斯牆，進入羅馬境內。事實證明，允許日耳曼人以「同盟

者」的身分進入羅馬境內，是多麼缺乏遠見的決策，這之後的事態發展

遠遠超出了羅馬人的控制。

作為獲得進入羅馬境內的交換條件，日耳曼人必須聽從羅馬人的安

排，交出全部的武器。然而，日益強大的日耳曼人，對於日漸衰落的羅

馬帝國，自然不肯乖乖就範。

日耳曼人進入羅馬境內不久，羅馬官吏就開始侵吞供應給他們的糧

食，哄抬物價，逼得日耳曼人為了吃一塊麵包，不得不付出一個奴隸的

代價，甚至賣兒賣女。

不堪忍受殘忍剝削的日耳曼難民起而反抗，帝國的「同盟者」變

成了帝國的「敵人」。緊接著，組成大軍的日耳曼人在阿德里安堡重創

羅馬步兵，連皇帝瓦倫斯也在混亂中被燒死。羅馬政府被迫改用懷柔政

策，與日耳曼人簽定合約，允許日耳曼人居住在羅馬境內，還可以建立

自治區。

在接下來的兩個世紀，日耳曼各個部落在羅馬帝國境內大規模遷

徙，從而引起了整個西歐民族布局的大調整，隨著民族大遷移帶來的，

是整個歐洲的民族大融合。

　　日耳曼人憑著自己的英勇善戰，終於在西元410年佔領並破壞了羅馬。此時的羅馬帝國已經風雨飄搖，隨時都可能瓦解。如果不是匈奴人的侵略，日耳曼人很可能就此徹底征服羅馬。

　　450年，匈奴國王阿提拉找了個藉口發動了對羅馬的戰爭。羅馬人和日耳曼人暫時停止了爭鬥，組成聯軍共同抵抗匈奴人。第二年，阿提拉的匈奴大軍與聯軍在今法國香檳省境內馬恩河畔展開決戰。雙方損失都很慘重，匈奴也退回萊茵河。

　　三年後，匈奴首領阿拉提突發心臟病死於軍中，據說匈奴人為了把阿拉提的遺體埋在河床下，還專門攔住了一條河流的水。事後，處死了所有參與施工的奴隸，以致阿提拉的墳墓至今仍是個謎。阿拉提死後，他的眾多兒子為了爭奪王位而相互仇殺，匈奴就在這些內耗中慢慢沉寂下去，被當地人同化，直至被歷史遺忘。

　　匈奴崩潰不久，羅馬帝國也走到了盡頭，日耳曼人成了這場歷史動盪的最後贏家。

　　日耳曼人取代羅馬人，成為歐洲的新貴。這一次日耳曼民族大遷移，一方面給被征服地區帶來了掠奪和侵害，但也給日耳曼人帶來了先進的生產力，擴大了農耕經濟的領域，衝擊了日耳曼落後的社會制度，歐洲從落後的奴隸社會，步入到封建社會，在世界歷史上寫下了濃墨厚彩的一筆。

耶穌基督出生　0—●

君士坦丁統一羅馬

羅馬帝國分成兩部

波斯帝國　500—●

回教建立

凡爾登條約

神聖羅馬帝國建立
　　　　　1000—

十字軍東征

蒙古第一次西征

英法百年戰爭開始

哥倫布發現新大陸
　　　　　1500—

英國大破無敵艦隊

發明蒸汽機

美國獨立

美國南北戰爭開始

第一次世界大戰
第二次世界大戰

　　　　　2000—

### 相關鏈結：阿德里安堡戰役

西元378年，羅馬帝國軍隊與哥德人，在當時羅馬帝國的色雷斯行省馬里查河河畔的阿德里安堡，發生了一次慘烈的戰役。哥德騎兵以良好的機動性能對羅馬軍隊的左翼發動了襲擊，整個羅馬軍隊頓時亂作了一團。

這次戰鬥，羅馬人超過三分之二的士兵陣亡，包括皇帝瓦倫斯，是羅馬在坎尼戰役和條頓堡戰役之後的最大失敗，也是羅馬走向滅亡的標誌。

# 【專題】彩蛋滾起來

每年春分過後，第一個月圓後的第一個星期天，德意志人民便迎來一年一度的復活節。

這一天，在德國萊茵河中游和黑森東部的一些城市，人們把成百的蛋殼上塗滿鮮豔而明亮的顏色，畫上五彩斑斕的圖畫，串成一串，像鏈條一樣掛在松樹上。一串串的蛋鏈將松樹打扮得異常漂亮。大人孩子們都圍著彩蛋樹唱歌跳舞，慶祝復活節。

在阿爾卑斯山的女孩們，則透過在復活節這天贈送三個紅蛋給自己的心上人，以此來表達自己的愛情，表示女孩向男孩求愛。

當然，這些彩蛋也會在糖果店裏出售。因為小巧而簡單，孩子們用自己的零用錢就能買下來。小的一種叫方旦糖，一寸多一點長，外面是一層薄薄的巧克力，用彩色的錫箔紙包起來；還有一種是空蛋，比鴨蛋大一點，裏面什麼都沒有，只要打爛蛋殼，就能吃巧克力片。復活節的櫥窗裏，會擺滿很多比這些更精美的彩蛋。

這些彩蛋精美而漂亮，代表著人們的美好心願。節日期間，人們把彩蛋放在地上或坡上滾，誰的彩蛋最後破，誰就獲勝，勝利者可以得到所有遊戲者的彩蛋。

人們相信，彩蛋在地上來回滾動可以震懾惡魔。這種風俗歷史悠久，雞蛋是復活的象徵，它預示著新生命的到來，這裏面還有一個動人的傳說。聖母瑪利亞在得知耶穌復活的消息後，打算去告訴羅馬皇帝提庇留。在那個時候，觀見皇帝是必須要帶禮物的，瑪利亞沒有其他禮物

BC　日耳曼部落

漢

— 0

三國
晉
—————民族大遷徙

南北朝

— 500———德意志立國

隋朝
唐朝

—————查理曼帝國
—————東、西法蘭克帝國
五代十國
—————薩克森王朝
宋朝　奧托一世稱帝
— 1000

元朝
—
明朝

— 1500
—————德國宗教改革

—————三十年戰爭
清朝

—————神聖羅馬帝國滅亡
—————德意志邦聯
—————普法戰爭
中華民國
—————分裂成東、西德
—————兩德再次統一
— 2000

可以拿，只有一個雞蛋。她拿著雞蛋，高興地告訴提庇留：「耶穌復活了！」提庇留聽後哈哈大笑：「不可能！如果這是真的，那你手裏的白雞蛋應該會變成紅色的。」話音剛落，奇蹟出現了，白雞蛋真的變成了紅色。

為了紀念耶穌復活，基督徒紛紛在復活節那天將雞蛋染成紅色。因為雞蛋象徵著宇宙的雛形，生命的根源，耶穌從墓穴中復活，就像小雞破殼而出。到了西元十二世紀，人們逐漸在復活節製作、贈送彩蛋。顏色也從單一的紅色發展到各種顏色，最後發展成用彩繪技藝加工的「彩蛋」。這些加工得非常精緻的彩蛋，被吃掉實在太可惜了。富有藝術感染力的蛋所擁有的藝術價值遠高於食用價值，人們更希望能保留起來觀賞。這樣一來，人們開始在沒有蛋液的空蛋殼進行彩繪，成為供人觀賞的工藝品。

在復活節尋找彩蛋，是孩子們最喜歡的遊戲。那一天，父母們會告訴孩子，兔子已經背著整整一框的彩蛋，把它們藏在院子裏。孩子們帶著極大的熱情在院子裏尋找這些帶著幸福意味的彩蛋。當然，在德國的其他地區，也可能是公雞、布穀鳥和狐狸把彩蛋藏起來。

除了彩蛋，火炬賽跑也是復活節不可缺少的節目。德國威斯特法倫州的呂克台復活節滾火輪遠近聞名。六個巨大的木車輪被點燃後，滾下山谷，就像六個火球從天而降。與它輝映的是五彩的焰火，節日的夜空被照得通亮，預示了火給人類帶來的新生。

這一天也是家人團聚的日子，大家坐在一起品嘗各種傳統食物，親朋好友互贈禮物。人們在教堂前點燭以示聖化，孩子們用聖火點燃樹枝，然後奔跑著送到各家各戶，充滿了節日的氣氛。

哥倫布發現新大陸
　　1500

英國大破無敵艦隊

發明蒸汽機

美國獨立

美國南北戰爭開始

第一次世界大戰
第二次世界大戰
　　2000

# | 第一章 | 當蠻族接受文明

　　文明與野蠻的衝突是人類歷史上經久不衰的主題，野蠻人對文明的破壞也是很多文明滅亡的原因。但更多的是，野蠻被文明所同化。遠比羅馬人野蠻和落後的日耳曼人，就甘願基督教這雙無形的手操縱。擁有強大力量的日耳曼勇士，就這樣放棄了他們的部分權力，也讓德意志的道路變得更加難以琢磨。

1. 巴登-符騰堡
2. 巴伐利亞
3. 柏林
4. 勃蘭登堡
5. 不來梅
6. 漢堡
7. 黑森
8. 梅克倫堡-前波莫瑞州

9. 下薩克森
10. 北萊茵-威斯特法倫
11. 萊茵蘭-普法爾茨
12. 薩爾
13. 薩克森
14. 薩克森-安哈爾特
15. 石勒蘇益格-荷爾斯泰因
16. 圖林根

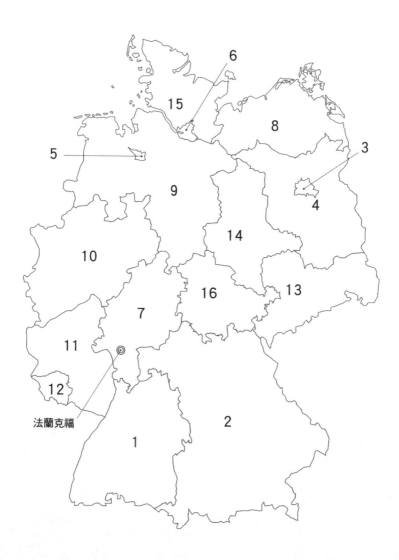

# 墨洛溫王朝：法蘭克人的新王朝

歷史上，朝代更替是一件很稀鬆平常的事情，每一個朝代更替，說白了就是利益集團間的鬥爭，是階級間的鬥爭。因此，有壓迫就會有反抗，有成功也會有失敗，這是歷史的優勝劣汰，也是歷史的生存法則。

隨著羅馬帝國的滅亡，日耳曼人在歐洲建立了很多國家，其中的絕大部分在歷史的長河中湮沒無聞。但有一支卻脫穎而出，就是法蘭克王國的墨洛溫王朝。

法蘭克人是日耳曼族的一支，居住在萊茵河的下游一帶。克洛維一世是法蘭克諸部落中一個小首領，他的祖父是墨洛維，一位曾在戰役中大敗阿拉提的英雄；他的父親，奇爾德里克在任期內極力拓展疆土，死後被安葬在一座豪華的墳墓中。

418年，克洛維繼承他父親的遺志，繼續擴展勢力。經過幾十年的努力，他消滅了羅馬帝國在高盧的殘餘勢力，吞併了其他法蘭克部落，佔領了高盧的大部分領土，被下屬「拋擲到武士的盾牌之上」，成為法蘭克人唯一的君主，開始了墨洛溫王朝在法蘭克王國的統治。

任何野蠻對文明的勝利，最終結果都會是野蠻人被文明人所同化。野蠻可能暫時戰勝文明，落後也可能暫時戰勝先進，但野蠻最終會失敗。就如中國的元朝，落後的游牧民族雖然佔領了中原，最終卻被中原文化所征服。

同樣，墨洛溫王朝對羅馬帝國也充滿了崇敬和迷戀，雖然它推翻了羅馬帝國，但做夢都希望繼承它的衣缽。克洛維建立法蘭克王國後，也

BC　日耳曼部落

漢

— 0

三國
晉
………民族大遷徙

南北朝

— 500 ……德意志立國

隋朝
唐朝

………查理曼帝國
東、西法蘭克帝國
五代十國
………薩克森王朝
宋朝
………奧托一世稱帝
— 1000

元朝

明朝

— 1500
………德國宗教改革

………三十年戰爭
清朝

………神聖羅馬帝國滅亡
………德意志邦聯
………普法戰爭
中華民國
………分裂成東、西德
………兩德再次統一
— 2000

以承認羅馬皇帝、繼承羅馬帝國事業為榮。正因為這樣，當克洛維一接到羅馬皇帝的敕書，就立刻前往聖馬丁教堂。據說，當天他身穿紫色袍服，頭戴王冠，從教堂的前庭入口直到教堂，一路上慷慨地贈送金銀錢幣給沿途的人們。人們一路歡呼，稱他為奧古斯都和執政官。

496年，克洛維與阿勒曼尼人作戰，這是一場決定誰當日耳曼之王的戰鬥，因而異常激勵。法蘭克人一度陷入困境，克洛維在絕望之際，向天高呼：「耶穌基督！……我以一顆赤誠的心向您祈禱。如果我能戰勝這些敵人，讓我親自體驗到你的力量，我一定信奉你，並以你的名義去洗禮。」

也許是巧合，也許是克洛維的祈禱真的管用了，又或許是心理暗示作用，反正最後奇蹟出現，法蘭克人大敗阿勒曼尼人。克洛維遵守諾言，並接受洗禮。

在這之前，克洛維並不信奉上帝，對於自己妻子歌頌上帝的綿綿細語，常常嗤之以鼻。作為一位精明能幹的君王，他對妻子的開導無動於衷。例如，他的大兒子在接受洗禮時夭折，他非常難過，但他的妻子也感謝萬能的上帝，因為「穿著洗禮白色衣服被上帝召喚去的人，是會在上帝的眼前被撫養長大的。」

而他的二兒子在洗禮時，病痛沒有危及生命，王后仍然感謝上帝，因為「上帝註定要這個孩子康復。」對於這種生死都有道的說話，克洛維只能搖搖頭，表示不以為然。然而，大敗阿勒曼尼人，讓他決心皈依基督教。

克洛維洗禮那天，街上掛滿五顏六色的帳幕，遮天蔽日，所有的教堂都裝飾著白色的幕帳，浸禮堂整整齊齊，香燭生輝。主教給克洛維施洗，他緩步移向聖水，用清新的流水洗去早年對上帝的不敬。

三年後，克洛維召開奧爾良宗教會議，規定任何人不得進入教堂

追捕犯人；居民必須參加禮拜。後來，他又進一步規定神職人員免除徭役；不得侵佔教會的產業等等，提高了教會在世俗生活中的地位。

直到今天，基督教依然對德國社會生活的各個方面有著深刻的影響。一般來說，有什麼樣的宗教，就會有什麼樣的國家，會產生什麼樣的文明。面對「蠻族」日耳曼人，基督教充當了文化守望者的職責，給這些未開化的征服者們提供了一個文化進步的機會。

在法蘭克王國中，「基督教」成了「文化」的代名詞，是教會讓居住在德國境內的日耳曼部落逐步進入文明社會。克洛伊的皈依，傳承了希臘羅馬文化，起到了興亡繼絕的關鍵作用，使歐洲各國至今仍然處在基督教的影響之下。

### 相關鏈結：法蘭克王國

法蘭克王國控制著整個高盧和萊茵河以東的廣大日耳曼人居住的地方。對於法國歷史和德國歷史來說，法蘭克王國都是躲不過去的坎。它既是法國歷史的組成部分，也是德國歷史的組成部分。因為法蘭克王國最初定都巴黎，但建立王國的人卻生活在萊茵河畔；法蘭克王國以後一分為三，法國、德國和義大利都是他的組成部分。

BC　日耳曼部落

漢

— 0

三國
晉
— 民族大遷徙

南北朝
— 500　德意志立國

隋朝
唐朝

— 查理曼帝國
東、西法蘭克帝國
五代十國
薩克森王朝
宋朝　奧托一世稱帝
— 1000

元朝

明朝

— 1500
德國宗教改革

三十年戰爭
清朝

神聖羅馬帝國滅亡
德意志邦聯
普法戰爭

中華民國
分裂成東、西德
兩德再次統一
— 2000

# 查理曼大帝的加冕

「他體格健壯，身高超過普通人，但卻很均勻，因為他的身高是腳長的七倍。他腦袋圓圓的，大大的眼睛炯炯有神，鼻子很長，灰色的頭髮很濃密，表情親切歡快。他不論坐著還是站著，都給人偉岸的印象。雖然他的脖子很短，肚子有點凸出，但勻稱的身材掩蓋這些缺點。他步伐穩重，很有大丈夫氣概；他聲音洪亮，比其他人要高亢一些……」艾因哈德這樣描述他的君主。

這位受人尊敬的君主，還在世的時候，就有人為他歌功頌德，被人成為「歐洲國王之父」。他就是查理曼大帝。英雄總是討人喜歡的，不少歐洲國家都把查理曼視為自己獨立的民族英雄，除了德國外，還有法國、義大利、西班牙、英國等都認為查理曼是他們的「馬上皇帝」。

查理曼是一個性格複雜的人，有時他寬厚仁慈，有時又殘暴凶惡。他凡事喜歡親臨現場，常常出其不意地出現在危險的地方。他很好學，人到中年還學習希臘文和拉丁文，學習寫作、文學和技術。他時常邀請歐洲的精英們到王宮，一起娛樂。他們無拘無束，高談闊論，平等地參與討論。

查理曼很愛惜人才，就算是反對自己的學者，他都會尊敬有加。據說，歷史學家保羅・瓦恩弗里德曾公開反對查理曼的生活方式。有人建議打斷他的手，查理曼說：「那我還能在哪裡找到這麼優秀的作家呢？」在查理曼統治期間，羅馬文明得到了很好的延續，文化繁榮，教育昌盛，人們稱為「卡洛林文藝復興」。

正所謂一將功成萬骨枯，查理曼一生大部分是在戰爭中度過的，他執政47年，發動過53次戰爭，只有兩年的時間沒有戰爭。他騎馬近9萬公里，差不多繞地球兩周。在查理曼的戰爭中死去的人達上百萬，特別是在對薩克森人長達30年的戰爭中，僅一天他就處決了4500人撒克遜貴族。由此看來，查理曼更是一個蠻族首領，一個冷酷的戰士。

正是在查理曼這個軍事、政治天才的領導下，法蘭克鎮壓了阿基坦人的反叛，征服了倫巴底人，征服了巴伐利亞人和阿瓦爾人，建立了一個龐大的帝國，包括今天的法國、德國、荷蘭、義大利奧地利在內，與西羅馬帝國相去無幾的帝國。

查理曼在歐洲創造了一個奇蹟。當然，他的奇蹟是用刀劍創造的，付出的代價不僅僅有敵人，也有法蘭克人，以及他的忠誠將領們。「世界歷史上最著名的失敗之一」的隆塞瓦列斯山谷戰役中，他失去了自己的外甥，羅蘭將軍。

西元800年12月25日，耶誕節的晚上，羅馬聖彼得教堂裏燈火通明。子夜的鐘聲敲響，在大教堂長方形的大廳裏，聖誕彌撒正在進行。在聖彼得遺體的祭壇旁，查理曼換上紅衣主教的紫袍，雙膝跪下，向祭壇祈禱。

羅馬教皇利奧三世走上前，高聲誦讀福音書，完畢他將混合了橄欖油的聖油抹在這位日耳曼大漢的頭上、頸上和手上，然後將凱撒的金色皇冠戴在查理曼的頭上。教皇高聲宣布：「上帝為查理皇帝加冕！這位偉大的、給世界帶來和平的羅馬人的皇帝，長壽與勝利屬於他！」教堂內外，一片歡呼。

據說，利奧教皇的行為讓查理曼很生氣，因為他打算在取得拜占庭皇帝同意後才舉行加冕的。但這也只是據說，這一既成事實，讓查理曼成為西方最高的世俗統治者，標誌著法蘭克帝國達到了它的巔峰時刻。

BC　日耳曼部落
漢
— 0

— 三國
晉
— 民族大遷徙

— 南北朝
— 500　德意志立國
隋朝
唐朝
—
— 查理曼帝國
　　東、西法蘭克帝國
五代十國
　　薩克森王朝
宋朝　奧托一世稱帝
— 1000
—
—
元朝
—
明朝
—
— 1500
　　德國宗教改革
—
　　三十年戰爭
清朝
—
　　神聖羅馬帝國滅亡
　　德意志邦聯
　　普法戰爭
中華民國
　　分裂成東、西德
　　兩德再次統一
— 2000

雖然查理曼總是用武器去解決問題，但是很明顯，武器並不能解決一切問題。即便成為了羅馬的皇帝，查理曼也很清楚自己其實名不符實，因為君士坦丁堡的東羅馬帝國，怎麼看都要比他來得正統得多。

查理曼的精明再一次體現出來，他打算迎娶東羅馬帝國的皇太后，這樣就可以不費吹灰之力就能把法蘭克帝國和羅馬帝國結合在一起，實現他統一歐洲的夢想。如果真是這樣，那整個德國史，甚至歐洲史都將改寫。但歷史的車輪在這裏僅僅停了一下就朝著另一個方向駛去。

羅馬皇太后的逝去讓查理曼的這個夢想，還沒開始就已經像一個春夢一樣遠去。直到他生命的最後一刻，他還念念不忘。這個馬背上的戰士，念出了一句詩：「進入您的手中，哦，上帝，我向您交出我的靈魂。」

在整個日耳曼人的歷史中，查理曼是第一個稱為「大帝」的人。他不但促成了法蘭克王國向法蘭克帝國的轉變，而且實現了日耳曼人成為羅馬帝國繼承人的夢想。從他之後，「攻入羅馬，接受教皇的加冕」就成了由國王升為皇帝的規則。

### 相關鏈結：塗油禮

作為基督教極為神聖的一種儀式，塗油禮被認為是入教的基本儀式，後來演變成一種賦予少數人以特殊政治身分和權力的典禮。為準國王塗上橄欖油，表明接受塗油的人已經獲得上帝的認可，成為正式的國王。這種儀式，讓權力的得到變得合法，富有神聖的意味。自從丕平王開了這個先例之後，塗油禮就成了定規。

# 凡爾登三分疆土

壯志未酬身先死，查理曼的不甘是顯而易見的，他多麼希望他的後代能繼承他的大業並繼續完成。然而宮廷之內，有太多的無奈。匆匆建立起來的法蘭克帝國，還沒有形成統一的民族就分裂了。分裂思想如此深入人心，以致睿智的查理曼大帝也不能避免，他也贊成分區治理的方案。

於是，查理曼在806年制定了《繼承條例》，將帝國領土分為三份。然而，在查理曼還在世的時候，他的大兒子和二兒子就去世了。老年失子，白髮人送黑髮人，本是一件很悲慘的事情，但這也避免了帝位繼承帶來的衝突。然而，幸運之神並不會一直照顧加洛林王室，領土的爭奪，在他的孫子那裏上演了。

歷來圍繞皇位的爭奪都是充滿血腥和陰謀，幾乎每一次皇位交接都會引起一系列的爭鬥。查理曼的繼承者，他最小的兒子，虔誠者路易，明顯缺乏了他父親的魄力和勇氣。他既想遵守分割制，卻又想為自己最疼愛的幼子謀求獨佔帝國的可能性，結果不得不與他其餘的兒子們兵戎相見。

路易還在世時，就把王國分為三份，分別給大兒子洛塔爾一世、二兒子丕平一世和三兒子「德意志人」路德維希二世，帝位的繼承權給了大兒子洛塔爾一世。事情似乎很圓滿，大家也都很滿意，這樣平安度過了六年，直到路易的第二個妻子尤迪特生下了他的幼子，禿頭查理二世。

BC　　日耳曼部落

漢

— 0

三國
晉 ………民族大遷徙

南北朝
— 500 ……德意志立國
隋朝
唐朝

………查理曼帝國
東、西法蘭克帝國
五代十國
………薩克森王朝
宋朝
………奧托一世稱帝
— 1000

元朝

明朝

— 1500
………德國宗教改革

………三十年戰爭
清朝

………神聖羅馬帝國滅亡
………德意志邦聯
………普法戰爭
中華民國
………分裂成東、西德
………兩德再次統一
— 2000

BC

耶穌基督出生　0—

君士坦丁統一羅馬

羅馬帝國分成兩部

波斯帝國　500—

回教建立

凡爾登條約

神聖羅馬帝國建立
　　　　1000—

十字軍東征

蒙古第一次西征

英法百年戰爭開始

哥倫布發現新大陸
　　　　1500—

英國大破無敵艦隊

發明蒸汽機

美國獨立

美國南北戰爭開始

第一次世界大戰
第二次世界大戰

　　　　2000—

　　為了給自己的孩子謀得應得的一份繼承權，尤迪特勸說丈夫取消先前的分配方案，把王國分成四份，讓還是嬰兒的查理也獲得一份。三個兄長肯定不同意，起兵反抗，導致了四年的內戰。貴族們支持反叛者，要求路易遵守《繼承條例》，將王國分為三份。

　　就在路易焦頭爛額，不知如何應對時，上帝帶走了他的二兒子，讓這個問題迎刃而解。然而，暫時被掩蓋起來的矛盾，在路易去世後再度爆發。兩個弟弟不滿老大曾向父親宣戰，拒絕服從他的統治。

　　面對兩個弟弟的同盟，老大洛塔爾一世非常為難，再加上貴族們也向他施加壓力，他只好就範。經過多次協商，在843年8月，他們簽定了著名的《凡爾登條約》。

　　根據條約，「德意志人」路德維希二世獲得萊茵河以東地區，稱為東法蘭克王國；「禿頭」查理獲得帝國西部地區，稱為西法拉克王國；老大洛塔爾一世獲得中間地區，稱為中法蘭克王國。

　　後來，洛塔爾一世去世，路德維希二世和查理瓜分了中法蘭克王國，這樣就形成了德意志、法蘭西和義大利三國的雛形。奪得了新領土的東法蘭克王國，就是今天德國的雛形。不過，那個時候它還不叫德意志，賦予東法蘭克王國「德意志」名稱的是捕鳥人亨利。

　　雖然都是法蘭克王國的嫡系，但東西法蘭克王國的社會風土人情的區別已經非常大。西法蘭克王國的日耳曼人與當地的高盧人和羅馬人緊密融合，已經被羅馬文化所同化，管理起來比較容易。

　　但東法蘭克王國由於從來沒有被羅馬人統治過，因而文化上也沒有被羅馬同化，仍然原汁原味。西元9世紀，出現了「德意志」這個詞，不過它所指的是一種語言，後來逐漸應用到使用這種語言的人，這些人構成德意志語族，統稱為「德意志人」。

　　同樣是國王，顯然路德維希二世比「禿頭」查理要難當一些，憑

藉自己強硬的手段，路德維希二世還能應付領土上的割據勢力，特別是五大公國的挑釁。但等他去世之後，東法蘭克王國開始分家，查理曼、「年輕人」路德維希三世和「胖子」查理三世各分得一塊。後來，查理曼和「年輕人」路德維希三世去世，「胖子」查理獲得了兩個哥哥的領土，三個分治區合而為一。由於西法蘭克王國的繼承者們軟弱無能，其領土連同皇位也轉入東法蘭克王國。表面看來，法蘭克王國又一次實現了統一。

然而，加洛林王朝似乎很難再振作起來，即便是暫時的統一，也很難讓它實現中興。氣數已盡的加洛林王朝無法抵禦外來的侵襲，各地德意志人不得不自己組織起來保護自己的家鄉。這個時候的「德意志」，只能算是一些分散的土地，還談不上民族意識的統一，更談不上國家的統一。

### 相關鏈結：德意志的由來

法蘭克時代，東法蘭克王國堅持使用祖傳的日耳曼土語，也就是古德語，並且將這種語言發展成為一種書面語言。路德維希二世和「禿頭」查理結盟立下《斯特拉斯堡誓約》，就是用日耳曼土語和羅曼語兩種語言寫成的，並且還用兩種語言宣讀。後來，使用德意志語言的的人被稱為「德意志人」。

# 捕鳥的人：亨利一世

耶穌基督出生　0—

君士坦丁統一羅馬

羅馬帝國分成兩部

波斯帝國　500—

回教建立

凡爾登條約

神聖羅馬帝國建立
　　1000—

十字軍東征

蒙古第一次西征

英法百年戰爭開始

哥倫布發現新大陸
　　1500—

英國大破無敵艦隊

發明蒸汽機

美國獨立

美國南北戰爭開始

第一次世界大戰
第二次世界大戰

　　2000—

　　911年年底，康拉德一世在討伐巴伐利亞公爵的戰爭中受傷，眼看著自己快不行了，但繼承人的問題一直讓他放心不下。本來國王的繼承者應該是康拉丁家族的一員，但幾年心力交瘁的國王經歷，讓康拉德一世覺得自己的家族裏根本無人能接替這份工作。

　　當國王的感覺遠遠沒有想像的那麼美妙，康拉德一世幾經琢磨，採取了釜底抽薪的一招：推薦薩克森公爵亨利為下一屆的國王。儘管亨利與康拉德一世沒有任何私交，甚至還曾舉兵反抗過他，曾讓他焦頭爛額，他還是做出了這個讓所有人意外的決定：既然你想當國王，那就讓你嘗嘗國王的滋味吧！

　　雖然薩克森公國是當時東法蘭克王國中最強大的公國，亨利一世也具備成為領導者的能力，但巴伐利亞和一些貴族卻提出了不同的意見。他們認為，號稱「巴伐利亞領袖」的阿奴爾夫公爵更適合國王這個崗位，因為他在領導人們抗擊匈牙利人的戰爭中顯示了非凡的領導才能。

　　權力總是具有吸引力，儘管國王是一個吃力不討好的工作，但還是有很多人爭取。雙方僵持了整整五個月，最後前一股勢力獲得了成功。919年5月，法蘭克尼亞和薩克森貴族及民眾在弗里茲拉爾舉行集會，推薦亨利為新的國王。

　　當時，亨利還在自家院裏的林子裏帶著一群人捕鳥，忽然傳來消息，說他當上了國王，他高興地拿著網兜就往會議廳跑。亨利在危機中擔任東法蘭克王國的國王，在與會者的歡呼聲和掌聲中參加了登基典

禮，是為亨利一世，開始了薩克森王朝在德意志歷史上一百多年的統治時期。

亨利一世上臺避免了東法蘭克王國的瓦解，他是加洛林家族的女系子孫，是第一個非法蘭克人出生的國王。第二年，他就將東法蘭克王國改名為「德意志王國」，這一年，也就成為德意志歷史的開端，也由此，亨利一世在德國歷史上佔據了一定的地位。

亨利一世成為德國國王後，幾大公國橫挑鼻子豎挑眼，匈牙利不斷入侵，國王面臨嚴峻的挑戰。但亨利明顯比他的前任有魄力，他建立了一支訓練有素的武裝力量，盡力鞏固王室的中央政權，鞏固王國的領土範圍。

他打敗了施瓦本和巴伐利亞公爵的挑釁，迫使他們不敢公然與他作對，重建了王國的統一；他利用西法蘭克王國內亂之際，吞併了洛林；他建立了丹麥邊區，挫敗了匈牙利人，打敗了南斯拉夫人。他東征西討，開拓疆域，形成了一個早期封建的德意志國家。

為了擴大封建主的領土和增長王權，亨利一世開始奪取易北河和薩勒河以東的斯拉夫人居住的土地。為了讓侵略顯得正義而有價值，亨利一世以「必須皈依基督教」為藉口。經過近一年的努力，亨利一世征服了斯拉夫人，並建立了殖民地。他還在斯拉夫人地區建立堅固的城堡，其中邁森和布蘭登意義重大。

929年，亨利一世生了一場大病，在生病期間，他推薦次子奧拓為唯一的王位繼承人。這一舉措，廢除了法蘭克人由王子分割王國繼承權的傳統，改變了法蘭克人「兄弟分家」的慣例，建立了德意志國家單一繼承人的制度。

但是對於奧拓來說，在他獲得了國王的權力來實現自己的抱負時，也要面對其他想分擔統治權的兄弟們的挑戰。

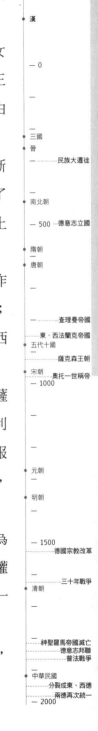

亨利一世的政策，無論是對內還是對外，都是為了鞏固王室的中央政權。

936年，就在亨利一世打算前往羅馬接受帝冕時，突發心臟病去世了。權威正在如日中天的亨利一世，帶著遺憾就離開了，不過他可以放心的離開，因為他的繼承者，沒有辜負他的期望，將德意志王國帶上了歐洲的中心位置，帝國一派欣欣向榮的景象。

### 相關鏈結：薩克森公爵

薩克森公爵是位於德國境內的薩克森公國的世襲統治者。這個封號極為古老，它是最初的、與東法蘭克國王地位相當的四個部落公爵（薩克森、施瓦本、法蘭克尼亞、巴伐利亞）之一。919年，薩克森公爵亨利一世即位為東法蘭克國王，從而開始了德意志和神聖羅馬帝國的薩克森王朝。

BC

耶穌基督出生　0—

君士坦丁統一羅馬

羅馬帝國分成兩部

波斯帝國　500—

回教建立

凡爾登條約

神聖羅馬帝國建立
1000—

十字軍東征

蒙古第一次西征

英法百年戰爭開始

哥倫布發現新大陸
1500—

英國大破無敵艦隊

發明蒸汽機

美國獨立

美國南北戰爭開始

第一次世界大戰
第二次世界大戰

2000—

# 【專題】十月，到啤酒城去

世界上再也找不到比德國人更喜歡啤酒的民族了。每年9月的最後一個星期到10月的第一個星期，這場被稱為全球最大的節慶活動之一，便隆重開始了。被譽為「啤酒城」的慕尼黑，在這段時間，每年都會吸引了超過700萬名的觀光客，足足喝掉600萬公升以上的啤酒！「啤酒節」本來叫「十月節」，起源是一次婚禮。

在1810年10月17日，巴伐利亞加冕王子路德維希和特蕾瑟公主舉行婚禮，慶祝活動持續了5天。人們聚集到慕尼黑城外的大草坪上，唱歌、跳舞，舉行了緊張熱烈的賽馬活動，還組織了一次4萬餘人的狂歡。從此，這個深受歡迎的活動便被延續下來，流傳至今。

人們認為，9月末到10月初，正是酒花豐收的時節，以歡度佳節的方式來慶祝豐收，用啤酒增添佳節的熱烈氣氛，再自然不過了。於是，「啤酒節」產生了。截至到2014年，除因戰爭和霍亂中斷外，慕尼黑啤酒節已整整舉辦了180屆。

慕尼黑啤酒節之所以聞名，是因為它幾乎完整地保留了巴伐利亞的傳統和習俗。運送啤酒的馬車是華麗的，開懷暢飲的帳篷是多彩的，銅管樂隊演奏的樂曲是令人陶醉的，一系列的娛樂活動，充滿顯示了德意志民族的熱情和豪放。

節日的第一天，來自德國各地的人們穿著豔麗的民族服裝聚集在黛麗絲草場。中午12點一到，12響禮炮聲和音樂聲中，慕尼黑市長會打開第一桶啤酒，盛在特製的大酒杯中。由市長飲下第一杯，啤酒節便在歡

BC　日耳曼部落

漢

— 0

二
三國
晉
—⋯⋯民族大遷徙

南北朝

— 500　德意志立國

隋朝

唐朝

查理曼帝國
東、西法蘭克帝國
五代十國
薩克森王朝
宋朝　奧托一世稱帝
— 1000

元朝

明朝

— 1500
德國宗教改革

三十年戰爭
清朝

神聖羅馬帝國滅亡
德意志邦聯
普法戰爭
中華民國
分裂成東、西德
兩德再次統一
— 2000

呼聲中解開了序幕。節日的廣場，數百頂帳篷依次聳立。

十幾個啤酒棚可以容納幾萬人同時喝酒，每個啤酒生產商會在帳篷裏展示他們的啤酒，大家在酒棚裏唱歌、跳舞。不少啤酒棚裏還有演出，每晚都有樂團演奏一些流行的德國歌曲，以及傳統的歌舞。

當樂隊演奏祝酒歌時，整個帳篷都開始沸騰了。椅子上、桌子上的人們都挽起手來，互相擁抱，一起舉起酒杯，高聲歌唱。成千上萬狂歡人們的叫喊聲、音樂的歌聲彙集在一起，把整個慕尼黑城捲進歡快的漩渦。整個街道被五光十色的燈光裝飾得五彩繽紛。德國人們端著酒杯穿行在大街上，他們逢人便喊：「乾杯！」氣氛十分熱烈。按照規定，每晚啤酒供應到晚上10點30分，當樂隊奏起樂曲催促人們離去時，未盡興的人們常常齊聲抗議。

這個節日也受到了孩子們的歡迎。不過他們可不能喝啤酒，最吸引他們的還是啤酒棚外許多各式各樣適合全家大小玩樂的遊樂設施，如旋轉木馬、海盜船、旋轉啤酒桶、大型摩天輪、旋轉鞦韆、雲霄飛車、鬼屋等遊樂設施，還有提供遊客德意志帝國美食的小攤位，一百多種節日特供的甜食，特別受孩子們歡迎。

遊行是啤酒節不得不看的活動。每年啤酒節的第一個週日，來自德國各地的人們都會穿上富有特色的民族服裝，然後浩浩蕩蕩地穿過慕尼黑市中心。人們扮演的人物豐富多彩，有古代的公爵，也有王妃貴婦；有阿爾卑斯山下的牧童，也有教堂的修女。即便是觀眾，也一樣盛裝出席。男孩們穿著背帶皮褲，帥氣十足；女孩們穿著繡花長裙，風情萬種。

哥倫布發現新大陸 1500

英國大破無敵艦隊

發明蒸汽機

美國獨立

美國南北戰爭開始

第一次世界大戰
第二次世界大戰

2000

平時，德國人給人的印象是嚴謹、認真，似乎天生缺乏熱情。但在啤酒節上，所有的德國人都變得生氣勃勃，從而給世界各地的人們留下深刻的印象。當然，樂極生悲，每年在啤酒節上被送進醫院的人也不少。不過他們大多是因為喝醉了。

# | 第二章 | 羅馬權力的轉移

　　德意志的權力之爭，總是受到遠在羅馬的教廷所操控。這種無形的控制讓歷代的國王們倍感挫折，於是開始了反抗。德意志千年來積蓄起來的力量就在這種內耗中揮霍掉了，並被其他歐洲國家逐漸超越。

1. 巴登-符騰堡
2. 巴伐利亞
3. 柏林
4. 勃蘭登堡
5. 不來梅
6. 漢堡
7. 黑森
8. 梅克倫堡-前波莫瑞州

9. 下薩克森
10. 北萊茵-威斯特法倫
11. 萊茵蘭-普法爾茨
12. 薩爾
13. 薩克森
14. 薩克森-安哈爾特
15. 石勒蘇益格-荷爾斯泰因
16. 圖林根

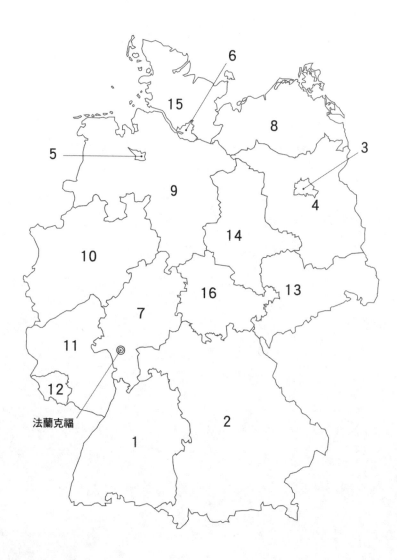

法蘭克福

# 奧托大帝

許多偉人總是感歎自己生錯了或者生晚了時代，例如凱撒曾嫉妒亞歷山大在三十多歲時就建立了橫跨歐亞非的帝國，而他自己卻在頭髮日漸稀疏的時候才控制了羅馬；拿破崙也曾抱怨自己生在了狹小的歐洲大陸，不得不做一個失敗的征服者。

但是，這種感慨一定不會出現在奧托身上，因為紛亂的德意志，彷彿是一塊天堂，將奧托的才能和抱負施展得淋漓盡致。這不但成就了德意志，也成就了奧托「祖國之父」的美名，很多人稱讚他為「堅強的奧托」、「虔誠的奧托」。

936年8月7日，對於奧托來說，是一個難忘的日子，這一天他將正式向世人亮相。王冠加冕典禮是濃重而風光的。那天，24歲的奧托穿著緊身的法蘭克大氅，被簇擁著大廳裏的貴族和公爵們抬起來，放到王位上。緊接著，進入大教堂舉行宗教儀式。美茵茲大主教希爾貝特引導他走向教堂中央，奧托神情莊重，雙目生輝，向大家舉起右手。希爾貝特大主教聲情並茂地公布：「看吧，我把奧托王帶來了。他是上帝挑選的、亨利國王欽定的，大家一致推選的君主。」剎那間，教堂內歡呼聲不斷。

加冕典禮很風光，但是要保全王冠並不容易。首先，那些公爵們開始反抗，「反對黨」層出不窮。好在奧托比他父親還強硬，再加上他父親留下的精銳部隊，年輕奧托臨危不懼，毫不退縮。他巧妙應對，不但逐步擺脫了困境，而且還把自己親戚安排到各個公國去，用聯姻的方式

BC　日耳曼部落

漢

— 0

三國
晉
民族大遷徙

南北朝

— 500　德意志立國

隋朝
唐朝

查理曼帝國
東、西法蘭克帝國
五代十國
薩克森王朝
宋朝　奧托一世稱帝
— 1000

元朝

明朝

— 1500
德國宗教改革

三十年戰爭
清朝

神聖羅馬帝國滅亡
德意志邦聯
普法戰爭

中華民國
分裂成東、西德
兩德再次統一
— 2000

將原本鬆散的德意志聯合起來了。

奧托一世以查理曼大帝為自己的楷模，試圖建立一個疆域遼闊、實力雄厚的德意志王國。西元955年，匈牙利人又來了，如同烏雲一般席捲了整個中歐。面對凶殘的匈牙利人，奧托拍案而起，集合全國兵力，開始迎戰。由13萬人組成的一支浩浩蕩蕩的大軍，在奧格斯堡附近與10萬匈牙利人對陣。

奧托御駕親征，衝鋒在前。德意志將士看見自己國王都如此英勇，紛紛不怕犧牲，共同行動。一場惡戰之後，德軍奪回了奧格斯堡。匈牙利人見勢不妙，準備撤退，但奧托並不打算給他們這個機會。他連夜帶兵堵截匈牙利人，最後一舉打敗了強悍的匈牙利士兵。

這一戰，讓奧托國王的威信如日中天；這一戰，也讓匈牙利人結束了游牧生活，定居下來，成為保衛歐洲的橋頭堡；這一戰，使德意志人擺脫了匈牙利人的危險，還讓「柳多爾夫叛亂」無疾而終。

951年，義大利發生動亂。遭到囚禁的倫巴德國王遺孀阿德爾海特向奧托求助，教皇也發出了同樣的邀請。奧托當然不會放過這個千載難逢的機會，率領大軍南下義大利。面對精銳的德軍，反對派如何抵擋得住？很快，奧托就佔領了整個義大利北部，進入羅馬。

隨後，奧托迎娶了阿德爾海特，似乎，成為羅馬皇帝指日可待了。但奧托沒有查理曼大帝那麼幸運，有人突然把皇冠戴到他的頭上。當他主動提出這一要求後，遭到了教皇的拒絕。直到八年後，羅馬統治權發生變化，屋大維無法抵抗反對派，請求奧托幫助，並邀請他到羅馬加冕稱帝。

奧托終於等來了夢寐以求的皇冠，但他也深深知道，皇冠背後的危險無處不在。為此，臨行前，他將六歲的兒子立為王儲。進入羅馬，他更是小心謹慎。

西元962年2月2日，就在查理曼大帝加冕162年後，聖彼得教堂內燈火通明。德意志軍隊控制了整個羅馬城，精銳軍團和禁衛軍將教堂圍得水洩不通，士兵們個個高大而強悍。加冕安排得很妥當，沒有出現什麼戲劇性的場面，只有50歲威風凜凜的奧托一世與年紀24歲，卻面龐蒼白而消瘦的教皇約翰十二世形成的鮮明對比，讓在場的人記憶深刻。

對於這種加冕，羅馬人已經習以為常了。一百多年來，查理曼和一些義大利貴族們都有過這樣的待遇，但沒有人能重振羅馬的雄風。但是德國人很興奮，這意味著羅馬皇冠傳到了德意志人手中。從那以後，德意志王國被稱為「德意志第一帝國」，德意志人從此成為了世界公民，神聖羅馬帝國的歷史開始了。

### 相關鏈結：柳多爾夫叛亂

953年，奧托一世的女婿，洛林公爵康拉德因為擔心奧托一世把王位傳給剛剛出生的小弟弟，便夥同他的兒子，施瓦本公爵多爾夫發動叛亂。這一叛亂獲得很多貴族的支援，因為他們對奧托一世加強王權很不滿意。但因為匈牙利的插手，讓很多反感匈牙利人的德意志叛軍中途倒戈，加入奧托的隊伍，共同迎戰匈牙利人。使得柳多爾夫叛亂剛開始，就結束了。

BC　日耳曼部落

漢

— 0

三國
晉
　……民族大遷徙

南北朝

— 500　……德意志立國

隋朝
唐朝

……查理曼帝國
　東、西法蘭克帝國
五代十國
　……薩克森王朝
宋朝　奧托一世稱帝
— 1000

元朝

明朝

— 1500
　德國宗教改革

　……三十年戰爭
清朝

　……神聖羅馬帝國滅亡
　……德意志邦聯
　……普法戰爭
中華民國
　分裂成東、西德
　兩德再次統一
— 2000

BC

耶穌基督出生 0—

君士坦丁統一羅馬

羅馬帝國分成兩部

波斯帝國 500—

回教建立

凡爾登條約

神聖羅馬帝國建立
1000—

十字軍東征

蒙古第一次西征

英法百年戰爭開始

哥倫布發現新大陸
1500—

英國大破無敵艦隊

發明蒸汽機

美國獨立

美國南北戰爭開始

第一次世界大戰
第二次世界大戰

2000—

# 卡諾莎之行

「無論個人，還是整個德國，生活中如果沒有聽眾，那是無法忍受的。那些對自己沒有信心，看不到自己內在價值的人，總是希望聽到外界肯定自己的話。」一位德國學者曾評論德國人。

德國人就像一個矛盾的共同體，他們喜歡讓他人承認自己的優秀，但極度的自尊來自於極度的自卑。這也是為什麼德國人喜歡透過對外戰爭來炫耀自己的力量，也是德意志的權力之爭總是受到羅馬教廷控制的原因，因為每一屆國王只有經過教皇的塗油禮，才能具有合法性。

德意志的歷代君王無一不對查理曼的輝煌心嚮往之，統一歐洲的夢想讓他們過於在意羅馬皇帝這一頭銜，過於在意教皇的加冕。他們一方面希望獲得加冕，另一方面又急於擺脫教皇的控制。而羅馬教皇，卻希望能與皇權分庭抗禮，保留對皇權的掣肘作用。於是，雙皇鬥頻繁在德意志與羅馬之間上演。

奧托一世憑藉其強大的實力和個人魅力，掌握了對羅馬教會的控制地位。之後的奧托二世和奧托三世，教權開始慢慢抬頭。於是，奧托三世的繼承者亨利二世打算扭轉這一局面。當教皇在為亨利二世戴上皇冠後，按例贈送了一個鑲有珍珠的皇權金球。

亨利二世默默看了這個金球良久，意味深長地說：「很有意義，哦，聖父，你準備的這份禮物，是想用來表示我的政權要按什麼原則辦事。但是，這份禮物如此高貴，只有追隨基督的人才配佔有，除此之外別無他人。」亨利隨後把這份禮物轉送給了克呂尼修道院，以此來提醒

教皇，教皇的作用是不同於皇帝的作用的。

在之後的康德拉二世和亨利三世的統治期間，皇權都暫時壓服了教權。但教權的低落，刺激了基督教會出現了克呂尼運動。這一運動的目的就在於加強教皇的權力，提高羅馬教會的威權，但這很快導致了新一輪的政教衝突。

亨利四世就在這種衝突達到白熱化的時候登基了。六歲喪父登基的亨利四世，經歷並不順遂，但逆境往往更能鍛鍊人，隨著年齡的增長，他變得越來越成熟，在他19歲那年，透過平息撒克遜人的叛亂真正掌握了王權。

1075年，教皇格利高利要求亨利四世釋放薩克森教士，並召開宗教會議，明確要求收回「主教任免權」。亨利將此認為是挑釁，他毫不退縮，不顧羅馬教皇的赦令，擅自任命米蘭大主教，並召開宗教會議，宣布廢黜教皇。

然而，年輕的國王不會想到，格利高利以祈禱的形式宣布破門令：罷黜國王並開除亨利的教籍。根據破門令的規定，如果亨利不能在一年之內解除破門令，那他的臣民就可以不承認他為國王。

老謀深算的教皇清楚地瞭解亨利的弱點，那些不願意亨利過於強大的封建諸侯們有太多是心懷二意的。果然，破門令發布之後，只有少數諸侯支持亨利，一些大的領主甚至開始選擇新的國王。

困境中的國王也很清楚自己的情況，他只能迅速成熟起來，準備暫時妥協。

西元1077年1月，離破門令期滿只有一個月了，年輕的國王帶著妻子、孩子頂風冒雪秘密向南前進。他們僱用義大利嚮導，在無路的山上艱難爬行；下山時，更是驚險萬分，皇后、兩歲的孩子以及女僕們被裹在牛皮裏滾下山去；男人們，包括國王在內，則爬下山去。終於在義大

利北部的卡諾莎追上了打算避開他的教皇。

那年的冬天特別寒冷，相貌堂堂的亨利四世披上一條罪人懺悔用的毛毯，光著腳站在雪地中，儘管深處逆境，但他表情溫和，表現出良好的教養。他不斷看著托斯卡納伯爵夫人的城堡，那裏面不時傳來陣陣笑聲。他的敵人就在裏面，而他正在等著他的敵人的接見。

56歲的教皇得知尊貴的國王在雪地裏等著自己接見時，剛開始確實充滿了得意。但很快他就意識到了問題的嚴重性。他沒有想到亨利會用這種懺悔的方式向他挑戰，基督教的教義讓他只能寬恕亨利，並取消破門令。然而，他對於寬恕是如此心不甘情不願，他足足拖延了三天，讓亨利四世受盡了身體和精神上的折磨，最後他來到院子裏，給了這個懺悔者一個居高臨下的吻。

在這場沒有硝煙的戰爭中，表明亨利四世這個的屈辱者勝利了。除了他自己，估計沒有人會認為這是恥辱的。這件事，就像越王勾踐臥薪嘗膽一樣，反映了亨利冷靜和忍耐的美德，這一招精明的棋，讓他獲得了喘息的時間，重新聚集起了力量。

就在卡諾莎之行正在發生時，一些德意志諸侯推選出了新的國王，但亨利得到寬恕，他擊敗了王國的反對派，迅速揮師羅馬。格利高利在流亡途中病逝，去世前他宣布回覆所有人的教籍，但除了亨利和對立教皇的人之外。

亨利終於洗刷了卡諾莎之辱，他另立教皇，並為自己加冕為羅馬皇帝。但這只屬於他個人的勝利，教權和皇權的鬥爭依然如火如荼，不分上下。二者之間的鬥爭，嚴重消耗了德意志王國的力量，但也燃起了德意志人的愛國主義情感。

### 相關鏈結：克呂尼運動

910年，法國人伯爾諾建立起紀律森嚴的克呂尼修道院，禁止聖職做買賣和娶妻生子，嚴守獨身制等苦修會規，反對世俗政權任命神職人員，反對教會產業還俗。11世紀，克呂尼運動傳到西歐，教廷開始每年在羅馬召開宗教會議，以提高羅馬教會的威信。原先協助祈禱的紅衣主教，逐漸轉變成教會參政會，日益左右羅馬教會的政策。

BC　日耳曼部落

漢

— 0

三國
晉
——………民族大遷徙

南北朝

— 500 …德意志立國

隋朝
唐朝

—………查理曼帝國
——東、西法蘭克帝國
五代十國
——………薩克森王朝
宋朝
——奧托一世稱帝
— 1000

元朝

明朝

— 1500
——德國宗教改革

——………三十年戰爭
清朝

——神聖羅馬帝國滅亡
——德意志邦聯
——————普法戰爭
中華民國
——分裂成東、西德
——————兩德再次統一
— 2000

# 紅鬍子的執著野心

BC

耶穌基督出生　0—

君士坦丁統一羅馬

羅馬帝國分成兩部

波斯帝國　500—

回教建立

凡爾登條約

神聖羅馬帝國建立
　1000—

十字軍東征

蒙古第一次西征

英法百年戰爭開始

哥倫布發現新大陸
　1500—

英國大破無敵艦隊

發明蒸汽機

美國獨立

美國南北戰爭開始

第一次世界大戰
第二次世界大戰

　2000—

「弗里德里希的權勢和光榮有多大，

眾所周知，無待屢述；

削平叛亂，復仇雪恨；

我武雖揚，彰顯查理。」

人們到處傳說他智勇雙全，嫉惡如仇，平易近人，寬容大度，經由各種藝術形式來頌揚他，繪畫、雕塑、詩歌、傳說等等，爭相顯示他的功績。甚至在他死後，也餘威長存。人們說他在一個人跡罕至的山谷中，沉睡在一群武士中，等到梨花盛開的時候，再帶著十字軍，給德意志一個強大的黃金時代。每當德意志處於為難之中，人們就會懷念這位正義的皇帝。在這裏，歷史成了傳說，而傳說又成了神話。

這位民族的領路人，就是弗里德里希一世，但這個名字遠沒有他的另一個名字有名：巴巴羅薩，義大利語「紅鬍子」的意思。之所以叫弗里德里希一世「紅鬍子」，是因為這個英俊瀟灑的國王，白臉紅眉，擁有金紅色的頭髮和鬍子。

八百年後，希特勒曾用這個名字，來命名那場對付蘇聯的、史上規模最大的突擊戰。但是，在他那個時代，更多的傳說是他的鬍子是被鮮血所染紅的。

亨利四世去世後，施瓦本公國在爭奪王位中獲得勝利，但新國王康拉德三世運氣很不好，還沒來得及加冕為帝就去世了。去世前，他做了一個明智的決定：不讓自己六歲的兒子繼位，而是選擇了侄子弗里德里

希。在不少德意志人看來，德國歷史由此翻開了輝煌的一頁。

為了統治的需要，巴巴羅薩的手段極其殘忍。為了讓教皇乖乖聽話，他曾六次攻入義大利，用殘酷的暴力迫使義大利北部的城市放棄自己的權利。弗里德里希把義大利當成了自己的提款機，每年都掠奪大量財富，而這也激起了義大利人反抗德意志人的鬥爭。

1159年的春天，米蘭民眾發動起義，米蘭城的代表傲慢的態度激起了巴巴羅薩的憤怒，他立即把打擊的矛頭對向了米蘭城。為了讓米蘭民眾沒有依靠，巴巴羅薩首先將米蘭城周圍夷為平地，凡是一切可用之物，都被損壞。士兵們拿著斧頭，大肆砍伐樹木、果園，摧毀糧田，封鎖通道，米蘭城四周一片荒蕪。

開始攻城了，帝國士兵們殘忍地將人質，包括兒童綁在戰車上，企圖讓城裏的人放棄抵抗。驚訝萬分的義大利人一邊高聲祝福自己的孩子，一邊將各種武器指向德國的戰車。儘管義大利人英勇抵抗，但是還是很難敵對大軍壓境的危機。

經過兩年的戰爭，米蘭等城市投降了。米蘭市民被迫離開家園，他們光著腳，手裏拿著十字架，脖子上套著繩索，從巴巴羅薩面前走過。他們將分別前往四個村莊定居。巴巴羅薩則下令將米蘭的城門、城牆和塔樓全部拆除，摧毀了全部的建築物。屠城一事讓當時的歐洲普遍恐懼，木蘭一度從地圖上消失。

就這樣打了二十年，巴巴羅薩在大多數時候是很風光的，但每一次戰爭，他在掠奪大量財富的同時，也耗損了不少的兵力。德國掠奪得越厲害，義大利的反抗也越強烈。雷納諾之戰，義大利打敗德軍，巴巴羅薩自己深受重傷，倒在死屍之中，戰場上到處響起來「皇帝死了」的喊聲。四天後，死裏逃生的巴巴羅薩重新出現，也終於意識到單靠武力無法征服義大利。

BC　日耳曼部落

漢

—0

—

三國
晉
——民族大遷徙

南北朝

—500　德意志立國

隋朝
—
唐朝

—　——查理曼帝國
　　東、西法蘭克帝國
五代十國
—　——薩克森王朝
宋朝
—　奧托一世稱帝
—1000

—

—

元朝
—

明朝
—

—1500
—　德國宗教改革

—
—　——三十年戰爭
清朝
—

—　——神聖羅馬帝國滅亡
—　德意志邦聯
—　——普法戰爭

中華民國
—　分裂成東、西德
—　——兩德再次統一
—2000

BC

耶穌基督出生　0—

君士坦丁統一羅馬

羅馬帝國分成兩部

波斯帝國　500—

回教建立

凡爾登條約

神聖羅馬帝國建立
　　　　1000—

十字軍東征

蒙古第一次西征

英法百年戰爭開始

哥倫布發現新大陸
　　　　1500—

英國大破無敵艦隊

發明蒸汽機

美國獨立

美國南北戰爭開始

第一次世界大戰
第二次世界大戰

　　　　2000—

第二年夏天，巴巴羅薩親自前往威尼斯，與教皇締結了《威尼斯條約》，答應歸還搶去的教會財產，承認教皇的地位。據說見面時，巴巴羅薩不顧皇帝的尊嚴，撲到在教皇的腳下，親吻他的腳。離開教堂時，巴巴羅薩還扶著馬蹬牽著馬在民眾中走過，之前，他一直很抗拒這一行為。巴巴羅薩征服義大利的行動，最終以失敗告終。

但是，對於征服異教徒，巴巴羅薩還是當仁不讓。穆斯林占領了耶路撒冷，羅馬教皇嚇得要死。歐洲的封建主們決定討伐異教徒。巴巴羅薩儘管已經六十歲了，還是老當益壯，他親自率領三萬大軍，進入小亞細亞。1190年6月，在度過一條小河時，巴巴羅薩馬失前蹄，栽倒在河中。由於笨重的盔甲，他一時掙扎不起，淹死在河中。這位威風凜凜的皇帝，結束了自己征戰的一生。

巴巴羅薩的眼光和其他德意志皇帝一樣，都盯在德意志以外的地方，他對於羅馬的關注遠遠超過對德國本身的關注。他在對教皇的鬥爭中浪費了太多的精力，以至於對德國內部的封建領主缺乏領導。他滿足於對外征伐，卻忽視國內的團結和建設。這似乎形成了一個悖論，巴巴羅薩夢想著統一歐洲，結果卻連自己的國家都沒法統一。

### 相關鏈結：蘇特里事件

1153年，巴巴羅薩繼位的第二年，他與教皇簽定了《康斯坦茲協定》，根據協定，巴巴羅薩支援教皇抵禦外敵和羅馬人的叛亂，而教皇承諾給巴巴羅薩加冕。兩年後，巴巴羅薩前往羅馬，準備接受加冕。新任教皇哈德里安四世親自騎馬出城迎接。兩人約定在蘇特里見面。當兩人相見時，巴巴羅薩不肯下馬為教皇牽馬扶蹬，而教皇也拒絕給巴巴羅薩和解之吻。兩人的裂痕被公開在世人面前。

# 被架空的皇權

中世紀後期，當英國、法國和俄國等歐洲國家逐漸發展為成熟國家時，當它們都在加強中央集權，為成為近代國家而努力時，德國卻變成了一盤散沙，出現了相反的走向。原先強大的王權，在各種因素的作用下，日漸衰落；而國內封侯的獨立地位，日漸增強。

在奧托大帝時代，德意志曾是全歐洲最強大的帝國，巴巴羅薩也曾加強王權的控制力。然而到了他的孫子弗里德里希二世時代，又被迫向諸侯讓權。

弗里德里希二世，也許可以稱得上與查理曼大帝相提並論的人物。他是一個在德國歷史上頗受爭議的人物，而且還是在一個市場裏。很多人猜測這個孩子是從一個屠夫家裏抱來的。他跟著母親常年生活在西西里，熟悉拉丁語、希臘語和阿拉伯語等六種語言，但不大會說德語。

他剛繼承王位，就取消了兩項對教皇的承諾：一是不出讓西西里，二是不組織十字軍東征。他還曾說過「大逆不道」的話：「歷史上最大的三個騙子，一個是摩西，一個是耶穌基督，一個是穆罕默德。」教皇自然要對他宣布破門律，但他的做法與亨利完全不同，他既不妥協，也不打仗，而是前往阿拉伯，訪問蘇丹王。

弗里德里希二世不費一兵一卒就將耶路撒冷要回來，大大出乎羅馬人的意料，因為這是數十萬十字軍都沒有辦到的事情。一位德國作家曾說：「弗里德里希二世是德國除了查理曼以外，唯一一個依靠自己力量的德國皇帝。」

BC　日耳曼部落

漢

— 0

三國
晉
— ……民族大遷徙

南北朝

— 500　德意志立國

隋朝
唐朝

— ……查理曼帝國
東、西法蘭克帝國
五代十國
……薩克森王朝
宋朝　奧托一世稱帝
— 1000

元朝

明朝

— 1500
德國宗教改革

— ……三十年戰爭
清朝

——神聖羅馬帝國滅亡
德意志邦聯
——普法戰爭
中華民國
分裂成東、西德
——兩德再次統一
— 2000

但是，弗里德里希二世卻是在德國居住時間最少的國王，他的大多數時間都在西西里或羅馬，德國內部的問題仍然沒有得到解決。為了讓自己的孩子當上國王，他向諸侯們做出了重大的讓步，德意志的大封建主第一次變成了各邦諸侯。在1232年的詔令中，第一次把諸侯成為「邦君」。

弗里德里希二世的讓步，不僅限制了城市的發展，而且還賦予諸侯和教會種種特權，嚴重削弱了王權。弗里德里希二世於1250年突然去世，他的繼承者也在四年後因病去世，德國隨後分裂。

1253年，德意志最大的七個諸侯開會選舉新國王。以前所有伯爵都能參加的選王大會，被七大諸侯壟斷，並因此形成了「七大選侯」的制度。不過，選舉的結果並不令人滿意，七個諸侯分成兩派，分別選出一位皇帝。這兩個皇帝都不是德意志人，也無法對德國進行真正的統治。

這之後的整整十九年，德國沒有一個執政者能真正起到國王和皇帝的作用，但名義上的國王卻不止一個，德意志皇帝成了教皇和諸侯們手中的木偶。過去被人追逐熱捧的皇位，如今卻空置了。沒有皇帝的「空位時期」，被後來的大詩人席勒稱為「沒有皇帝的恐怖時期」。

各地諸侯利用「空位時期」的大好時機，爭相謀求自己的權利。他們乘機吞沒帝國的土地，奪取了很多轄地以及司法權。他們利用王權衰落的機會，攫取了很多特權：發行貨幣的權利、關稅權、礦山權等等。這些特權構成了邦國的統治權，並以此形成了很多行政機構。

哥倫布發現新大陸

1500—

英國大破無敵艦隊

發明蒸汽機

美國獨立

美國南北戰爭開始

第一次世界大戰
第二次世界大戰

2000—

1356年，來自盧森堡王朝的查理被推選為德意志皇帝，為查理四世。他頒布了一道法令，因為是用金印蓋章，又被稱為《金璽詔書》。它不僅確認皇帝由七大選侯投票選舉，而且還認可他們在其各自轄區內擁有絕對統治權。這份詔書，從法律上確認了德國是一個鬆散的集合體。它加強了諸侯的勢力，使他們變成一個個獨立王國，讓德意志國家

欲變成一個統一的民族道路充滿了荊棘。

此後的幾百年間，這些諸侯選舉了一個又一個的德意志皇帝，他們喜歡讓那些無能的人當皇帝，因為一個強有力的皇帝是令人討厭的。在廣闊的德意志領土上，存在著大大小小幾十個大邦國，幾百個小的邦國，每個邦國都圍繞自己的權利，無法顧及整個德意志的大業。

這樣，在皇權和教權的鬥爭中，皇權失敗了。德意志在這種內耗中被其他歐洲國家所超超，為近代德國的悲劇埋下了禍根。

### 相關鏈結：「黑死病」爆發

1347年到1351年間，歐洲爆發了一場瘟疫。患病者的皮膚上會出現很多黑點，由此叫「黑死病」。整個歐洲，死亡人數之多超過了歷史上任何流行病或戰爭，死亡大約2500萬人，占當時歐洲人口的一半。由於醫療水準的限制，當時的醫生對此束手無策。有的人把災難歸因於猶太人，並對他們展開了最可怕的殺害方式。據統計，大約有十萬猶太人在這次災難中死於非命。

BC　　日耳曼部落

漢

— 0

— 三國
晉
—⋯⋯民族大遷徙

— 南北朝

— 500 ⋯德意志立國

隋朝
唐朝

—

— ⋯⋯⋯⋯查理曼帝國
⋯⋯東、西法蘭克帝國
五代十國
— ⋯⋯⋯⋯薩克森王朝
宋朝　　奧托一世稱帝
— 1000

—

—

元朝
—

明朝
—

— 1500
德國宗教改革

—
⋯⋯⋯⋯三十年戰爭
清朝

—

— 神聖羅馬帝國滅亡
⋯⋯德意志邦聯
⋯⋯普法戰爭
中華民國
分裂成東、西德
⋯⋯兩德再次統一
— 2000

# 我可以幫你，但你把女兒嫁我

　　縱觀世界歷史，政治聯姻的歷史事件層出不窮，著名有「文成公主入藏」、「昭君出塞」等。不過，中國採用聯姻方式，並沒有歐洲那麼頻繁和顯著。在歐洲，各國實力相當，用聯姻的方式結盟就變得很重要。透過聯姻，不但可以壯大自己的力量，還能面對敵國時，可以與他國聯盟打壓敵國。

　　這個時候的婚姻，已經不是建立在血緣關係或男歡女愛上了，而只是一種政治手段。德意志歷史上，聯姻事件也是不少。但能把聯姻用到無所不及的，當屬奧地利哈布斯堡家族。

　　德國人喜歡武力解決問題，這在奧托大帝、紅鬍子大帝身上體現得最精彩。但哈布斯堡家族卻採用了溫情脈脈的聯姻，同樣達到了擴充領土的目的。按照歐洲的習俗，兒子可以繼承父親，女婿也可以繼承丈人，甚至侄女婿都可以繼承叔叔，因此結一門親家，就可能獲得大片領土。

　　但是哈布斯堡家族實在太會找對象了，他們透過聯姻從一個小諸侯，變成德意志的中堅力量，從而引領了歐洲幾百年風騷。哈布斯堡家族的魯道夫一世在1239年繼位，給家族開創了一片新天地。

　　魯道夫一世雖然長相不怎樣，但為人寬宏大量，深得眾人喜愛。他以擴張家族領土為己任，用盡了一切手段。他透過討好他的教父腓特烈二世，獲得了大量的封地；透過打仗征伐，吞併了一些小貴族的領土；透過娶亨貝格伯爵的女兒為妻，獲得了一片土地；他還開拓帝國內一些

公有的領土，霸佔了一些無主的領土。如此這般，魯道夫一世將哈布斯堡家族變成了一個中型諸侯了。

一個人鋒頭太露的時候，往往會遭到妒忌。正當魯道夫一世專心致志積攢家業的時候，德皇腓特烈二世去世了。沒有了大樹依靠的魯道夫一世，立刻遭到了羅馬教皇的攻擊。不但被逐出了教會，還被奪去了許多領土。魯道夫一世只好一邊將怨氣壓在肚子裏，一邊繼續重新擴張。他藉由繼承獲得了他叔叔的土地，又花錢購買了一些土地，慢慢彌補被奪去的土地。

此外，魯道夫一世還將自己的兩個女兒嫁給了薩克森公爵和上巴伐利亞公爵，贏得了兩大諸侯的支持。再加上魯道夫平時老實穩重，給人印象不錯，在多方面原因的作用下，在他五十五歲那年，當選為德意志皇帝。

繼位後的魯道夫一世，兢兢業業，勤勤懇懇地繼續擴張領土。他出兵討伐奧托卡一世，奪回了奧地利的大片土地，並分封給自己的兒子。他把自己的女兒分別嫁給了法國國王、匈牙利國王等，獲得了大量的土地，也鞏固了家族的力量。

後來，由於其他諸侯國害怕哈布斯堡家族變得太強大，採取種種阻礙措施防止哈布斯堡家族再成為皇帝。這之後的一百多年，哈布斯堡家族只好老老實實當諸侯，但也沒有閒著，他們建立學校，修建教堂，也過得熱鬧無比。

1419年，捷克發生了反對天主教的戰爭。德意志皇帝西吉斯蒙德非常害怕，到處尋求援助。這時，哈布斯堡家族的阿爾伯萊希特向皇帝提出要求：我可以幫助你，但你要把女兒嫁給我。西吉斯蒙德立即同意了，畢竟皇位比女兒要重要得多。

於是阿爾伯萊希特出兵鎮壓了起義，也如願成了德皇的女婿。後來

BC　日耳曼部落

漢

— 0

三國
晉
— 　　民族大遷徙

南北朝

— 500 …德意志立國

隋朝
唐朝
—

— 　　　查理曼帝國
　　東、西法蘭克帝國
五代十國
— 　　　薩克森王朝
宋朝　奧托一世稱帝
— 1000

—

—

元朝
—
明朝
—

— 1500
　　　德國宗教改革

—　　　三十年戰爭
清朝
—

— 　　神聖羅馬帝國滅亡
　　　德意志邦聯
— 　　　普法戰爭
中華民國
— 　　分裂成東、西德
　　　兩德再次統一
— 2000

沒有兒子的西吉斯蒙德去世，女婿阿爾伯萊希特順理成章地成為了德意志國王。

槍打出頭鳥，隨著哈布斯堡家族自身的勢力不斷增強，德意志諸侯開始一致反抗和抵制，最終被趕出了德意志，成為一個獨立的國家：奧地利。

### 相關鏈結：蒙古拔都西征

西元1235年，以成吉思汗的孫子拔都為統帥，諸王子貴由、蒙哥等率領一支15萬的蒙古軍，組成了蒙古的第二次西征。西征軍一路所向披靡，打敗俄羅斯各個邦國的聯軍。並在1241年攻入匈牙利、波蘭。德意志各邦出兵援助，雖然損失慘重，但也擋住了蒙古軍的攻勢。後來，蒙古大汗窩闊臺去世，西征軍才撤回。

耶穌基督出生　0—

君士坦丁統一羅馬

羅馬帝國分成兩部

波斯帝國　500—

回教建立

凡爾登條約

神聖羅馬帝國建立
　1000—

十字軍東征

蒙古第一次西征

英法百年戰爭開始

哥倫布發現新大陸
　1500—

英國大破無敵艦隊

發明蒸汽機

美國獨立

美國南北戰爭開始

第一次世界大戰
第二次世界大戰

　2000—

# 【專題】一個中世紀貴族的一天

存在了800年的神聖羅馬帝國是一個鬆散的歐洲帝國，這個帝國以其聯邦的形式，以其大量的各式各類世俗的和教會的領地邦國及帝國城市，也由此培養了很多的宮廷貴族。這些貴族子弟們無所事事，在一天又一天的日子中虛耗著短命的人生。

我們一起來看看吧，他們的一天是怎麼樣度過的。

早上七點鐘，大多數貴族都起床了，但是比起那些僕人來，這個時間還是很晚的。起床後的貴族們，一般先漱口但不刷牙。不過也有一些追求時尚的人會準備一支牙刷，據說牙膏是用研碎的老鼠腦子做成的。

洗漱完畢後，貴族們開始去教堂做彌撒。大概八點左右，回家吃早飯。早飯一般是白麵包，蘸紅酒吃。或者兩片起司加一片肉或數片香腸，再加一杯紅酒。

吃完飯，沒人管教的貴族們便開始各行其是。如果是沒有公務的貴族，一般會選擇釣魚、狩獵；有公務的貴族則辦理公務，接見外賓等。一直到十一點，然後開始午餐。

不過，中世紀的時候，大多數人都不怎麼重視午餐的，即便是貴族，午餐也很簡單，和一般較富裕的市民差不多。唯一不同的是貴族選擇吃布丁的比較多，特別是杏仁布丁。這種布丁用大量的牛奶做成，上面點綴著玫瑰花瓣，再撒上一點細白糖。

時間就到了下午一點鐘，無所事事的貴族一般喜歡到集市閒逛，買一些奢侈品；有點上進心的貴族則開始看看書，和志同道合的人聊聊政

BC　日耳曼部落

漢

— 0

— 三國
晉
——民族大遷徙

南北朝

— 500　德意志立國

隋朝

唐朝

——查理曼帝國
東、西法蘭克帝國
五代十國
——薩克森王朝
宋朝　奧托一世稱帝
— 1000

元朝

明朝

— 1500
德國宗教改革

——三十年戰爭
清朝

——神聖羅馬帝國滅亡
德意志邦聯
——普法戰爭
中華民國
分裂成東、西德
兩德再次統一
— 2000

局、時事。

到了三點鐘，貴族家裏的僕人開始準備晚膳了。無聊的貴族則玩玩象棋、聊聊天，也賭點小錢之類的。

五點鐘開飯。客人們開始入座會前淨手。每個客人面前都有一塊乾麵包用當碟子用。有的奢侈一點的會把圓麵包挖空當碗用，飯後賞給窮人吃。

首先神父代替大家祈禱，然後上一道沙拉作為開胃菜，以各種時鮮蔬菜組成，再撒上些許白醋。開胃菜結束後，麵包黃油就登場了。麵包是新出爐的，黃油越軟越好。晚飯就這樣結束了嗎？不，好戲還在後頭呢！

現在才輪到主菜上桌。第一道菜通常為一碗肉湯。第二、三道菜才會有固體食物出現，如果那天運氣好，打獵收穫豐富的話，就有野味吃。乳豬、兔子、鱔魚、鱒魚、鯉魚等等，甚至還有烤孔雀。如果沒有野味的話，就是鹹豬肉。至於一般家畜、家禽，就更不用說了。

主菜之後，就是甜點。甜點的擺盤一般是用杏仁膏雕刻成的巨大城堡樣子，華麗而輝煌，還有鬆餅、蛋糕以及水果。飲料有麥酒、三合一蜜酒、啤酒、蘋果酒、蛋白酒、法國酒，不過大多數人還是喜歡喝香料蜜酒。

晚上八點鐘，狂歡的時刻到來了。跳舞、喝酒以及小遊戲，讓中世紀貴族的每一個晚上都變得豐富多彩。遊戲種類也很多，比如讓廚師在乳酪蛋糕中藏兩枚戒指、兩個玻璃彈珠和兩個錢幣。誰能吃到戒指，終生在愛情上有好運；如果吃到錢幣，一輩子不愁錢用；但吃到玻璃彈珠者，就會倒楣悲慘一生。

哥倫布發現新大陸
　　　1500—

英國大破無敵艦隊

發明蒸汽機

美國獨立

美國南北戰爭開始

第一次世界大戰
第二次世界大戰

　　　2000—

就這樣聚會到十點鐘，貴族們開始拖著疲憊的身軀，上床睡覺。

# | 第三章 | 德意志的摩西在哪裡

　　在整個歐洲，精神與物質、教會與世俗、國家與諸侯的重重矛盾都集中在德意志。長期的分裂必然導致極度的落後，而落後自然要挨打，在德意志的土地上開始成為別國爭奪的戰場。德意志的精英們，只能望著天空，在虛空中滿足因長時間落後而嚴重受損的自尊心。

1. 巴登-符騰堡
2. 巴伐利亞
3. 柏林
4. 勃蘭登堡
5. 不來梅
6. 漢堡
7. 黑森
8. 梅克倫堡-前波莫瑞州
9. 下薩克森
10. 北萊茵-威斯特法倫
11. 萊茵蘭-普法爾茨
12. 薩爾
13. 薩克森
14. 薩克森-安哈爾特
15. 石勒蘇益格-荷爾斯泰因
16. 圖林根

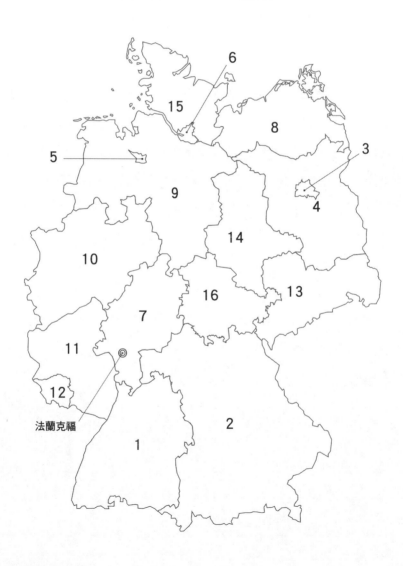

# 贖罪券：教會做起信徒的生意

　　當歷史的時針指向16世紀時，歐洲各國都在積極發展，但德意志卻分裂得不成樣子了，再也沒有出現過查理曼、亨利四世以及「紅鬍子」那樣強硬而充滿霸氣的皇帝。這片曾經讓全歐洲都震驚的土地，比過去亂得更厲害了。

　　教廷對德意志的影響日益增強，德意志皇帝不但沒有成為民族的代表，反而類似於一個諸侯，任由羅馬教會對本國民眾的壓迫。當年，「紅鬍子」曾把義大利當成德意志的提款機，如今德國卻成了「羅馬教皇的乳牛」，教皇把德意志成為「順服之士」。

　　德國人的錢源源不斷地流入教皇的口袋，德國的老百姓成了最大的受害者。國家分裂，作威作福的貴族，道貌岸然的教會，都讓他們苦不堪言。貪婪是無止境的，儘管教會已經佔領了德國大片的土地和資源，但還是無法滿足他們的奢侈生活。

　　為了充實自己的財庫，應對巨大的開支，教皇開始明碼標價出售大主教的職位，並且還發明了「贖罪券」。

　　根據羅馬教會的理論，人生在世都是有罪的，假如一個人懺悔自己的罪孽，就可以擺脫在地獄裏無休止的懲罰。以前，人們經由禁欲等苦修來贖罪，也可以天天祈禱，又或者向教會捐贈或參加朝聖，都能減輕懲罰。現在，有了一個更加簡單直接的辦法：購買贖罪券。只要購買了贖罪券，就算不真心懺悔，都能獲得赦免。贖罪券能在縮短購買者遭受懲罰的時間，甚至讓人免於懲罰。

BC　日耳曼部落

漢

— 0

三國
晉
民族大遷徙

南北朝

— 500　德意志立國

隋朝
唐朝

查理曼帝國
東、西法蘭克帝國
五代十國
薩克森王朝
宋朝
奧托一世稱帝
— 1000

元朝

明朝

— 1500
德國宗教改革

三十年戰爭
清朝

神聖羅馬帝國滅亡
德意志邦聯
普法戰爭

中華民國
分裂成東、西德
兩德再次統一
— 2000

誰願意下地獄呢？於是，大家紛紛購買贖罪券，希望自己死後能上天堂。這種巧立名目的巧取豪奪，讓一些有惡行的人更加肆無忌憚。既然金錢能夠救贖自己的靈魂，那不管如何作惡，只要有錢，連魔鬼也能上天堂。德意志的土地上烏煙瘴氣，也激起了很多人的不滿。

一天，一個薩克遜貴族來到兜售贖罪券的修道士面前說，他想暗算某個人，可不可以提前買一張贖罪券？這位修道士當然很樂意，而且以三倍的價錢賣給貴族一張贖罪券。買到贖罪券的貴族，立刻把這名修道士暴打了一頓，還搶走了他的贖罪券箱。滿身傷痕的修道士把貴族告到法院，但貴族向法院出示了他購買的贖罪券，結果被無罪釋放。

教會做起了信徒的生意，而且一做就上百年。但漸漸的，對這個事情的不滿情緒越來越多。早在15世紀，波西米亞的教士胡斯就主張廢除繁瑣的宗教儀式，揭露教會壓榨民眾的真面目，公開號召大家不要購買贖罪券。教廷把胡斯燒死了，由此引發了十年的「胡斯戰爭」。

1517年，教皇利奧十世打算大規模重建羅馬城，決定將這年定為「大赦年」。他把美茵茲大主教這個職位高價賣了。阿爾布雷希特獲得了這個職位，同時他還身兼數職。按照當時的要求，大主教是不能兼職的。但求財心切的利奧十世說，只要你能拿出24000個金幣，就可以繼續做下去。

大主教拿不出那麼多錢，但他讓富商富格爾先墊付這筆錢，他負責在德意志地區出售贖罪券，收入的50％給主教，剩下的50％給富格爾。為了達到這個目的，他還想賄賂給教皇3000個金幣。

哥倫布發現新大陸
　　　　1500—

英國大破無敵艦隊

發明蒸汽機

美國獨立

美國南北戰爭開始

第一次世界大戰
第二次世界大戰

　　　　2000—

負責德意志地區銷售贖罪券的是一名叫泰特澤爾的修道士，此人巧舌如簧，非常能幹。他像一個商人一樣四處兜售，並制定了銷售策略。根據罪行的不同，贖罪券也分不同的價格。例如，殺人的要八個金幣，通姦的要六個金幣。他經常在教堂門口吆喝：「錢幣扔進櫃子裏叮噹

響，靈魂就跳上了天堂。」這句話傳神又朗朗上口，很快就流傳開來。

　　教廷的這些荒唐的行徑，終於引發了更多民眾的不滿，改革的呼聲越來越多。德意志改革與不改革的力量相互糾纏著，迷信教會與批判教會的聲音充斥著，各種對抗就像拉滿了的弓箭一樣，已經做好了蓄勢待發的準備。

### 相關鏈結：胡斯戰爭

　　由於胡斯到處散發不利於教會的言論，教廷要求他在宗教大會上說個明白。儘管知道此行危險重重，胡斯還是義無反顧地去了。雖然羅馬教皇說擔保他的人身安全，但胡斯一出現在會議上就被抓了起來。胡斯不願意放棄自己的學說，被教皇活活燒死了。這引起了波西米亞人們的公憤，大家組織起來向教會宣戰。胡斯戰爭持續了十多年，擊退了德皇和十字軍五次攻擊，直到1434年才被鎮壓。

# 馬丁・路德的戰鬥檄文

BC

耶穌基督出生　0—

君士坦丁統一羅馬

羅馬帝國分成兩部

波斯帝國　500—

回教建立

凡爾登條約

神聖羅馬帝國建立
　　　　1000—

十字軍東征

蒙古第一次西征

英法百年戰爭開始

哥倫布發現新大陸
　　　　1500—

英國大破無敵艦隊

發明蒸汽機

美國獨立

美國南北戰爭開始

第一次世界大戰
第二次世界大戰

　　　　2000—

　　1517年10月31日，在維騰堡大學的萬聖教堂的大門上，人們意外地發現貼著一份用拉丁文寫成的論綱。有人把論綱翻譯成了德語，結果德意志民眾聽到了對贖罪券有史以來最嚴厲的批判。

　　例如，第二十七條說，凡是主張錢在櫃子裏叮噹響，靈魂就能跳上天堂的，實在是人間最荒謬的言論。第三十六條說，凡是真心悔過的基督徒，就算沒有購買贖罪券，也能得到赦免全部罪行。

　　這份戰鬥檄文，由一個名叫馬丁・路德的人寫成。這個普通德意志農民的兒子，家教嚴格，充滿了宗教虔誠感。他本是艾爾福特大學法學院的學生，因為又一次遭遇雷擊，體驗到了死亡的威脅，驚恐之餘便決定做一名神父，以求上帝的恩賜。

　　於是，他不顧父親的反對，加入一個苦修教團。路德住在一個沒有暖氣的房間裏，忍飢挨餓，頻繁祈禱，甚至長時間守夜。他給自己定下了嚴苛的規矩，連他的懺悔神父都對他無休止的懺悔而厭煩。

　　後來，路德神學博士畢業，擔任維騰貝格大學教授和修道院副院長。三年後榮升副主教。

　　1511年底，路德到羅馬旅行，目睹了教廷的腐敗。他在一次回憶中寫道：「很難描述，而且不可能相信，那裏齷齪到什麼程度。如果真的有地獄的話，那羅馬就是地獄。羅馬本是神聖的神，現在卻變成骯髒的城了。」

當贖罪券再一次達到出售高潮時，這位上帝的孩子再也坐不住了，便舉起了反抗的旗幟。於是便出現了開頭的一幕。《九十五條論綱》猶如一顆火種落在了炸藥桶中，立刻燃起了燎原大火。論綱點燃了民眾的怒火，激起了大家對教廷的蔑視。一些人把翻譯成德語的小冊子帶到了歐洲的各個角落。馬丁·路德的名字開始傳誦四方。

當然，路德在這份論綱中，還是給教皇留了些面子。他說，教皇肯定不知道下面的人這樣販賣贖罪券，不然他一定不會同意的。而且教皇出售贖罪券，不是為了財富，而是為了給老百姓祈禱。即便這樣，教皇仍然不領情。當路德把《九十五條論綱》寄給教皇利奧一世之後，羅馬方面要以異教徒的罪名審判路德。

溫文爾雅的路德沒有想到，他的這一篇戰鬥檄文會產生如此大的影響，轉眼之間，他變成了歐洲的名人，成了德意志民族的代表，德意志民族的英雄。在一次辯論中，路德用德語說：「我並不否認教皇和教會的權力，但這僅僅因為他們來自聖門。但如果德國皇帝不是聖門出生，我們也應該尊敬他。」

這一句話石破天驚，路德以一個德意志人的語氣，讓德意志人開始意識到自己還有一個國家，還有一個民族。自此以後，路德將筆鋒直指羅馬。他大聲疾呼，說教皇和他的教眾是「羅馬罪惡的蛇蠍」；他號召德國諸侯團結起來，讓德意志皇帝成為真正的皇帝；他批判教會權力凌駕於世俗權力之上如此等等。路德所到之處，民眾紛紛呼應。

羅馬教廷感到了威脅，他們試圖收買路德，許給他大主教的職位，但路德拒絕了。羅馬教廷將路德趕出教門，宣布他為異端，將他定了四十一條罪。路德針鋒相對，當眾把教皇的訓令扔到火爐裏。

羅馬教廷打算用一百年前對付胡斯的方法對付路德，他們下令傳路德到沃爾姆斯帝國議會進行公開辯論。但這時的路德，身後有德意志

BC　日耳曼部落

漢

— 0

三國
晉
—— 民族大遷徙

南北朝

— 500　德意志立國

隋朝
唐朝
—

—— 查理曼帝國
東、西法蘭克帝國
五代十國
—— 薩克森王朝
宋朝　奧托一世稱帝
— 1000

元朝

明朝

— 1500
德國宗教改革

—— 三十年戰爭
清朝

—— 神聖羅馬帝國滅亡
德意志邦聯
—— 普法戰爭
中華民國
—— 分裂成東、西德
兩德再次統一
— 2000

廣大的民眾支持，他可以不用擔心生命的危險。在大會上，路德拒絕承認錯誤，也不收回自己的言論。面對皇帝、教皇使節，路德大義凜然地說：「我既不信任教皇也不相信宗教會議，因為他們常常出錯。除非你們能用《聖經》上的文字和邏輯駁倒我，否則我不願撤回任何言論。因為我很難違背自己良心做事，這也是你們對我的威脅。」這些話贏得了在場很多人的喝彩。

查理五世為了自己的利益，他下令一切人等，不許給路德住處，不許給他房子，不許給他食物，不許給他飲水，不許收留他，總之，他不再受帝國法律的保護。這就意味著，任何人都可以致路德於死地。正當羅馬教廷打算抓路德的時候，卻傳來驚人的消息：路德被綁架了。

「綁架」路德的是薩克森公爵，並讓路德在瓦爾特堡居住。在這一時期，路德隱去了自己的真實姓名，開始了他的偉大工作：把聖經翻譯成德語。

為此，路德廢寢忘食，他一直追溯到沒人篡改的聖經原本，並把它翻譯成通用的標準「德語」，一種來自人民的語言。

德文《聖經》的問世和傳播，讓德國語言文字有了統一的標準，建立了現代德語規範，為日後德意志的統一奠定了基礎。在帝國分裂狀態中，路德的「統一德語」成為維繫所有德意志人的紐帶，越來越多的德意志人開始使用這種語言寫作。

海涅這樣評價路德：「他是這個時代的喉舌和刀劍……一個冷靜的有學問的詞語製造者，和一個有靈感的陶醉與上帝的先知，他嘔心瀝血地工作，來研究他費勁的教義上的特點，而在晚上他則拿起長笛，凝視天空的星星，把樂曲和對神的敬畏融合在一起。」

耶穌基督出生　0—

君士坦丁統一羅馬

羅馬帝國分成兩部

波斯帝國　500—

回教建立

凡爾登條約

神聖羅馬帝國建立
　　1000—

十字軍東征

蒙古第一次西征

英法百年戰爭開始

哥倫布發現新大陸
　　1500—

英國大破無敵艦隊

發明蒸汽機

美國獨立

美國南北戰爭開始

第一次世界大戰
第二次世界大戰

　　2000—

## 相關鏈結：文藝復興運動

　　從14世紀開始，文藝復興運動首先在佛羅倫斯展開，後來擴展到歐洲各國。其核心是「人文主義」精神，提倡人性，反對神學迷信。這一時期德意志地區的名家有伊拉斯謨和賴希林，畫家簡‧凡‧艾克，天文學家開普勒等。這種知識上的轉變讓文藝復興發揮了承接中世紀和近代的作用。

BC　　日耳曼部落

漢

— 0

三國
晉
— ·········民族大遷徙

南北朝

— 500 ··· 德意志立國

隋朝

唐朝

— ·········查理曼帝國
·········東、西法蘭克帝國
五代十國
— ·········薩克森王朝
宋朝
·········奧托一世稱帝
— 1000

元朝

明朝

— 1500
·········德國宗教改革

— ·········三十年戰爭
清朝

— ·········神聖羅馬帝國滅亡
·········德意志邦聯
·········普法戰爭
中華民國
·········分裂成東、西德
·········兩德再次統一
— 2000

# 《奧格斯堡和約》

BC

耶穌基督出生　0—

君士坦丁統一羅馬

羅馬帝國分成兩部

波斯帝國　500—

回教建立

凡爾登條約

神聖羅馬帝國建立
　　　　1000—

十字軍東征

蒙古第一次西征

英法百年戰爭開始

哥倫布發現新大陸
　　　　1500—

英國大破無敵艦隊

發明蒸汽機

美國獨立

美國南北戰爭開始

第一次世界大戰
第二次世界大戰

　　　　2000—

　　馬丁·路德的宗教改革後，路德教迅速在德意志傳播開來，甚至開始傳入瑞典、丹麥、英國、法國以及匈牙利等國。德意志的很多諸侯，都改信路德教。但他們並非真正信教，只是利用新教成為他們掠奪的工具。

　　在許多邦國內，諸侯們組織自己的新教教會，諸侯成為教會的首領，集國家權力與教會權力於一身，鞏固了自己的權力和獨立性，這樣其實就剝奪了天主教會的權力。諸侯宗教改革的擴展，擴大了天主教和宗教改革運動之間的裂痕，自然也遭到了查理五世的反對。

　　在拋棄路德後，查理五世開始了長達20年的對法戰爭。為贏得戰爭的勝利，他時而同新教諸侯合作，時而又與教皇聯合。皇帝左右搖擺，德意志諸侯分化成兩派，鬥爭卻越來越嚴重。一部分諸侯帶著私心支持宗教改革，另一部分則堅持信奉天主教。

　　由於皇帝在與法蘭索瓦一世的戰爭中取得了幾次勝仗，加強了他在帝國會議的地位。1529年召開了斯派耶爾帝國會議上，查理五世的代表宣布，嚴格執行沃爾姆斯赦令，不得實行宗教改革。天主教中同情路德派的人也宣布他們不會遵守會議決議。

　　路德派更是群起抗議，在抗議書上簽名有薩克森選侯、布蘭登堡侯爵、黑森伯爵以及斯特拉斯堡、紐倫堡等14個城市的代表。他們也因此被稱為「抗議宗教徒」，一般譯為「新教」。

　　後來，由路德的密友，人文主義者梅蘭希通起草，路德審定的《奧

格斯堡告白》問世，稱為路德派的戰鬥宣言。《告白》用書面形式提出了路德派的主張和要求，受到了天主教的攻擊。不過查理五世很清楚，路德派已經不可能消滅了。

面對這種情況，羅馬教皇不可能坐以待斃。他們建立了耶穌會，對各國高層滲透，深入群眾，宣傳引導，甚至造謠、誹謗打擊新教。路德派繼續鬥爭，經過二十多年的努力，終於取得了合法的地位。

諸侯宗教改革和反宗教改革的較量的結果，是新教和天主教在1555年簽定的《奧格斯堡和約》。那年的9月，奧格斯堡帝國議會經過幾個月的商討，反覆磋商，通過了協議文件，並得到查理五世的簽署。協定內容如下：

1.帝國各邦均不得以宗教理由挑起戰爭；

2.承認路德教和舊教（天主教）的信仰自由，路德教和舊教同權平等；

3.根據「教隨國定」原則，諸侯在其領地內享有決定本人及其臣民宗教信仰的權力；

4.但加爾文教、再洗禮教派等新教教派不予承認；

5.在帕紹條約（1552年8月2日）以前被新教諸侯所占的教產，可由其繼續佔有。

另外，天主教會提出的凡改信路德教的諸侯，必須放棄其原來的公職、土地和收入，但被新教諸侯否定，故該項條款未達成協定。

《奧格斯堡和約》的簽定為國內帶來短暫的和平，新舊教派之間你死我活的較量告一段落。和約提升了新教的勢力，相對削弱了皇帝的權力。到底信仰新教還是天主教，由各邦國自己決定，正所謂我的信仰我作主。

和約首次承認了新教的合法地位，但否定了其他教派的權益，為日

BC　日耳曼部落

漢

— 0

三國
晉
— 民族大遷徙

南北朝
— 500 — 德意志立國

隋朝
唐朝

— 查理曼帝國
東、西法蘭克帝國
五代十國　薩克森王朝
宋朝　奧托一世稱帝
— 1000

元朝

明朝
— 1500
德國宗教改革

三十年戰爭
清朝

神聖羅馬帝國滅亡
德意志邦聯
普法戰爭
中華民國
分裂成東、西德
兩德再次統一
— 2000

後的紛爭埋下了導火線，也成了引發三十年戰爭的根源。

## 相關鏈結：基督教三個教派

　　基督教是當今世界上傳播最廣，信徒人數最多的宗教。西元一世紀中葉，基督教產生於地中海沿岸的巴勒斯坦，並成為羅馬帝國的國教。後來基督教分裂為天主教和東正教。十六世紀，天主教發生了宗教改革運動，派生出一些脫離羅馬公教的新教派，統稱「新教」，在中國稱為「耶穌教」。所以，天主教、東正教和新教是基督教的三大教派。

君士坦丁統一羅馬

羅馬帝國分成兩部

波斯帝國　500—

回教建立

凡爾登條約

神聖羅馬帝國建立　1000—

十字軍東征

蒙古第一次西征

英法百年戰爭開始

哥倫布發現新大陸　1500—

英國大破無敵艦隊

發明蒸汽機

美國獨立

美國南北戰爭開始

第一次世界大戰
第二次世界大戰

2000—

# 三十年戰爭爆發

1618年5月23日，在捷克的布拉格王宮裏，一群全副武裝的群眾正在四處搜索，他們在尋找國王斐迪南，一位狂熱的天主教徒。人們翻遍了王宮也沒有找到國王，憤怒的人們將國王的兩個官員扔出窗外。儘管是從二十多公尺高的地方掉下來，兩個人卻很幸運，他們掉到了王宮的垃圾堆上，保住了小命。

這個事件震驚了歐洲所有宮廷。天主教廷趁機宣傳，說他們得到了聖母瑪利亞的保佑，所以大難不死。這個沒有多大損害的事件，卻引發了歐洲第一次國際戰爭，而且一打就是三十年。

「擲出窗外事件」成了三十年戰爭的導火線，起因是哈布斯堡家族的強大。哈布斯堡家族透過聯姻獲得了大片的領土，試圖建立一個囊括義大利、德意志在內的大帝國。但德意志的選侯們肯定不答應，他們不願意看到中央集權的強大；法國、英國等國家也開始注意這個家族，畢竟龐大的家族憑空出現在歐洲不是一件好事情。

1617年，德皇馬蒂亞斯任命他的表兄弟斐迪南擔任波西米亞國王。他極端仇視新教，扼殺新教勢力，為哈布斯堡家族掃清前進的道路。但斐迪南貿然挑釁，激起了捷克的民族情緒。英、法、荷蘭等國也表示支持捷克民族的正義事業。

這時，德皇馬蒂亞斯去世了，斐迪南繼任皇位。這位曾被趕出捷克的新皇帝，這下可得意了。他聯合天主教聯盟，組織了一支25000人的軍隊討伐捷克。當然，忙不是白幫的，斐迪南許諾把普法爾茲選侯的地位

BC　日耳曼部落

漢

— 0

三國
晉
民族大遷徙

南北朝
— 500　德意志立國
隋朝
唐朝

查理曼帝國
東、西法蘭克帝國
五代十國
薩克森王朝
宋朝　奧托一世稱帝
— 1000

元朝

明朝

— 1500
德國宗教改革

三十年戰爭
清朝

神聖羅馬帝國滅亡
德意志邦聯
普法戰爭
中華民國
分裂成東、西德
兩德再次統一
— 2000

賞給盟主巴伐利亞公爵。

就在大軍壓境時，捷克卻因為財政拮据，只招募到了四千多人。而新教聯盟也沒有堅定支持捷克，最強大的薩克森家族甚至在暗地裏與德皇達成協定。戰爭勝負無需多猜，捷克起義被鎮壓，斐迪南血洗捷克。三十年戰爭的第一階段，斐迪南勝。

木秀於林，風必摧之。哈布斯堡家族取得的勝利，讓歐洲很多國家忌憚。而剛剛取得勝利的斐迪南想藉此良機，徹底壓制新教諸侯，他把手伸向德意志西北部，這讓英國、法國和丹麥很不舒服。丹麥以保護新教的名義進攻斐迪南，斐迪南面對氣勢洶洶的丹麥軍隊，儘管自己兵力幾倍於丹麥，卻被丹麥迅速擊敗。自此，三十年戰爭進入第二階段，國內戰爭變成了國際戰爭。

斐迪南只好向天主教聯盟請援，但天主教諸侯擔心皇權的加強，再加上前段時間斐迪南得勝後的猖狂，他們更樂意坐著看皇帝的失敗。

凡爾登條約

神聖羅馬帝國建立
　　　1000—

十字軍東征

蒙古第一次西征

英法百年戰爭開始

就在斐迪南欲哭無淚的時候，一個叫華倫斯坦的軍人毛遂自薦，表示願意出來解決危機。他自願出戰，而且還不要皇帝出錢。他在信中說：「我自己沒有任何追求，我所追求的就是為陛下效勞，維護國家的統治……」

這樣的好事，斐迪南自然不會放過。他明確要求華倫斯坦組建一支兩萬人的軍隊，他問華倫斯坦：「波西米亞能養活兩萬軍隊？」華倫斯坦回答：「不，是五萬人。」當他問何時能夠建成時，華倫斯坦給出的答案是幾個月之內。皇帝大喜過望，立刻任命華倫斯坦為皇家軍隊總指揮。

哥倫布發現新大陸
　　　1500—

英國大破無敵艦隊

發明蒸汽機

美國獨立

美國南北戰爭開始

第一次世界大戰
第二次世界大戰

　　　2000—

華倫斯坦當時42歲，身材修長，面色蒼白，但他英俊的外表下卻隱藏著一顆讓人不安的心。據說一位占星學家評價他嚴酷無情，沒有手足之情或夫妻之情，只考慮自己，為人吝嗇，不誠實，經常沉默不語。

華倫斯坦雖然流著捷克人的血液，但他卻選擇效忠皇帝。其實他不信任何宗教，他野心勃勃，有一個宏偉的目標：統一德意志，恢復昔日羅馬帝國的風采。他的確是一個優秀的統帥，組織軍隊的方式簡單而粗暴，採用的是「以戰養戰」的方針。

華倫斯坦是一個軍事家，具有優秀的統帥才能和組織才能，訓練、組織士兵以及戰場上的指揮水準都很高，他輕輕鬆鬆就連勝幾場。但華倫斯坦的勝利，卻建立在燒殺搶掠上。因為沒有固定軍費，他允許士兵搶奪老百姓的財物。依靠這種方法，他向軍官支付了較高的報酬，有效籠絡了人心。這樣一來，他所到之處，如蝗蟲過境一般，寸草不生，人驚鬼哭。

在接下來的兩三年之中，華倫斯坦所向無敵，手下的士兵達到十多萬。依靠華倫斯坦的大軍，斐迪南又贏得了三十年戰爭中第二階段的勝利。

### 相關鏈結：騎士暴動

濟金根是一名帝國騎士，在他的領導下，一支1500名騎士組成的騎兵部隊，驍勇善戰。他經常以自己的軍事實力為各種勢力效勞。1522年，他發動反諸侯的戰鬥，結果卻在戰鬥中陷入孤立，騎士軍在重炮的攻擊下抵擋不住，只好投降。濟金根本人也重傷身亡，騎士暴動以失敗告終。

BC　日耳曼部落

漢

— 0

— 三國
晉
———民族大遷徙

— 南北朝
— 500 …德意志立國
隋朝
唐朝

———查理曼帝國
東、西法蘭克帝國
五代十國
———薩克森王朝
宋朝
奧托一世稱帝
— 1000

元朝

明朝

— 1500
德國宗教改革

———三十年戰爭
清朝

———神聖羅馬帝國滅亡
德意志邦聯
———普法戰爭
中華民國
———分裂成東、西德
———兩德再統一
— 2000

BC

耶穌基督出生　0—

君士坦丁統一羅馬

羅馬帝國分成兩部

波斯帝國　500—

回教建立

凡爾登條約

神聖羅馬帝國建立
　　　　1000—

十字軍東征

蒙古第一次西征

英法百年戰爭開始

哥倫布發現新大陸
　　　　1500—

英國大破無敵艦隊

發明蒸汽機

美國獨立

美國南北戰爭開始

第一次世界大戰
第二次世界大戰
　　　　2000—

# 名將華倫斯坦的末路

　　不怕神一樣的對手，就怕豬一樣的隊友。華倫斯坦的勝利，讓他的盟友們有所忌憚。當他從戰場上歸來時，迎接他的不僅有國王的賞賜，也有諸侯們的彈劾。因為諸侯們害怕一個強大的中央皇權的出現，而華倫斯坦的抱負就是建立一個統一強大的德國，這完全違背了諸侯們的利益。

　　於是，諸侯們聯合起來，在皇帝面前說華倫斯坦的壞話。他們威脅斐迪南，如果不免除華倫斯坦的職務，就解除軍隊，不選他的兒子做皇帝。再加上皇帝本身也害怕華倫斯坦「功高震主」，就在1630年解除了華倫斯坦的職務，轉交給蒂利將軍。

　　就在這個時候，北方戰鼓連連，瑞典侵入德意志。解甲歸田的華倫斯坦本來歎息著打算在家裏養老了，老天又給了他一個上戰場的機會。而他也遇到了他一生中最傑出的敵人，瑞典國王古斯塔夫。

　　十七歲就登上王位的古斯塔夫，號稱「北方雄獅」，奉行著「只可在敵人的國家開戰，不要在自己本土興兵」的原則，於1630年7月，率領一支1.2萬人的軍隊迅速向德意志中部推進。而斐迪南居然還實行《歸還教產令》，把信奉新教的諸侯們推到了瑞典的懷裏。

　　即便解職回家，華倫斯坦也沒有閒著，瑞典的進攻讓他又振奮起來。他一直靜觀瑞典國王的一舉一動，詳細研究了他的戰略戰術。古斯塔夫作為一名傑出的軍事家，對火器非常瞭解，並創造了新的戰術。他的軍隊的核心部分是農家子弟，戰鬥力較強；他善用炮兵，在兵種的配

備上比較全面，工兵、坑道兵、工事兵、造橋兵樣樣齊全。

就是這樣一位軍事指揮才能如行雲流水般的國王，把天主教聯軍打得落花流水，蒂利的軍隊幾乎全軍覆沒，而蒂利也戰敗陣亡。看來，只有華倫斯坦有能力拯救德國了。斐迪南無奈之下，只好再次向華倫斯坦求援，這離華倫斯坦被解職還不到兩年。

華倫斯坦不計前嫌，再披戰袍，不過也提出了比先前更苛刻的條件：對軍隊有絕對指揮權，自主決定和談等等。國王沒有辦法，只得同意。華倫斯坦迅速行動，三個月內就組建起了一支七萬人的隊伍，同時學習瑞典國王的長處，購買了80門大炮。

他深知古斯塔夫的軍事才能，瞭解現在瑞軍正在風頭之上，要想正面作戰，很難勝利。於是他採用圍魏救趙的戰略，先攻打瑞典的盟友薩克森軍隊。瑞典人不得不掉頭轉向，停止進攻奧地利，救援薩克森。

1632年11月，古斯塔夫和華倫斯坦終於見面了，他們在呂岑交鋒。為了「和那個華倫斯坦一決雌雄」，古斯塔夫曾積極備戰，如今遇到了，自然不肯放過。三十年戰役中最大的一次戰役，開始了。

那天，大霧瀰漫。瑞典士兵喊著：「上帝與我同在」，華倫斯坦軍隊喊著：「聖母瑪利亞」，互相拼命。從兵力上看，瑞典1.6萬對1.2萬，稍佔優勢。但華倫斯坦身先士卒，打入敵陣中，力圖創造以少勝多的奇蹟。古斯塔夫也一馬當先，擊散了華倫斯坦的火槍兵和騎兵。但大霧擋住了古斯塔夫的視線，一顆子彈擊中了他，北方的雄獅戰死了。

他的死激發了士兵的勇氣，他們持續進攻，華倫斯坦只得在夜幕的掩飾下撤退了。瑞典軍隊取得了戰場上的勝利，也付出了慘重的代價，他們失去了國王。古斯塔夫犧牲在戰場上，充滿了英雄氣概。而德國，居然沒有一個國王，甚至諸侯戰死沙場，顯得如此懦弱。

沒有古斯塔夫的瑞典軍隊就如沒有了領頭羊的羊群，在諾德林根被

BC　日耳曼部落

漢

— 0

三國
晉
————民族大遷徙

南北朝

— 500　德意志立國

隋朝
唐朝

—————查理曼帝國
————東、西法蘭克帝國
五代十國
————薩克森王朝
宋朝　奧托一世稱帝
— 1000

元朝

明朝

— 1500
德國宗教改革

————三十年戰爭
清朝

————神聖羅馬帝國滅亡
德意志邦聯
————普法戰爭
中華民國
————分裂成東、西德
————兩德再次統一
— 2000

BC

耶穌基督出生　0—

君士坦丁統一羅馬

羅馬帝國分成兩部

波斯帝國　500—

回教建立

凡爾登條約

神聖羅馬帝國建立
　　　　1000—

十字軍東征

蒙古第一次西征

英法百年戰爭開始

哥倫布發現新大陸
　　　　1500—

英國大破無敵艦隊

發明蒸汽機

美國獨立

美國南北戰爭開始

第一次世界大戰
第二次世界大戰

　　　　2000—

華倫斯坦擊敗。華倫斯坦兵權在握，成了風雲人物。但他和皇帝之間的矛盾很快激化起來。華倫斯坦在戰爭結束後對將士們的獎懲所表現出來的氣魄和力度，讓斐迪南很不爽。再加上華倫斯坦主張和談，並秘密和法國接觸，也讓他的政敵們反覆向皇帝遞交告密信。多種原因下，國王決定除掉華倫斯坦。

如果說古斯塔夫的死亡充滿了英雄色彩的話，華倫斯坦的死亡卻顯得那麼悲劇。1634年2月25日，狂歡節，在埃格爾的一座城堡裏，一群效忠皇帝的士兵衝進華倫斯坦的臥室。面對自己的士兵，華倫斯坦長歎一聲，沒有躲避，沒有自衛，任憑一個愛爾蘭上尉用劍刺入心臟，一位傳奇式的英雄，就這樣退出了歷史舞臺。

亂世容易出英雄，但在16世紀的德意志土地上，英雄卻無法被人認可。如果華倫斯坦沒有死，如果他還繼續實行他的理想，又或者古斯塔夫可以達到他的最終目的，也許德國在政治和經濟上的進步，至少提前一百年。但可惜，一顆子彈，一把劍，就讓德國統一的可能性延遲了200多年，在德意志歷史上寫下了痛苦的一頁。

### 相關鏈結：農民起義

德意志農民起義的領袖人物是閔采爾。在他的影響下，1524年夏天，波瀾壯闊的農民戰爭首先在德意志南部爆發，並很快從南部燃燒到北部，吸引了德國近三分之二的農民和其他階層的民眾參加，總人數在十萬人以上，是歐洲歷史上規模最大的一次農民戰爭。後來，起義在敵人的優勢兵力下失敗。

# 【專題】蠻夷之地綻放文明之花

「一想到德意志人民，我常常黯然神傷，作為個人，他們個個偉大，作為整體，卻又那麼可憐。」歌德這位世界性的偉人以自己獨特的眼光，說了自己對德意志民族的評價。不可否認的是，這是多麼精闢的描述啊。

18世紀，德意志的天空中，群星閃耀，思想與藝術的星光在歷史上譜寫了不朽的智慧篇章，其光芒讓全世界為之矚目。德國一向被稱為「詩人和思想家的國度」，因為這裏大師輩出，康德、黑格爾、費希特等等哲學家把18世紀的德國充實得滿滿當當。

在東普魯士哥尼斯堡的一條小道上，每天午後3點半，都有一個不到5英寸的矮個子男人走過。他就像精確的鐘錶一樣準時，以至人們以此來校對自己的鐘錶。只有一次，他因為閱讀《愛彌兒》忘記了時間，那天他沒有出去散步。這位生活規律得近乎刻板的人就是康德。有人把他的哲學比作蓄水池，前人的思想在這裏匯集，後人的思想從這裏流出。也有人認為他的哲學就是一座橋，想要進入哲學之門，首先得經過康德。他的《純粹理性批判》、《實踐理性批判》、《判斷力批判》讓他成為世界哲學史上輝煌的高峰人物。

「萬能大師」萊布尼茲是一個舉世罕見的天才，在數學、哲學、法律、歷史、文學、邏輯等方面都有卓越的貢獻。他是微積分的創始人，他發明了「萊布尼茲輪」並預測了電腦的廣泛應用，他給出了正確的二進位制加法和乘法規則，他提出身心平衡論，在邏輯學中引入「充足理

BC 日耳曼部落
漢
― 0
― 三國
晉 ―― 民族大遷徙
南北朝
― 500 ··· 德意志立國
隋朝
― 唐朝
― ········ 查理曼帝國
東、西法蘭克帝國
五代十國 ―― 薩克森王朝
宋朝 ―― 奧托一世稱帝
― 1000
―
―
元朝
明朝
―
― 1500
德國宗教改革
―― 三十年戰爭
清朝
―
―― 神聖羅馬帝國滅亡
德意志邦聯
―― 普法戰爭
中華民國
分裂成東、西德
兩德再次統一
― 2000

由律」等等。人們為了紀念他，用「全才」這個詞語來形容他。而他，絕對當之無愧。

黑格爾，這位宣導辯證法，並把康德的古典哲學發展到高峰的哲學大師，因為一句影響極大的名言：「凡是合乎理性的東西都是現實的，凡是現實的東西都是合乎理性的。」以及「國家至上」、「人民與貴族

相聯合」的口號，他的哲學被君權神授徒們所利用，成為普魯士乃至德意志的官方哲學。

與哲學上的影響相輝映的是德意志音樂上創造的奇蹟。巴哈、韓德爾、格魯克、海頓、莫札特、貝多芬和舒伯特這七位音樂巨人輪流上

場，將音樂的火種代代相傳，讓德意志原本黑暗的時代照亮。

德意志的音樂不屬於哪一個階層，它屬於全體人民。當德意志的暴君們正在為爭權奪利而忙碌時，這些音樂大師們便開始在音樂中表達自

己對這個社會的不滿。巴哈對永恆的理解、貝多芬對命運的抗爭、格魯克對英雄的崇拜，構成了一幕幕壯麗的風景，也鑄就了德意志民族追求

內心自由、尋找精神家園的民族精神。

德意志人的心靈是複雜的，歌德對此認識得最為深刻。哲學家謝林

這樣誇讚他：「歌德活著的時候，德國就不會孤苦伶仃、不是一貧如洗

的，儘管它虛弱、破碎，它精神上依然是偉大的、富有的和堅強的。」

歌德筆下的浮士德集中了德意志靈魂的秘密，激情勃發與循規蹈

矩、無拘無束與一絲不苟、追求自由與渴望權勢，這些強烈的反差撕扯

著德意志民族的靈魂。德意志的欲望在精神上創造了許多文化藝術，在

現實中則表現為領土的追求。

思想和文化的統一，是一個民族得以形成的根本。在德意志全體都

處在被征服的沮喪時，這些藝術大師們用自己的思想和作品，挽回了德

意志的尊嚴。

# | 第四章 | 一山不容二虎

三十年戰爭後，德國的一些諸侯野心勃勃，希望統一德意志的榮耀之冠落在自己頭上。這其中，一個叫普魯士的邦國脫穎而出。但歷史的機遇並沒有到來，德意志還將以破碎的身軀在那片土地上橫亙。

1. 巴登-符騰堡
2. 巴伐利亞
3. 柏林
4. 勃蘭登堡
5. 不來梅
6. 漢堡
7. 黑森
8. 梅克倫堡-前波莫瑞州

9. 下薩克森
10. 北萊茵-威斯特法倫
11. 萊茵蘭-普法爾茨
12. 薩爾
13. 薩克森
14. 薩克森-安哈爾特
15. 石勒蘇益格-荷爾斯泰因
16. 圖林根

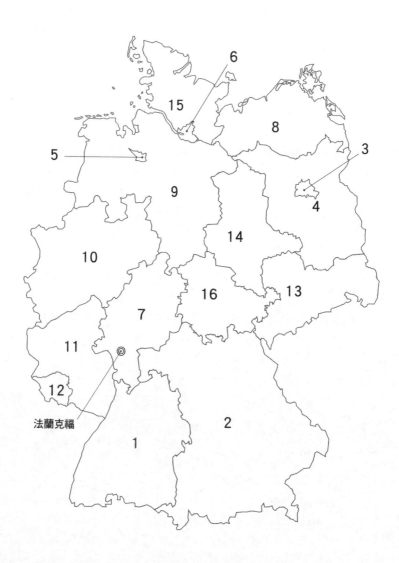

# 本是同根生，相煎何太急

德意志被三十年戰爭撕裂了，版圖上出現了大大小小三百多個獨立邦國，1400多個騎士莊園。有人說，一年有多少天，德意志就有多少個邦國。恩格斯這樣形容當時的德意志：「到處是一片人去地荒的景象，當和平到來時，德意志已經無望地倒在地上，被踩得稀爛，撕成了碎片，流著鮮血。」

分裂的結果自然導致落後，而落後就要挨打。德意志成了整個歐洲的戰場，成了各國爭奪利益的場地。在西班牙王位繼承戰爭中，英國、荷蘭、葡萄牙等推選德皇利奧波德一世為盟主，率領德意志各個諸侯，與法國開戰。

經過數十年的戰爭，反法聯軍取得優勢。但最苦的是德意志人民。在各國軍隊的掠奪下，人口銳減，經濟更是一蹶不振，老百姓只能在廢墟上哭泣。德意志土地上的1700多個獨立政權，領土面積如此狹小，以至於他們都不敢輕易舉行軍事演習，害怕炮彈不小心落到別人的領土而引發爭端。

在此後的一個世紀中，當英國、法國、俄國等國家不斷擴張時，德意志卻成了別國爭奪的對象，絕大多數戰役在他的領土上進行，生靈塗炭。而德意志的一些諸侯們卻向列強出租士兵來賺取財富。例如在華盛頓的軍隊中，就有來自德意志的士兵，而他的對手中，也有來自德意志的僱傭兵。

對於德意志的選侯們來說，年輕的男子是作戰的主力，也是財富

BC　日耳曼部落

漢

— 0

三國
晉
　　民族大遷徙

南北朝

— 500　德意志立國

隋朝
唐朝

　　查理曼帝國
東、西法蘭克帝國
五代十國
　　薩克森王朝
宋朝
　奧托一世稱帝
— 1000

元朝

明朝

— 1500
　德國宗教改革

　　三十年戰爭
清朝

　　神聖羅馬帝國滅亡
　　德意志邦聯
　　普法戰爭

中華民國
　分裂成東、西德
　兩德再次統一
— 2000

的來源。如果不幸在戰場中戰死了，一個人他們可以得到幾百塔勒。所以，歐洲的戰場上經常出現這樣的情景：在戰場的兩邊廝殺的人，都是德意志人，但他們卻為不同的國家服務。

本是同根生，在為了別國的利益上，德意志的兄弟們卻在自相殘殺。戰場上的悲號喊出的是一個民族的無望，是對統一的呼喊。他們的君王不是用這種強大的軍事力量來爭取帝國的統一和民族的利益，卻把軍隊出賣，實在是德國的一種悲哀。

德意志僱傭兵中最出名的當屬馬克西米連建立的傭兵。從15世紀開始，神聖羅馬皇帝馬克西米連在帝國財政匱乏的情況下，模仿瑞士僱傭兵模式，建立了德國的第一支僱傭兵。在近半個世紀中，這些士兵延續了德意志民族的強悍，並學習了新的戰術，成為16世紀歐洲各國國君競相僱傭的戰鬥力量。

這些僱傭兵還是人類歷史上衣著最為奇特的軍隊，他們穿著古怪絢爛的切口軍服，扛著長毛走在歐洲的田野上時，還真是一副壯觀的景象。

這些僱傭兵的徵召也模仿瑞士人的傳統，先是雇主和被委任的指揮官簽定一份委任狀，明確列出各項條款和關係，並確定下資金預算，然後這位指揮官再任命自己的編組負責人。當準備工作做完後，就大張旗鼓地到村裏去徵召新兵。

徵召工作一般比較順利，因為希望在戰場上致富的大有人在，很多人都為了傭金和戰利品而來，當然也有富裕家庭的弟子，他們一般是為了家族的榮譽。在徵召的過程中，還要提防那些老弱病殘或裝備不齊的人渾水摸魚。

哥倫布發現新大陸 1500—

英國大破無敵艦隊

發明蒸汽機

美國獨立

美國南北戰爭開始

第一次世界大戰
第二次世界大戰

2000—

每個不那麼寬裕的指揮官經常會為了傭金支付問題而頭疼。1526年，弗倫茲貝格以他在明德海姆的莊園和財產作抵押，籌集30000盾帶隊

去義大利為查理五世作戰。這金額只夠半個月的傭金，沒過多久他的部隊就發生嘩變。西班牙將軍萊瓦為了負擔對法國作戰的德意志僱傭兵工資，甚至不得不溶化掉帕維亞教堂的金質聖餐杯和自己脖子上的項鏈！

除了出租士兵，德意志土地上的諸侯們為了自己的利益，他們經常彼此作戰，經常站到帝國的對立面。如法荷戰爭中，德皇和荷蘭聯盟反對法國，而德意志的明斯特、科隆卻幫法國；而普魯士卻暗中收受法王的賄賂，不戰而降。

### 相關鏈結：德意志條頓騎士團

1189年，十字軍在東征的過程中在巴勒斯坦成立了以德意志為主的軍事組織，直到13世紀才回到德意志。不久進入普魯士，建立了騎士團國家。由於戰術的落後和宗教改革的推進，騎士團走上了衰亡之路。1525年，騎士團國家轉為世俗國家；1809年，騎士團被迫解散。

# 新貴普魯士的崛起

「沒有普魯士的軍隊，並且是一支強大的普魯士軍隊，德意志民族的觀念根本就不會實現。」俾斯麥這樣形容普魯士對德國統一的貢獻。正所謂，強大的帝國權力是德意志統一的唯一保證，而強大的軍隊又是帝國權力的唯一保證。

普魯士位於今天的波蘭，地處神聖羅馬帝國的東北邊陲，地廣人稀，本來是一片蠻荒之地，被成為羅馬帝國「鐵罐裏的一只陶罐」。13世紀，統治普魯士的德意志騎士團，依靠強大的兵力，佔領了大片的土地，並宣布進行宗教改革，使基督教的禁欲主義世俗化。

1640年繼位的腓特烈・威廉雄才大略，面對貴族、容克和分離主義以及國外強權，年輕的選侯發誓：「我一定要把布蘭登－普魯士建成強權國家。」這位在三十年戰爭的混亂中長大的選侯，貧窮和殺戮給他留下了深刻的印象，並立志要改變這一狀況。

他首先建立了一支完全聽命於自己的軍隊，他以瑞典人為榜樣，廢除舊軍隊制度，甚至否定了自己的父親，讓貴族擔任軍官，並開辦軍校，吸收容克弟子入學，還設計了華麗的制服，在社會上擁有特殊的地位，從而激發了貴族參軍的積極性。

他還積極推行邦國中央集權計畫，組建諸侯專制政體，命令國內一切官員都對他一個人負責。更了不起的是，他還實施「改革開放」，實行重商主義的經濟政策。他敞開國門接納歐洲的新教徒，移民們帶來的技術和資金，讓普魯士快速發展起來。

這位為了自己的利益，頻繁結盟和背棄盟約的選侯，在他去世的時候給後代留下了近三萬人的精銳部隊和一個完整的文官系統，以及位列歐洲前茅的經濟基礎。不過，他的繼承者腓特烈一世卻因奢侈掏空了邦國的實力。

1701年，腓特烈一世把一支8000人的軍隊出租給德意志皇帝，條件是1300萬塔勒和「普魯士國王」的頭銜。儘管有點趁火打劫的意味，德皇還是忍痛答應了。於是，就在那年，腓特烈正式加冕稱王。至於那8000精兵，成了腓特烈一世換取王位的犧牲品，在西班牙王位戰爭中全軍覆沒。

不過，對普魯士的發展影響較大的，並不是這位奢靡的國王，而是他的兒子，腓特烈・威廉一世。所幸的是，這位繼承者沒有繼承他父親的窮奢極欲，不然普魯士只能像流星一樣劃過歐洲的天空。相反，他非常節儉，甚至吝嗇。他穿和市民一樣的外套，吃市民的菜肴，就連結婚前的洗浴，都是只用一桶水而已。據說，他曾捐贈給柏林圖書館兩次，一次是4塔勒，一次是5塔勒而被傳為笑談。

但他的勤儉，其實是一種「斂財」。他雁過拔毛，拔農民的毛，拔市民的毛，就是自己一毛不拔。歷史書中常常用四行詩來諷刺這位吝嗇的國王。曾有一位寡婦向他要慈善養老金，國王這樣回答：

「我不能答應您的請求，

我需要供養千萬的男子漢，

我不能拉出錢來，

腓特烈・威廉，普魯士的國王。」

他說：「榮譽比薪水要珍貴得多」，強迫全國的官員和他一樣，領微薄的薪水卻每天工作十二個小時。他為全國制定的行為準則：服從、盡職、守時、節儉、準確。

耶穌基督出生　0—

君士坦丁統一羅馬

羅馬帝國分成兩部

波斯帝國　500—

回教建立

凡爾登條約

神聖羅馬帝國建立
1000—

十字軍東征

蒙古第一次西征

英法百年戰爭開始

哥倫布發現新大陸
1500—

英國大破無敵艦隊

發明蒸汽機

美國獨立

美國南北戰爭開始

第一次世界大戰
第二次世界大戰

2000—

這位被成為「普魯士國家的建築大師」的國王，最關注的事務就是軍隊建設。威廉一世太喜歡軍隊了，只有待在軍隊裏才覺得愉悅。他是歐洲第一位穿軍裝的君主，把軍官看成自己的「獨子和兄弟」。他常常提著棍棒親自訓練士兵，也因此被成為「士兵王」。

為了維持強大的軍隊，國家收入的85％是用於軍事開支。為了擴張軍隊，他坑蒙拐騙，甚至跑到其他邦國去招募士兵，以至於有的邦國制定政策專門對付招兵的人。依靠不擇手段的方式，普魯士軍隊人數急劇增加，達到8萬人，居歐洲四位，而他的人口才224萬。

有人曾這樣形容，其他國家是「一個國家擁有一支軍隊」，普魯士是「一個軍隊擁有一個國家」。威廉一世是一個讓人迷惑不解的人，他用全部的精力創立了一支8.3萬人的軍隊，卻很少用這支隊伍給王國謀取利益。這位曾自嘲是「邊角料諸侯」的國王，其實有一顆精細的心，他要養精蓄銳，把建功立業的機會留給自己的子孫。

### 相關鏈結：《波茲坦赦令》

1685年10月，法國國王路易十四頒布了《楓丹白露赦令》，剝奪新教徒的權力，導致大批新教徒逃亡。一直信奉「人是最大的財富」的威廉一世，慧眼識良機，立即頒布《波茲坦赦令》，鼓勵受法國迫害的新教徒遷入普魯士。後來人們普遍認為，這是普魯士崛起的第一步。

# 藝術家的帝王之路

　　1806年，拿破崙帶著一大批軍隊來到柏林郊外。他用馬鞭指著一座墓碑對手下說：「如果這個人還活著，我們不可能站在這裏。」他所指的這個人就是腓特烈大帝，一個一生都沒有稱帝，卻被人們賦予皇帝稱號的人。

　　腓特烈大帝的父親是威廉一世，祖父是腓特烈一世，因為哥哥的夭折，很早便被立為王位繼承人。從小就被父親以軍事化的方式管理，生活也被安排得像鐘錶一般嚴謹。他穿著樸素的小軍服，時常陪父親巡視軍營，還要參加軍事會議。

　　然而，小王子在母親的影響下，卻愛好法國文化，喜歡藝術和吹長笛，愛讀小說，愛好吟詩作賦。他瞧不起德國文化，甚至沾沾自喜自己的德語「說得像馬車夫一樣」。父子間的衝突很快惡化。威廉一世大發雷霆，斥責、關禁閉、餓肚子等極端手段不時加諸在小王子身上。然而，對於年輕的男孩子來說，強硬的手段只會激起更大的反抗，父子之間的感情日趨對立，終於爆發了。

　　在王子18歲時，這位普魯士的唯一王儲，竟然離家出走了。在好友卡特的幫助下，他準備了地圖、乾糧什麼的，打算逃到自己的舅舅，英國國王那裏去。當然，這兩個年輕人的胡鬧自然瞞不過精明的威廉一世，在過境時攔截到了他們。

　　威廉一世對兒子的胡鬧忍無可忍，他把王子關了起來。1730年11月6日的一個清晨，王子被看守叫醒，並強迫他站在窗邊。在窗外的空地

BC　　日耳曼部落

漢

— 0

三國
晉
—————民族大遷徙

南北朝

— 500 ⋯德意志立國

隋朝
唐朝

—————查理曼帝國
東、西法蘭克帝國
五代十國
—————薩克森王朝
宋朝　奧托一世稱帝
— 1000

元朝

明朝

— 1500
德國宗教改革

—————三十年戰爭
清朝

—————神聖羅馬帝國滅亡
德意志邦聯
普法戰爭
中華民國
分裂成東、西德
兩德再次統一
— 2000

上，卡特雙手被縛跪在那裏，一聲令下，劊子手一刀揮下，卡特人頭落地，王子面如死灰。

經過十八個月的長期對抗，王子屈服了。此後他接受了再教育，閱讀了大量關於政治、軍事、數學等書籍，並經常出入軍營觀看演習，出入城市瞭解民情。王子的表現讓父親很滿意，雖然他依然不喜歡這些東西，但卻表現出了很高的天賦。

1740年，威廉一世因病去世，去世前他說的最後一句話是：「我的

事業後繼有人，我死而無憾。」他放心地把12萬平方公里的土地、200

多萬人口、8萬大軍以及1000多萬塔勒留給繼承者。28歲的王子登上了王

位，稱為腓特烈二世。但他很不情願，曾對一個恭維他的臣子說：「您不瞭解我，我其實不想當國王。當音樂家或者詩人才是我的追求。」

不管願不願意，這位「文藝青年」走馬上任了。他遵循德意志特有

的嚴謹，履行著一個國王應盡的責任。他認為，國王的頭銜是一件光榮

的苦役，但這並不妨礙他一上臺就表現出不遜於他父親的才能。

這位少見的軍政雙料天才明確提出了「國家利益至上」的原則，無

論是誰，都必須為國家奉獻一切。他開始治理父親執政時的弊端，如禁

止拷打疑犯；禁止驅逐農民，廢除宗教歧視等等。他提出了君王實行正

直、公正和人道的政策。開設公共糧倉，降低食品價格。這些政策讓民眾從他父親的高壓中解放出來，人們歡呼著一個新時代的到來。

腓特烈二世治軍極其嚴格，士兵稍有疏忽，就要懲罰，嚴重違紀的

甚至被處死。第一次西西里戰爭期間，他下令部隊不准在營帳點蠟燭，

違者處死。一天晚上，他巡視的時候，發現一個帳篷裏有燭光，他當即

走入帳篷，大聲怒斥：「你在幹什麼？不知道軍令嗎？」一個上尉趕緊

跪下：「陛下，我在給妻子寫信，請寬恕我。」腓特烈二世說：「你坐

下，在信上再寫上『我明天就要被絞死了』這幾個字。」上尉不敢違

令，只得寫下。第二天，他真的被絞死了。

在治理國家之餘，腓特烈二世沒有忘記自己的愛好，這次沒有任何人來管他了。他吹長笛的技藝連音樂家巴哈都讚不絕口。他不但創作了一千多首長笛曲調，還制定了演出規範，被稱為「長笛的復興者」。

一個國家，一個傑出的國王，他的功過在當時的歷史、後來的歷史以及明天的歷史，都會有不同的評價，但有一點不會變，就是當時的歷史所產生的作用。

腓特烈二世稱自己是「誤生王家的藝術家」，他力圖把自己塑造成「明君」和「好皇帝」的形象。人們朝聖般地湧向他的宮殿去拜見他，伏爾泰曾致信給他，「相信我，真正好的國王就是像您這樣的國王。他們教育自身，瞭解人類，熱愛真理，並憎恨迫害和迷信。」

### 相關鏈結：《反馬基維利》

馬基維利曾在他的著作《君主論》中談論統治國家之術，其精髓就是教導君主們為了達到目的可以不擇手段。腓特烈二世不同意他的觀點，他在1740年發表的《反馬基維利》論文中，他要求君王實行正直、公正、人道的政策，同時君王要從屬於國家，稱為國家的「第一公僕」。

# 奧地利王位繼承戰

　　腓特烈二世一邊吹著笛子，一邊治理國家，在藝術和政治之間遊刃有餘。但作為一個國王，他有強烈的統治欲。他父親留下的8萬精兵足以滿足他的雄心，而他也準備用這支雄獅，去開拓普魯士更廣闊的天地。

　　很快，機會來了。神聖羅馬帝國皇帝、奧地利哈布斯堡家族的領袖查理斯六世去世，因為沒有男性繼承人，他把王位傳給了特蕾莎。為了避免奧地利在他去世後被瓜分的危險，他特意在1713年頒布了一道《國本詔書》，根據詔書哈布斯堡王朝的廣大領土不可分割，王位由女兒繼承。隨後，他費盡心思讓德意志主要諸侯和歐洲主要國家都承認了這一詔書。

　　特蕾莎女王富有女性魅力，精明能幹，雖然在這之前，查理六世從來沒有讓她參與過政事，但她還是挺過來了，不僅保住了王位，還保住了皇位。

　　特蕾莎繼承王位的消息傳來，腓特烈二世直覺這是一個機會。他不顧反對，以哈布斯堡王位繼承缺乏足夠的依據為理由，出兵奧地利。腓特烈二世不顧感冒，率領2.5萬大軍，越過邊界，向西里西亞進發。在這之前，他與法國結盟，解除後顧之憂。第一次西里西亞戰爭爆發。

　　當然，腓特烈二世的動機並不完全是因為繼承權，他的目標是豐饒的西里西亞，以及對榮譽的追求。他曾在寫給一個朋友的信中說：「我正處於血氣方剛之年，我追求榮譽。我的朋友，我不向你隱瞞。我是在神秘的本能的推動下做出這個決定的。我希望我的名字出現在歷史上，

名垂千古。這將是很大的滿足，它引誘我去做這一切。」

當時的女王剛剛生完孩子，但她臨危不懼，調動各方力量沉著迎戰。1741年，兩軍在莫爾維茲開戰。一開始，奧軍打敗普軍。出師不利的腓特烈二世，居然逃離了戰場。也許是戰場上的廝殺讓第一次上戰場的他震驚不已，又或許是失敗讓他害怕被俘虜，總之，他把指揮權交給一位將軍後，離開了戰場。

在國王離開後，普軍在庫特・馮・什末林元帥的指揮下，努力奮戰，擋住了奧軍的進攻，奠定了勝利的基礎。特蕾莎得知兵敗的消息後，趕緊向當初承認父親詔書的諸侯和列強求救，然而大家都背棄盟約。一時間，特蕾莎四面楚歌，被迫承認腓特烈二世的統治，而腓特烈二世承諾支持特蕾莎的丈夫擔任皇帝。

但戰爭遠沒有結束，三年之後，特蕾莎重振旗鼓，在英國的幫助下，打算奪回西里西亞。特蕾莎表現出的沉著和冷靜，讓腓特烈二世稱讚她為「應當算作偉大男人的女性」。這一次，特蕾莎做好了充足的準備，而且歐洲王室一致看好奧地利。但腓特烈二世的表現讓整個歐洲大跌眼鏡。

面對來勢洶洶的奧軍，腓特烈從實戰出發，根據現實情況採取靈活的作戰方式，打破傳統的戰爭規則，他誘敵深入，佯裝失敗，然後殺個回馬槍。

1745年6月4日，奧地利和薩克森的聯軍打算伏擊普魯士。腓特烈二世當機立斷，派騎兵攻擊山上的聯軍側翼，取得了勝利。兩天後，奧薩聯軍以兩倍於普軍的兵力再次發動進攻，腓特烈二世再次襲擊翼側，又獲得勝利。9月30日，腓特烈二世指揮2萬多普軍擊潰4萬多奧軍，又一次獲得勝利。

連續的以少勝多，讓腓特烈二世取得了戰場上的優勢。奧地利無法

BC

耶穌基督出生 0—

君士坦丁統一羅馬
羅馬帝國分成兩部

波斯帝國 500—

回教建立

凡爾登條約

神聖羅馬帝國建立
1000—

十字軍東征

蒙古第一次西征

英法百年戰爭開始

哥倫布發現新大陸
1500—

英國大破無敵艦隊

發明蒸汽機

美國獨立

美國南北戰爭開始

第一次世界大戰
第二次世界大戰

2000—

接收連續的失敗，只得求和。打算看腓特烈二世笑話的歐洲國家開始重新評估普魯士，一個強大的戰爭機器的出現，並不是一件好事情。大家帶著各種表情，表情複雜地看著這位勝利者。

不過腓特烈二世並沒有注意到這些變化。因為勝利，他被他的臣民稱為「大王」，在民眾中享有極高的威信。這一次勝利，也給腓特烈二世贏得了十一年休養生息的機會。他繼續在普魯士推行改革。他宣導義務教育，採用一切手段發展經濟，把普魯士發展成了一塊富有近代氣息的國家。

他還寫了一本軍事著作《軍事教典》，被奉為西方軍事經典。在這本書裏，他提出了著名的軍事法則：「戰爭中的一條永恆的公理：確保你的後方和側翼，然後儘量攻擊敵人的側翼和後方。」

### 相關鏈結：法蘭茲一世

在特蕾莎的努力下，她的丈夫法蘭茲在選帝會議上順利當選為皇帝，為「法蘭茲一世」。特蕾莎不顧繁忙和臨盆在即，親自參加丈夫的加冕典禮。歌德在《詩與真》中生動地描繪了當時的情景：「這時，她的丈夫穿著奇怪的衣服從大教堂回來，她覺得他簡直像查理大帝的幽靈。她丈夫開玩笑地舉起雙手，給她指點金蘋果等象徵皇權的東西，她不停地大笑，讓在場的民眾感到最大的歡樂和振奮。……當皇后向她的丈夫致意，揮著手帕高呼萬歲時，民眾的熱情上升到最高潮，以致喜悅的叫喊聲經久不衰。」

# 七年戰爭

在奧地利王位繼承戰爭中，特蕾莎對她這位總是出爾反爾的表兄恨之入骨。她發誓要奪回西里西亞，懲治腓特烈二世。特蕾莎曾斬釘截鐵地說：「為了奧地利軍隊的強大，我將不惜賣掉我的最後一條裙子。」她開始勵精圖治，大規模改革，甚至向她所憎恨的表兄學習。

而此時的腓特烈二世卻憂心忡忡，他正在思考，要不要跟英國簽定盟約，如果簽了法國會有什麼反應呢？不過，很快腓特烈二世就做出了決定，反正已經是著名的「變色龍」了，不在乎再變一次。於是他在1756年與英國簽定英普約定，卻不料把法國推向了俄國的懷抱。

誰也不願意自己的身邊出現一個強大的普魯士，於是法國、俄國、奧地利聯合起來，準備對付普魯士，再加上德意志大多數邦國也站在奧地利一邊，打著如意算盤的腓特烈二世這次失算了。現在他面對的幾乎是整個歐洲，他必須為生存而戰。這次戰爭長達七年，也再一次用事實證明了腓特烈二世的軍事智慧。

「讓我的敵人罵我是一個侵略者，這是小事，但我不能讓整個歐洲先聯合起來對付我的國家。」腓特烈二世仗著手裏的精兵，打算先下手為強。

1756年8月，他率領七萬大軍，不宣而戰，率先引發了七年戰爭。

面對三十多萬的聯軍，腓特烈二世最大限度地發揮了他的軍事指揮才能。他穿著樸素的軍服和戰士們一起住在簡陋的軍營裏。他大膽進攻，精確指揮，在布拉格之戰中擊敗了查理親王，滅敵2.5萬，但在隨後

BC　日耳曼部落
漢
— 0
三國
晉——民族大遷徙
南北朝
— 500 …德意志立國
隋朝
唐朝
——查理曼帝國
東、西法蘭克帝國
五代十國
——薩克森王朝
宋朝 奧托一世稱帝
— 1000
元朝
明朝
— 1500
德國宗教改革
——三十年戰爭
清朝
——神聖羅馬帝國滅亡
德意志邦聯
——普法戰爭
中華民國
分裂成東、西德
兩德再次統一
— 2000

的科林戰役中敗北。腓特烈二世一度灰心失望，甚至想到了自殺。但在妹妹的鼓勵下，堅定鬥志，準備抗戰到底。

11月15日，腓特烈二世率領2萬多普軍，使用誘敵深入的戰術，僅用一個小時就打敗了4萬多法國聯軍，殲敵8000多，自損500多。這次戰役使法國顏面盡失，也給普魯士軍民打了一針強心劑。

隨後，腓特烈二世在魯騰遭遇奧軍主力，他再次發揮了打仗的天

才，以4萬人打敗奧軍7萬人。拿破崙曾評價說，魯騰會戰是運動和決戰的經典，僅這一戰，就足以讓腓特烈二世名垂千古。拿破崙讚歎說：

「除非有腓特烈精神，否則這種腓特烈式的行動毫無用處。」

腓特烈二世在七年戰爭中，帶來普軍上演了多場以少勝多的好戲，充分展示了普魯士軍人的英勇。當時的英國常常為普軍的勝利放焰火表示慶賀，作曲家韓德爾還為此專門寫下了著名的《焰火音樂》。

但是腓特烈二世和對手的懸殊太大了，這畢竟是對整個歐洲的戰

爭。對手很快就補給上來損失的人和物，但普魯士的老兵越來越少，經濟也早已枯竭。雖然腓特烈二世在戰場上屢屢獲勝，但他也飽嘗戰敗的

苦果。面對戰死的普魯士軍人，他曾不止一次感慨：「為什麼沒有一顆

子彈打中我呢？」五十歲的他，已經白髮蒼蒼，隨時帶著毒藥，準備支

持到最後服毒自殺。

然而，歷史在這裏轉了一個大彎之後又站在了腓特烈二世的身後，

就在他覺得大勢已去，在生死邊緣掙扎的時候，命運突然再一次青睞了

他。俄國女皇伊莉莎白去世了，彼得三世繼位。這位腓特烈的狂熱粉

絲，繼位之後就宣布俄國全線停戰，連腓特烈都覺得不可思議。

不久，俄國和普魯士簽定合約，歸還給普魯士所有俄軍佔領的土

地，並把8萬人的軍隊交給腓特烈二世指揮。在俄國的影響下，瑞典也退

出了反普同盟。腓特烈戲劇性的轉敗為勝了，不僅保住了普魯士，還保

住了西里西亞。

　　1763年，各國簽定協約，七年戰爭結束。這次普魯士的勝利，從另一方面來說，和腓特烈的堅持不無關係，腓特烈二世成為普魯士精神的代表，也讓德意志人民民族優越感急劇上升。此戰之後，腓特烈二世開始集中精神恢復被戰爭損害的國家。十年後，普魯士的社會生活恢復了常態。

　　這位眼光獨具的國王，不顧盟友反對，極力支持美國獨立戰爭，甚至支持自己的部下給華盛頓當傭兵。他曾致信華盛頓：「歐洲最老的軍人向你致敬。」當然，他也贏得了華盛頓的尊敬，在他去世時，全美軍降半旗致哀。

　　1786年，已經74歲的腓特烈二世冒雨閱兵長達6個小時，因此病故。他說的最後一句話是：「我將毫無遺憾地離開這個世界。」當奧地利皇帝得知這個消息後，心情複雜地說：「一個時代結束了。」

### 相關鏈結：三條襯裙

　　腓特烈二世曾譏諷當時的俄國、法國和奧地利是由「三條襯裙」統治的。因為當時的俄國沙皇為伊莉莎白·彼得羅芙娜、奧地利大公是瑪麗亞·特蕾莎，法國國王路易十五的情婦龐巴度夫人，而這三個人都是女性。但就是在這三位女性的主導下，三國結成同盟，差點將腓特烈二世逼上絕路。

BC　日耳曼部落
漢
— 0
三國
晉
— …… 民族大遷徙
南北朝
— 500 …… 德意志立國
隋朝
唐朝
— …… 查理曼帝國
東、西法蘭克帝國
五代十國
— …… 薩克森王朝
宋朝
…… 奧托一世稱帝
— 1000
元朝
明朝
— 1500
…… 德國宗教改革
— …… 三十年戰爭
清朝
— …… 神聖羅馬帝國滅亡
…… 德意志邦聯
…… 普法戰爭
中華民國
…… 分裂成東、西德
…… 兩德再次統一
— 2000

# 【專題】普魯士精神

耶穌基督出生　0—

君士坦丁統一羅馬

羅馬帝國分成兩部

波斯帝國　500—

回教建立

凡爾登條約

神聖羅馬帝國建立
1000—

十字軍東征

蒙古第一次西征

英法百年戰爭開始

哥倫布發現新大陸
1500—

英國大破無敵艦隊

發明蒸汽機

美國獨立

美國南北戰爭開始

第一次世界大戰
第二次世界大戰

2000—

在普魯士的天空下，星光燦爛，名人輩出。普魯士精神造就了馬克思、恩格斯這樣優秀的無產階級革命家，產生了萊布尼茲、康德、費希特、尼采、黑格爾等著名的哲學家，還造就了巴哈、韓德爾、貝多芬、海涅等偉大的文學家和藝術家，當然也造就了腓特烈二世、希特勒等好戰人物。

一個奧地利人對德國人說：「你們給我們送來了貝多芬」；德國人卻對奧地利人說：「你們給我們送來了希特勒」。被普魯士打擊過的英國首相邱吉爾說：「普魯士是萬惡之源。」

那麼，究竟什麼是普魯士精神呢？

俾斯邁曾無不得意地談到普魯士的美德：榮譽、遵從、忠誠、勇敢。但一些自由主義者則認為普魯士精神就是絕對服從、冷酷迂腐、軍國主義等。

弗里德里希‧尼采曾說：「如果一個德意志人大膽聲稱：『在我心中，盤踞著兩種精神。』那將是對真實情況的錯誤估計。更確切地說，他遠沒有把精神的確切數目說夠。」可見，普魯士精神含有多種因素和特徵。

在歷史的長河中，普魯士精神產生在一個特殊的環境中，它表現為一個民族所蘊藏的能量，這種能量的積蓄、沉澱和爆發，就是其呈現出來的特徵。

眾所周知，一個偉大的、善於創造的民族，必須要藉助於某種精神

的力量。發揮這種力量的能量，擴大這種力量的影響，才能對人類做出「貢獻」。當然，這種「貢獻」，有時候表現為破壞，有時候表現為建設。

騎士團國家最早奠定了普魯士精神的基本特徵。它要求騎士們安於貧困、懂得服從，這讓普魯士人養成了遵守紀律、服從命令和履行義務的習慣。身穿黑白兩色的服裝的騎士們，他們顯示出來的野蠻和凶悍，被普魯士軍人繼承下來。

到了「士兵王」腓特烈‧查理一世時代，普魯士精神基本成型。在這個時期，普魯士發展成為高度集權的專制國家，軍營式的制度充斥著整個社會。

從腓特烈二世開始，在這位帶著藝術氣息的國王那裏，文學的浪漫、哲學的嚴謹、科學的一絲不苟、藝術的狂野開始成為普魯士精神的內核。它注重個人道德的再生，把國家利益置於首要位置；主張服從命運，用理性來控制感性等等。

有人曾這樣形容普魯士精神，他說普魯士精神將德意志文化吸收、融合在自我的精神氣質中，揮發著魔鬼與天使相結合的魅力，理性與狂熱相結合，榮譽與毀滅相伴，純粹與現實相雜揉……我認為：那就彷彿一具有哲學、文學、音樂的思想的人身披著自然科學發明的鎧甲，手拿著長矛卻坐在坦克中衝鋒的人，一個十足的矛盾體——理性與野蠻相結合，也很迷人。

一個精神不可能完全是正面的，既然稱之為精神，那麼就一定有人來繼承和發展。普魯士精神經歷了風風雨雨，它曾走錯過，傷害過其他國家的人民，但它的核心卻在歷史的廢墟中長存下來。我們可以從歌德、貝多芬、馬克思，甚至希特勒等人的身上看到這種精神的一部分。

BC　日耳曼部落

漢

— 0

— 三國
晉
——民族大遷徙

南北朝

— 500 ——德意志立國

隋朝
唐朝

——查理曼帝國
——東、西法蘭克帝國
五代十國
——薩克森王朝
宋朝——奧托一世稱帝
— 1000

元朝

明朝

— 1500
——德國宗教改革

——三十年戰爭
清朝

——神聖羅馬帝國滅亡
——德意志邦聯
——普法戰爭
中華民國
——分裂成東、西德
——兩德再次統一
— 2000

其實，每個德國人身上都能反映出這種精神的一部分，也正是因為這些不完整，普魯士精神會越走越深刻，終究成為民族的魂。或許，它已經是民族的魂。

耶穌基督出生　0—

君士坦丁統一羅馬

羅馬帝國分成兩部

波斯帝國　500—

回教建立

凡爾登條約

神聖羅馬帝國建立
　　　　　1000—

十字軍東征

蒙古第一次西征

英法百年戰爭開始

哥倫布發現新大陸
　　　　　1500—

英國大破無敵艦隊

發明蒸汽機

美國獨立

美國南北戰爭開始

第一次世界大戰
第二次世界大戰

　　　　　2000—

# | 第五章 | 拿破崙的禮物

　　拿破崙來了，帶來了他的禮物：腐朽的羅馬帝國壽終正寢、普魯士支離破碎，歷代國王和人民努力的業績被屈辱代替。生存還是滅亡，誰能拯救日漸沉淪的德意志？德意志的精英們開始「尋找德意志」，尋找統一和強大的國家。

1. 巴登-符騰堡
2. 巴伐利亞
3. 柏林
4. 勃蘭登堡
5. 不來梅
6. 漢堡
7. 黑森
8. 梅克倫堡-前波莫瑞州

9. 下薩克森
10. 北萊茵-威斯特法倫
11. 萊茵蘭-普法爾茨
12. 薩爾
13. 薩克森
14. 薩克森-安哈爾特
15. 石勒蘇益格-荷爾斯泰因
16. 圖林根

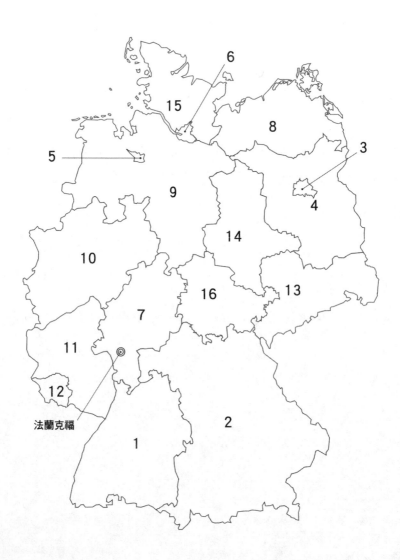

# 第一次普法戰爭

1789年7月4日，巴士底獄被攻陷，法國大革命爆發。這次革命受到德意志知識界的普遍讚譽。歌德在《赫爾曼和竇絲苔》中回憶人們得到法國革命勝利的消息時的歡樂情景：「誰能否認，當朝陽放射出第一道光芒時，當人們聽到人人權力平等，鼓勵人心的自由和令人讚美的平等時，他們是如此的情緒高漲，心花怒放和精神振奮。」黑格爾和費希特則把這次革命比喻成「旭日東昇」。

然而，法國大革命出現的各種極端行為，卻讓德意志各邦國的諸侯們心懷恐懼。正所謂兔死狐悲，物傷其類，當法國國王路易十六夫婦的生命受到威脅時，奧地利及其他邦國的反法情緒也日益高漲。畢竟，路易十六的妻子是德皇及奧地利君王的妹妹。再加上法蘭西民族的崛起激起來四分五裂的德意志民族追求統一的緊迫感。

因此，在法國革命爆發不久，普魯士和奧地利這一對鬥爭了數十年的冤家對頭，立即摒棄前嫌，締結了《賴興巴哈協定》，聯合起來鎮壓法國革命。在路易十六出逃失敗後，奧地利君主利奧波德二世以神聖羅馬帝國的名義發表宣言，要組織歐洲各國對巴黎施加壓力。

然而，利奧波德二世突然去世，其子法蘭茲二世繼位。新皇帝懶於朝政，貪玩好耍，皇后更是玩性十足，故一直拖著不出戰。然後拖著也不是辦法，面對內憂外患，法蘭茲二世只能硬著頭皮上陣，因為法國對奧地利宣戰了。

根據普奧協定，一方如果遭到法國攻擊，雙方都要派兵迎戰。為了

BC　日耳曼部落

漢

— 0

三國
晉
—　…………民族大遷徙

南北朝

— 500　…… 德意志立國

隋朝
唐朝

—　…………查理曼帝國
　　東、西法蘭克帝國
五代十國　…… 薩克森王朝
宋朝　…… 奧托一世稱帝
— 1000

元朝

明朝

— 1500
　　…………德國宗教改革

　　…………三十年戰爭
清朝

　　…………神聖羅馬帝國滅亡
　　…………德意志邦聯
　　…………普法戰爭
中華民國
　　…………分裂成東、西德
　　…………兩德再次統一
— 2000

保證勝利，奧地利派出了10萬大軍，集結在萊茵河上游；普魯士派出了4.2萬士兵，集結在摩塞爾河畔，打算一舉擊潰法軍。戰爭伊始，雙方各懷鬼胎，特別是「變色龍」普魯士，習慣了坐收漁翁之利，只是觀戰，不出戰。

當時的法國，在內耗中消亡了不少力量，因此剛開始節節敗退，奧軍連連取勝。普魯士一看，覺得有利可圖，趕緊加入進來。普奧聯軍攻入法國，一度直逼巴黎。聯軍最高司令官在科布倫茲發表宣言：如果法國國王受到任何傷害，都將把巴黎夷為平地。

狂妄的宣言激起了法國人民的憤怒。1792年8月10日，巴黎人民發動了八月起義，推翻了君主制度，法蘭西全國各地組成了龐大的義勇軍。如今，普奧聯軍面前站著的已經是一支今非昔比的法國軍隊了。

一個多月後，4萬聯軍與5萬法軍在小鎮瓦爾密相遇了。制度變革帶來的革命熱情，讓法軍充滿了進取精神，新的戰略戰術層出不窮；而聯軍紀律差，責任心弱，在戰略戰術上比較保守，這就註定了戰爭的結果。

但卡爾公爵看不到這些區別，還沾沾自喜地認為，法國軍隊多是老百姓組成的，烏合之眾如何能抵擋德意志的精兵呢？他下令攻擊，試圖一舉擊敗那些沒有經過訓練的民兵。然而，結果總是出人意料。法國志願兵表現出來的英勇，讓他們越戰越勇。他們一面高呼「祖國萬歲！」「法蘭西萬歲！」一面堅守陣地，並伺機反擊。

戰鬥整整持續了一天，法軍仍然鬥志昂揚，卡爾公爵見勢，怏怏地說「我不想在這裏打仗」，便揮兵撤退了。

這次戰爭，雙方的傷亡都不大，卻讓整個法蘭西民族士氣大振。普奧聯軍的精兵竟然被毫無作戰經驗的法國志願兵打敗，讓奧地利和普魯士都顏面盡失。正如聯軍的一位參謀說的那樣，法國人趾高氣昂的站起

英國大破無敵艦隊

發明蒸汽機

美國獨立

美國南北戰爭開始

第一次世界大戰
第二次世界大戰

2000

來了，他們已經接受了戰火的洗禮，我們所輸掉的不僅僅是一場戰役而已。

　　法國乘勝追擊，德軍只好不停地撤退。在戰場上撈不到一點好處的普魯士，轉而追求自己的利益，與俄國一起第二次瓜分波蘭。奧地利則堅持對法戰爭，在法蘭茲二世的催促下，帝國會議做出決定，神聖羅馬帝國對法宣戰，此時，英國聯合俄國、西班牙、葡萄牙開始干涉法國革命。第一次反法聯盟形成。

　　與此同時，法國境內的保王黨仍掀起叛亂，導致聯軍再次從東面攻入法國。氣勢洶洶的聯軍並沒有嚇倒法國人民，反而再一次激起了他們的潛力。為了家鄉，為了祖國，為了民族，法國人民表現出的鬥志，讓世人感慨。普奧聯軍節節敗退。

　　就是在這些戰鬥中，法國一個年輕的炮兵少校經過磨練成長起來，逐漸擁有了法國的軍事大權。他就是拿破崙‧波拿巴。很快，德意志就知道了此人的厲害，他利用法國的高昂士氣，施展自身的領導才能，在半年內四次大敗奧軍。

　　普魯士這隻「變色龍」，哪裡有好處，就往哪裡跑。他再一次出賣了盟友，於1795年4月與法國簽定了「巴塞爾和約」，這個叛徒，自然也遭到了奧地利、英國等國的獨立。普魯士退出了，奧地利繼續在義大利戰場上與法軍血戰。

　　面對拿破崙大膽勇猛的用兵，普魯士的兵力被嚴重摧毀。每一戰都有數以萬計的奧軍戰死或被俘虜，也不斷成就拿破崙的威名。奧地利被迫與法國簽定和約，第一次反法聯盟失敗。

　　然而，這還僅僅是開始。拿破崙接下來帶給德意志的痛苦和恥辱，猶如一記記耳光，重重地打在德意志人的臉上。曾經的光榮被奪走，自己的家園裏閃著亮晃晃的銳利刺刀，德意志人第一次意識到，統一的國

家是多麼的重要。

### 相關鏈結：美茵茲共和國

在法國大革命的影響下，1793年3月17日，福斯特爾組織國民選舉，成立美茵茲共和國。這是德意志土地上出現的第一個共和國，貴族被趕跑，經濟、政治、文化都按照資產階級的民主法制改造。由於民族分裂，資產階級的軟弱，美茵茲共和國被普魯士攻破，終於失敗，福斯特爾英勇就義。

耶穌基督出生　0—

君士坦丁統一羅馬

羅馬帝國分成兩部

波斯帝國　500—

回教建立

凡爾登條約

神聖羅馬帝國建立
　1000—

十字軍東征

蒙古第一次西征

英法百年戰爭開始

哥倫布發現新大陸
　1500—

英國大破無敵艦隊

發明蒸汽機

美國獨立

美國南北戰爭開始

第一次世界大戰
第二次世界大戰

　2000—

# 帝國成為附庸

一個國家的滅亡，總是外因加內因相互作用的結果。神聖羅馬帝國於1034年定名，1157年改名「神聖帝國」，1250年將兩者合二為一，稱為「神聖羅馬帝國」，一路走來，經歷風雨，甚至有時候皇帝都不存在，以至伏爾泰評價為「既不神聖，又不羅馬，亦非帝國。」

儘管這樣，他仍然是德意志土地上的皇帝，他的存在，讓德意志的大小邦國有了歸屬，儘管這些邦國們很多時候並不聽從於他。

德皇法蘭茲二世心裏很不服氣，被拿破崙打敗讓他覺得很沒有面子，一直在尋找報仇雪恨的機會。很快，機會來了。1798年，拿破崙出征埃及，奧地利迅速聯合其他對法國有意見的英國、俄國等，組成第二次反法聯盟。

出乎意料的是，第二次聯盟比第一次失敗得更快。拿破崙得知消息後，隻身回到法國，發動霧月政變，成了法蘭西的第一執政。這個可怕的敵人，很快揮師北上，在馬倫哥大敗奧軍，取得決定性勝利。法蘭茲二世自食其果，只得與拿破崙簽定《呂內維爾和約》，第二次反法聯盟失敗。

第二次戰敗，德意志失去了不少土地，德意志諸侯們的地盤都受到了影響。為此，諸侯們在雷根斯堡開了一個大會，對邦國領土和帝國憲法做出調整。拿破崙繞過這個帝國大會，在同一城市召開了「全帝國代表大會」，對德意志帝國動了一次大手術。

拿破崙的策略是打擊奧地利，中立普魯士，拉攏中小邦國。奧地利

BC　日耳曼部落
漢
— 0
三國
晉
—　　民族大遷徙
南北朝
— 500　德意志立國
隋朝
唐朝
—　　查理曼帝國
東、西法蘭克帝國
五代十國　薩克森王朝
宋朝　奧托一世稱帝
— 1000
—
—
元朝
明朝
—
— 1500
德國宗教改革
—
三十年戰爭
清朝
—
—
神聖羅馬帝國滅亡
德意志邦聯
普法戰爭
中華民國
分裂成東、西德
兩德再次統一
— 2000

BC

耶穌基督出生　0—

君士坦丁統一羅馬

羅馬帝國分成兩部

波斯帝國　500—

回教建立

凡爾登條約

神聖羅馬帝國建立
1000—

十字軍東征

蒙古第一次西征

英法百年戰爭開始

哥倫布發現新大陸
1500—

英國大破無敵艦隊

發明蒸汽機

美國獨立

美國南北戰爭開始

第一次世界大戰
第二次世界大戰
2000—

是法國在這一階段的主要對手，是反法同盟的主力，因此他要削弱奧地利的勢力。至於見風使舵的普魯士，則要盡力拉攏，至少要讓他保持中立。另外，拿破崙還想建立一個親法國的「第三德意志」，與普、奧三足鼎立。

在法國的支持下，1803年2月25日，會議通過一個名為《全帝國代表會總決議》的文件。按照文件，取消100多個邦國，以小邦併入大邦的方式，吞併了112個邦國，約300萬人改變邦國國籍。原本被割裂成兩千多塊的德意志，合併成30多個邦國。同時，所有教會諸侯都被廢除，天主教的大部分財產被還於「世俗」。這些舉措，都嚴重削弱了德皇和奧地利的力量。

面對拿破崙的步步緊逼，法蘭茲二世毫無計策。當他聽說拿破崙稱帝時，終於發火了。他勃然大怒，在三個月後也自稱奧地利皇帝。這樣，法蘭茲二世又給自己戴了一頂奧地利皇帝的帽子。一個帝國裏還包含這另一個帝國，歷史上也僅此一例。

法蘭茲二世清楚地明白，拿破崙不會放過奧地利。因此，他在1805年，與英國、瑞典、俄國、丹麥等再一次組成反法聯盟。普魯士因為接受了法國割讓的漢諾威，保持中立。這一次，法國不再是孤軍奮戰，它的盟友有西班牙、巴伐利亞等。作為德皇的法蘭茲二世，卻得不到德意志諸侯的增援，可悲可歎。

1805年，拿破崙先發制人，率領7萬大軍奔向多瑙河流域。奧地利軍團在法軍閃電般的攻擊下火速瓦解。「三皇會戰」後，俄、奧主力被摧毀，第三次反法同盟被瓦解。

擊敗第三次反法同盟後，拿破崙立即籌畫組建「第三德意志」，以便進一步摧毀羅馬帝國。他抓住德意志小邦國力圖擺脫奧地利統治的心理，策動巴伐利亞等16個德意志邦國的代表，在巴黎簽定了《萊茵聯

邦協定書》。根據協定，它們宣布放棄德意志帝國的爵位，組成萊茵聯邦。神聖羅馬帝國名存實亡，失去了存在的基礎，成為附庸。

就在萊茵協議生效的那一天，拿破崙發出通告，表示他不再承認德意志帝國。同年8月6日，法蘭茲二世也宣布，神聖羅馬帝國的稱號不復存在，解除一切帝國會議代表的義務。德意志民族的神聖羅馬帝國壽終正寢。

### 相關鏈結：三皇會戰

1805年12月2日，8萬多俄奧聯軍與7萬多法軍在奧斯特裏茲展開決戰。當時，俄國、奧地利、法國都實行帝制，三個皇帝又親自指揮作戰，史稱「三皇會戰」。拿破崙利用當年腓特烈大王的戰術，以傷亡9千人的代價擊斃聯軍1.5萬人，俘虜1.1萬人。法軍取得勝利，在人類軍事史上再添輝煌一筆。

BC　日耳曼部落

漢

— 0

— 
— 
—
三國
晉
— ⋯⋯⋯民族大遷徙

南北朝

— 500 ⋯德意志立國
隋朝
唐朝
—

— ⋯⋯⋯查理曼帝國
— 東、西法蘭克帝國
五代十國
— ⋯⋯⋯薩克森王朝
宋朝
— 奧托一世稱帝
— 1000

—

—

元朝
—
明朝
—

— 1500
— 德國宗教改革

—
— 三十年戰爭
清朝

—

— 神聖羅馬帝國滅亡
— 德意志邦聯
— 普法戰爭
中華民國
— 分裂成東、西德
— 兩德再次統一
— 2000

# 費希特的吶喊

西元1807年12月31日，一個寒冷的星期天，柏林科學院的大禮堂裏人頭攢動。大家正聚精會神地聆聽一名大學教授的演講。當然，這位教授並未向聽眾傳授什麼知識，他在教導大家如何成為一名「勇敢的祖國保衛者」。

這位慷慨激昂的教授，號召大家接受「熊熊的愛國主義烈火」的考驗。在這個擁擠不堪的禮堂內，法國軍隊曾數次敲打著戰鼓干擾演講的進行，當然也是對他的嚴重警告。要知道，就在不久前，一個叫帕爾姆的出版商因為出版了一本名叫《處於極端屈辱之中的德國》的愛國小冊子，而被拿破崙逮捕，因為不願意說出作者是誰，他被下令槍決了。

但眼前這位演講者並沒有被嚇倒，他不僅口若懸河地向大家描述著德意志的偉大，還明確提出，國家統一是「今日德意志人的天職」。聽眾的激情被燃燒起來了，大禮堂內歡呼聲不斷，「祖國」、「德意志的統一」、「熱愛祖國」等熟悉的詞語在禮堂的上空蹦跳著，敲擊著人們已經麻木的神經。

這位演講者就是德意志古典哲學的代表人之一費希特。這樣的演講，他一共進行了14次，持續了三個月。每個週日，他都會在同一個時間、同一個地點的演講臺上出現。這些演講，最後集結成冊，名為《德意志民族的演講》。

在那個人人自危的時代，費希特沒有退縮，他在一篇日記中寫道：「我個人的安危毫不重要，相反的，我個人遭受的危害倒會產生極其有

益的影響。我的家庭、我的兒子必將會得到我們國家給予的援助，我的兒子必將以自己擁有一個殉國的父親為榮。這可以說是最好的命運。」

敢於在民族存亡之際挺身而出，高聲疾呼，費希特的演講就如一聲吶喊，成為德意志民族復興的號角，時刻振奮著德意志人的精神。他說：「我知道我在冒什麼危險。我知道我會像帕爾姆一樣，被一顆子彈打死，但這不是我害怕的事情，而且為了達到我抱定的目的，我也會樂意去犧牲。」

出生於盧桑底一個貧窮手工業家庭的費希特，先後在耶拿大學和萊比錫大學攻讀神學，他有一顆堅強的心，直到30歲還很貧困。他曾在日記中寫道：「當然我已不止一次經歷窮困的處境，不過那是在我的家鄉。以後隨著年齡的增長和自尊心的加強，這種情況竟變得越發難以忍受了。」

1791年，他像朝聖一樣去見康德，為此，他專門寫了一篇研究康德批判哲學的論文《試評一切天啟》。康德讀後非常讚賞，不僅贊助出版了這篇文章，還推薦費希特去大學任教。由於某些原因，這篇文章被匿名發表了，大家都以為是康德自己的作品。後來康德澄清了此事，也讓費希特的名聲大震，後來，他陸續發表了《全部知識學的基礎》、《自然法權基礎》、《知識學原理下的道德學體系》等著作。

費希特是一名堅定的愛國者，他曾經非常讚賞戰功赫赫的拿破崙，認為他了不起的地方在於，拿破崙不僅能指揮他的軍隊，還能指揮他的敵人。但是當費希特看見拿破崙開始鎮壓民主黨派，從法蘭西的保護者變成獨裁者的時候，他認為拿破崙就是革命的篡奪者。

他不僅大力批判拿破崙，還批判那些「袖手旁觀」的人，包括歌德和席勒。有人這樣評價他：「費希特是德國人中少見的，他雖然出身下層，卻誰也不怕，不管是國王還是天才。」

BC　日耳曼部落

漢

— 0

三國
晉
————民族大遷徙

南北朝
— 500　德意志立國

隋朝
唐朝

————查理曼帝國
東、西法蘭克帝國
五代十國
————薩克森王朝
宋朝　奧托一世稱帝
— 1000

元朝

明朝

— 1500
德國宗教改革

————三十年戰爭
清朝

————神聖羅馬帝國滅亡
德意志邦聯
————普法戰爭
中華民國
————分裂成東、西德
————兩德再次統一
— 2000

1814年，費希特的妻子因為護理傷兵而感染熱病，眼看著夫人隨時會死去，作為柏林大學校長的他，必須要去給學生上兩個小時的課而不得不離開妻子。他以為，這一別就會天人相隔，沒想到等他上完課回來，妻子的危險期已經度過。

欣喜若狂的費希特忍不住熱烈地擁抱了自己的妻子，結果病菌感染到自己身上，不久病逝了。一個不惜愛情去履行自己職責的老師，留給後人的將是怎樣的震撼？

### 相關鏈結：費希特的哲學思想

費希特把自己的哲學叫做「知識學」，他認為一個嚴密的哲學體系應該是像笛卡爾那樣，從一個最高的明確無誤的不證自明的第一原理出發，按照其內在的必然性，以嚴明的邏輯推理出來的系統。他將理論理性和實踐理性融為一體，並給予了自我一種相當高的地位，賦予了自我創造性行動的可能。

耶穌基督出生　0—

君士坦丁統一羅馬
羅馬帝國分成兩部

波斯帝國　500—

回教建立

凡爾登條約

神聖羅馬帝國建立
　　　1000—

十字軍東征

蒙古第一次西征

英法百年戰爭開始

哥倫布發現新大陸
　　　1500—

英國大破無敵艦隊

發明蒸汽機

美國獨立

美國南北戰爭開始

第一次世界大戰
第二次世界大戰

　　　2000—

# 普魯士改革

　　拿破崙來了！這個小個子志得意滿地騎著馬通過了柏林的凱旋門，布蘭登堡門，進入柏林。身後跟著法國騎兵，市民們在驚恐中高呼：「皇帝萬歲！」這位驕傲的征服者在路過中心廣場的腓特烈大王的雕像前時，卻恭敬地脫帽敬禮。他身後的法國軍團也向這位曾經的英雄低頭。

　　這對普魯士來說是極大的諷刺。在短短一個月中，歐洲四大強國之一的普魯士消失了，曾被視為歐洲最強悍的軍隊，在拿破崙面前卻不堪一擊。曾經被腓特烈大帝以尚武精神和棍棒調教出來的普魯士軍隊跨了，這個國家也成為任人宰割的魚肉。

　　拿破崙曾對俄國皇帝亞歷山大說：「卑下的國王，卑下的民族，卑下的軍隊，這個國家欺騙所有人，它不值得存在下去。」普魯士這隻「變色龍」，開始為它的結盟與背棄盟約買單。

　　拿破崙的態度讓普魯士國王威廉三世不知所措，拿破崙根本就不理睬威廉三世，即使接見也是羞辱。普魯士幾乎在一夜之間，成為德意志的一個小邦國，拿破崙用對德意志的羞辱，登上了歐洲獨裁者的寶座。

　　生存還是滅亡？德意志的未來在何方？

　　1807年，一位叫哈登堡的大臣在給威廉的信中說：「陛下，我們必須自上而下地做法國人自下而上的事。」日耳曼不愧是一個優秀的民族，早在蠻族時代，他們就向羅馬人學習，並最終取代了羅馬。如今，他們要學習法國人。

BC

耶穌基督出生　0—

君士坦丁統一羅馬

羅馬帝國分成兩部

波斯帝國　500—

回教建立

—

凡爾登條約

神聖羅馬帝國建立
1000—

十字軍東征

蒙古第一次西征

英法百年戰爭開始

哥倫布發現新大陸
1500—

英國大破無敵艦隊

發明蒸汽機

美國獨立

美國南北戰爭開始

第一次世界大戰
第二次世界大戰

2000—

一位來自西部的貴族施泰因說得更徹底：「1500萬德國人的命運繫在不諳世事、胡思亂想的第三十六代小暴君身上。讓那些貴族老爺不要忘了，在上帝的旨意下，普通的德國人是自由的。」這位立志把德意志的夢想付諸實踐的理想主義者，雖然不喜歡法國大革命的方式，卻很欣賞其結果。他希望建立一個統一的德意志民族國家。

亂世之中，他幸運地遇到了威廉三世的欣賞，也許是威廉三世再也找不到比他更有能力的人吧，總之威廉給了他超乎國家的權力，開始了三方面的改革：第一是把君主的臣民變成真正的國家公民。施泰因發布名為《十月赦令》的通告，廢除農奴制，允許市民和農民購買莊園的地產；允許容克和地主從事工商業等等，為發展資本主義提供了大量的自由勞動者，成為普魯士向現代社會轉變的開端。

第二是規定城市具有行政管理權，國家僅保留對城市的最高監督權。年收入達到150塔勒的市民都有選舉權，這意味著工商資產階級開始執掌城市的權力。改革的第三方面是國家行政機構的改革，建立現代的中央政府來統一管理國家事務，取消內閣制度，成立內政、財政、外交、軍政和司法五個部。

施泰因的改革把老普魯士重新打磨了一番，德意志的民族激情四射，普魯士成為領導德意志民族解放戰爭的希望之星。

任何改革都會遭遇阻礙，施泰因的改革也不例外，他遭到了容克貴族們的強烈反對，甚至勾結法國來對抗改革。他們大呼：「施泰因比拿破崙更嚴重地損害了普魯士國家！」「寧要三次耶拿戰役，也不要一個『十月赦令』」。

1808年，施泰因在給友人的一封信中，表達了民族獨立的想法。沒想到這封信落入了拿破崙的手中。拿破崙很生氣，後果很嚴重：「如果我們的和友軍的部隊抓住了施泰因，就地正法。」無奈，施泰因只得逃

到俄羅斯。

但由他開始的改革已經沒法停下前進的腳步了，他的繼任者哈登堡接替了他的事業。哈登堡一面用圓滑世故的手段與拿破崙周旋，一面進一步推薦施泰因的改革。在哈登堡的領導下，普魯士發布了一系列公告，「調整赦令」、《王家宣言》、《義務解除法》、《財政赦令》、四個《工業稅赦令》以及《關於猶太人公民地位的赦令》等等，囊括普魯士的方方面面。

哈登堡的改革與施泰因改革一脈相承，為普魯士的社會轉型起了關鍵作用，普魯士用非暴力的方式，完成了其他歐洲國家需要用流血來完成的改革，使普魯士成為德意志民族獨立和統一的旗幟。

### 相關鏈結：耶拿－奧爾斯塔特會戰

1806年10月14日，在今天的德國薩勒河以西的高原，拿破崙一世率領的法軍和腓特烈·威廉三世率領的普軍遭遇了。法軍在拿破崙的領導下，6天之內便瓦解普魯士主要作戰力量，普軍損失近3萬人，而法軍才損失5000人。這次會戰中，普魯士證明了自己的勇氣，但也證明了腓特烈大王的戰術已經不適應當時的戰爭了。

BC　日耳曼部落
漢
—0
—
三國
晉
———民族大遷徙
南北朝
—500　德意志立國
隋朝
唐朝
———查理曼帝國
東、西法蘭克帝國
五代十國
———薩克森王朝
宋朝　奧托一世稱帝
—1000
—
—
元朝
明朝
—1500
德國宗教改革
—
———三十年戰爭
清朝
——神聖羅馬帝國滅亡
德意志邦聯
——普法戰爭
—
中華民國
分裂成東、西德
兩德再次統一
—2000

# 萊比錫民族大會戰

BC

耶穌基督出生　0—

君士坦丁統一羅馬

羅馬帝國分成兩部

波斯帝國　500—

回教建立

凡爾登條約

神聖羅馬帝國建立
1000—

十字軍東征

蒙古第一次西征

英法百年戰爭開始

哥倫布發現新大陸
1500—

英國大破無敵艦隊

發明蒸汽機

美國獨立

美國南北戰爭開始

第一次世界大戰
第二次世界大戰
2000—

「既然痛苦是快樂的源泉，

那又何必因痛苦而傷心？

⋯⋯」

這是歌德的一首詩歌，用來形容德意志與拿破崙的關係再恰當不過了。這位德意志的敵人，用戰爭幫助德意志的統一大業，歷代諸侯們都沒有完成的任務，卻由他完成了一半。雖然過程是如此的慘痛，代價也非常大，但德意志在統一的道路上，實實在在地前進了一大步。

1812年，拿破崙率領一支70萬人的大軍，遠征俄羅斯。沿途為了徵集糧草，對德意志大肆掠奪，造成了普魯士饑荒連連。然而，拿破崙卻在莫斯科遭遇慘敗，幾乎全軍覆沒。

被拿破崙趕走的施泰因，憑藉自己的才能受到德國沙皇的重視，被任命為外交政策顧問。當他得知拿破崙在俄國兵敗後，對沙皇和將軍們說：「我戎馬一身，經常不顧生命和財產。讓我們乾杯吧，因為人總是要死的，但要死得英勇。」在場的人無不為之動容，後人評價說，這句話比貝多芬的音樂還要美妙。

俄軍揮師南下，追擊拿破崙。施泰因又遊說普魯士軍隊指揮官約克與俄國簽定協議，結成聯盟。他還在東普魯士建立臨時政府，組織軍隊領導民族解放運動。當時的普魯士國王還一門心思做拿破崙的「打手」，不但對拿破崙逆來順受，而且打擊本國人民的反法鬥爭。

漢諾威曾說：「如果國王拒絕採納他的臣民根據民意普遍願望提供

給他的方法的話，……革命將不可避免。」隨著施泰因進入普魯士，威廉三世意識到他已經不能控制當前的形勢了。儘管對拿破崙充滿畏懼，他還是與俄國結盟。隨後，英國、瑞典、奧地利也對法宣戰。第六次反法同盟成立。拿破崙也第一次面對整個歐洲的圍攻。

　　儘管反法聯盟在人數上遠遠多於法國，但大家都忌憚拿破崙的作戰能力。於是大家都躲著拿破崙，看到其他法國將軍就開戰。這種看似膽小鬼的行為效果出奇的好。不過總躲著也不是辦法，雙方都在捕捉戰機，準備決戰。終於，在萊比錫遇上了。

　　1813年10月16日，三十萬聯軍把二十萬法軍包圍在萊比錫，五個多小時的猛烈炮擊後，聯軍縮小了包圍圈。兩天後，追隨法軍的薩克森軍和符騰堡軍脫離拿破崙，這讓法軍陷入危機，拿破崙趕緊下令撤退。這一次臥薪嘗膽的是德意志士兵，民族情緒高漲、士氣大增的也是德意志。面對這樣一群為了民族而戰的對手，拿破崙再也無法繼續他的傳奇，聯軍取得了決定性的勝利。由於參戰部隊包括德意志各個民族的人，又稱為萊比錫民族大會戰。

　　這一戰，拿破崙傷亡約7萬人，36名軍官被俘，而聯軍僅傷亡5.2萬人。這一戰，也是拿破崙在德意志的轉捩點，也稱為德意志民族反法解放戰爭的轉捩點。

　　就在這時，奧地利首相卻跳了出來，他主張不要乘勝追擊。作為拿破崙的親家，奧地利並不希望拿破崙完全被打敗。打著推行歐洲均衡勢力的小算盤，奧地利企圖保存法國，以便對抗俄國。

　　但被法國踐踏太久的普魯士肯定不同意，反法聯軍並沒有停下追擊的腳步。普魯士老將布呂歇爾首先率兵衝過萊茵河。因為和聯軍分開，他多次被拿破崙打敗，但他屢敗屢戰，慢慢地逼近巴黎。

　　在他的帶領下，聯軍紛紛跟進。不久，俄皇亞歷山大和普魯士國王

BC　日耳曼部落

漢

— 0

—

二

三國

晉

民族大遷徙

—

南北朝

— 500　德意志立國

隋朝

唐朝

—

—

查理曼帝國

東、西法蘭克帝國

五代十國

薩克森王朝

宋朝　奧托一世稱帝

— 1000

—

—

元朝

—

明朝

—

— 1500

德國宗教改革

—

三十年戰爭

清朝

—

神聖羅馬帝國滅亡

德意志邦聯

普法戰爭

中華民國

分裂成東、西德

兩德再次統一

— 2000

BC

耶穌基督出生　0—

君士坦丁統一羅馬

羅馬帝國分成兩部

波斯帝國　500—

回教建立

凡爾登條約

神聖羅馬帝國建立
　　　1000—

十字軍東征

蒙古第一次西征

英法百年戰爭開始

哥倫布發現新大陸
　　　1500—

英國大破無敵艦隊

發明蒸汽機

美國獨立

美國南北戰爭開始

第一次世界大戰
第二次世界大戰

　　　2000—

威廉三世進入巴黎。拿破崙被迫退位，被流放到厄爾巴島。第六次反法聯盟，在經歷了五次失敗後，終於取得了勝利。

一年後，拿破崙重回法國，成立「自由王朝」。英、俄、奧、普等國家匆忙組成第七次反法同盟，近百萬大軍從四面八方向拿破崙的軍隊而去。73歲的老元帥布呂歇爾再次將他的頑固和勇氣表現出來，在被拿破崙打敗且自己還受傷的情況下，發揮「屢敗屢戰」的韌性，甩開法軍格雷西軍團的追襲，跟隨拿破崙向滑鐵盧撲去。

當他趕到滑鐵盧時，拿破崙正和英國將軍威靈頓打得不可開交，並且拿破崙稍占上風。就在威靈頓打算投降的時候，六萬普軍如同天兵天將一般降臨戰場，在最關鍵的時候投入戰鬥，一舉摧毀了拿破崙大軍。四天後，拿破崙只能黯然退位，並再次被流放。

這一次，這位法蘭西巨人徹底失敗了。德意志對拿破崙的感情非常矛盾，他除了用戰爭和壓迫燃起了德意志人的民族情緒外，還把法國大革命的成果帶入德意志，給德意志帶去了先進的制度。這也許不是拿破崙的本意，但沒有人會懷疑他這把雙刃劍對德意志的影響。

拜他所賜，德意志民族開始了屈辱的改革。

### 相關鏈結：「第三德意志」改革

「第三德意志」是相對與奧地利、普魯士而外的德意志中小邦國聯盟，即德國的「中原地區」。在啟蒙運動下，一些邦國如巴伐利亞等開始出現改革的勢頭。拿破崙戰爭對「第三德意志」真正起到了一種改天換地的作用，第三德意志陸續開始了資本主義性質的改革，涉及行政、法律、農業、手工業等諸多方面，促成了德意志現代工商業資產階級的出現。

# 維也納的分贓

法國大革命引起的動盪隨著拿破崙的失敗而逐漸平息，歐洲的封建君主們費了九牛二虎之力，終於推翻了拿破崙。為了處理善後事務，高興得發狂的歐洲各國政要齊聚維也納，開始分贓。

1814年9月，維也納會議召開，一直到1815年6月結束，歷時9個月。歐洲各國，包括羅馬帝國的一些小邦國，都派代表參加，出席會議的有兩個皇帝，六個國王以及兩百多個諸侯。

會議分為三個層次，最高層次為「四強會議」，由奧地利首席大臣梅特涅、英國外交大臣卡斯爾雷、沙皇亞歷山大一世、普魯士首相哈登堡。後來法國外交部長塔列朗也參加了，構成「五強會議」。第二層為「八國朝廷會議」，由五強再加上西班牙、瑞典和葡萄牙組成；第三層為全體會議，由奧地利擔任東道主。

這次大會，首先是一個復辟的大會，法國、西班牙、南義大利、漢諾威等恢復帝制。其次，大會重新確立了歐洲各國的疆界。再次，大會組建了德意志聯邦。不過，這次大會的真正目的，「是要在戰勝國之間瓜分從戰敗國那兒得來的贓物。」梅特涅的助手根茲如是說。

當初，拿破崙佔領了歐洲大片土地，如今這些土地的歸屬讓勝利者們你爭我奪，不亦樂乎。沙皇亞歷山大揚言：「有60萬大軍的人是不需要和談的。」他試圖奪取東歐、中歐的大片土地；普魯士希望提高自己在德意志的地位；英國反對俄國勢力過分擴張等等，每個國家都有自己的打算，都想在分贓會議上多分一杯羹。

BC　日耳曼部落

漢

— 0

三國
晉
　　民族大遷徙

南北朝

— 500　德意志立國

隋朝
唐朝

查理曼帝國
東、西法蘭克帝國
五代十國
　　薩克森王朝
宋朝
奧托一世稱帝
— 1000

元朝

明朝

— 1500
德國宗教改革

三十年戰爭
清朝

神聖羅馬帝國滅亡
德意志邦聯
普法戰爭
中華民國
分裂成東、西德
兩德再次統一
— 2000

BC

耶穌基督出生　0—

君士坦丁統一羅馬

羅馬帝國分成兩部

波斯帝國　500—

回教建立

凡爾登條約

神聖羅馬帝國建立
　　　　1000—

十字軍東征

蒙古第一次西征

英法百年戰爭開始

哥倫布發現新大陸
　　　　1500—

英國大破無敵艦隊

發明蒸汽機

美國獨立

美國南北戰爭開始

第一次世界大戰
第二次世界大戰

　　　　2000—

經過艱難的協商，終於達成了協定，其中戰勝國四強所獲頗豐：

俄國得到了一個縮小的波蘭，以及芬蘭和比薩拉比亞，建立了新的「波蘭王國」；

普魯士得到了德意志最富裕的西部地區萊茵蘭和威斯特伐利亞；

奧地利獲得薩爾茲堡侯國，義大利的倫巴底、威尼斯等地和波蘭的少部分土地；

英國獲得好望角、模里西斯等殖民地，基本達到了它的要求；

法國基本保持站前的疆域，只割讓了少許土地；

荷蘭獲得比利時，成立尼德蘭王國；

挪威併入瑞典，瑞士稱為永久中立國。

這一歐洲的國際新秩序，被稱為「維也納體系」，由於歐洲當時在世界上的中心地位，這一體系也成為第一個世界性的國際體系。

最悲慘的也許是德意志民族的命運。德意志各族人民自19世紀初反對拿破崙的統治，一直渴望建立一個統一而獨立的德國。打敗拿破崙後，德意志的民族運動進一步高漲，但就在這個重要時刻，德意志的民族運動卻被沙皇殘忍地壓制下去了，還被梅特涅狠狠踩上一腳。

在列強的干預下，建立了一個「五強委員會」，負責解決德意志的問題。1815年6月8日，維也納通過《德意志聯邦條例》，組建了新的國家。它代替了舊的德意志帝國，名為「德意志聯邦」，實際上卻是「邦聯」。根據條例規定，各個聯邦是主權邦、自由市之間的一個持久的、不可分割的聯合體，各邦具有相當大的獨立主權。德意志聯邦除了有權向外國派公使和簽定條約外，沒有更多的權力。

德意志聯邦由34個君主國和4個自由市組成。

過去令人驕傲的帝國自由市只剩下四個：不來梅、漢堡、盧貝克和法蘭克福。34個邦中包含一個帝國：奧地利；五個王國：普魯士、巴

伐利亞、薩克森、漢諾威和符騰堡；一個選侯國：庫爾黑森；七個大公國；九個公國和一個伯爵領。

戰爭是勝利了，德國人的希望卻破滅了。歌德諷刺地寫到：「謝天謝地，我們真的很幸運，暴君被送到聖赫勒那！可是一個暴君被趕走，一百個暴君來稱霸。」野心勃勃的俄國沙王不願看到一個強大的德國出現；英國也同樣不希望統一的德國打破歐洲的平衡狀態；甚至奧地利也反對統一德國，他公然聲稱，德意志只是一個地理概念，政治統一是「妄想」。

作為勝利者的德意志，分裂得比以前更厲害了。經過了拿破崙的洗禮，德意志只是重複了一個痛苦的輪迴。維也納會議建立的聯邦，並不能滿足正在成長的德意志民族主義的要求，德意志內部激發出來的民族凝聚力不會憑空消失。德意志終將衝破種種阻礙，向現代國家邁進。

### 相關鏈結：克萊門斯‧馮‧梅特涅

梅特涅出生在一個世代封建小諸侯的家庭，先後出任駐薩克森邦公使，駐巴黎大使外交大臣，首席大臣等，領導奧地利的政治與外交長達39年。他一心想使舊世界復活，打著建立戰後「歐洲持久和平」的旗號反對德意志統一。歐洲戰後復辟時期是在梅特涅名字下度過的，他代表了一個時代，他的「勢均政策」客觀上有一定的積極作用，但他鎮壓革命與自由的運動，則具有反動性質。

BC　　日耳曼部落

漢

— 0

三國
晉　　　民族大遷徙

南北朝

— 500　德意志立國

隋朝
唐朝

　　　　查理曼帝國
　　　東、西法蘭克帝國
五代十國
　　　　薩克森王朝
宋朝　奧托一世稱帝
— 1000

元朝

明朝

— 1500
　　　　德國宗教改革

　　　　三十年戰爭
清朝

　　　　神聖羅馬帝國滅亡
　　　　德意志邦聯
　　　　普法戰爭
中華民國
　　　　分裂成東、西德
　　　　兩德再次統一
— 2000

# 【專題】大學之父與洪堡傳統

耶穌基督出生　0—

君士坦丁統一羅馬

羅馬帝國分成兩部

波斯帝國　500—

回教建立

凡爾登條約

神聖羅馬帝國建立　1000—

十字軍東征

蒙古第一次西征

英法百年戰爭開始

哥倫布發現新大陸　1500—

英國大破無敵艦隊

發明蒸汽機

美國獨立

美國南北戰爭開始

第一次世界大戰
第二次世界大戰

2000—

　　走在洪堡大學主樓的一條長廊上，你會發現，牆上掛著很多黑白照片，照片中的人物都是在各行各業中取得了重要成就的洪堡大學教授，其中有29位是諾貝爾獎得主。這是很多國家豔羨的一個數字，但這輝煌卻屬於同一所大學。

　　就在慘敗於拿破崙4年後，在德意志民族存亡之際，德意志的人們都在思考怎樣才能拯救德意志？

　　面對這個問題，德意志的答案是出人意料的，也是意味深長的。普魯士懦弱的國王威廉三世這次得出了與學者同樣的答案。威廉三世說：「這個國家必須以精神力量來彌補軀體的損失。正是由於窮國，所以要辦教育。我從未聽過一個國家辦教育辦窮了，辦亡國了。」

　　歷史證明了普魯士的眼光，1870年，最終打敗法國的德國元帥老毛奇說：「普魯士的勝利是在小學教師的講臺上決定的。」的確，對於當時的德意志來說，高品質的國民教育是救亡圖存的強大基礎。

　　普魯士教育部部長威廉・洪堡開始了主持教育改革。

　　1825年，普魯士開始實行強迫性教育制度。學生免交學費，老師享有和公務員一樣的權利和義務。初等教育的經費由城市或鄉鎮的全體居民承擔。19世紀甚至20世紀，經過努力，普魯士適齡兒童入學率達82％，國民素質空前提高。出色的基礎教育，撐起了高品質的大學教育。其中最大的傑作就是柏林大學的成立。

1810年，威廉‧洪堡不顧拿破崙的反對，創建柏林大學，後來他被稱為德意志現代教育之父。

1949年，柏林大學改名為洪堡大學，以紀念這位為德國教育做了許多開創性工作的大學之父。

威廉三世這位普魯士歷史上爭議頗多的國王，再次做出義舉，他把王子宮殿捐獻出來作為大學的校舍，還節衣縮食每年為柏林大學撥款15萬塔勒。要知道，當時普魯士正在向法國支付巨額戰爭賠款。但這一次，威廉三世下了大決心要辦教育，表現了相當的遠見卓識。

面對資金的短缺，威廉‧洪堡卻把較多的經費用在聘請教授方面，只把少量的經費用於校舍建築。首先，洪堡請來費希特為第一任校長，接著這個大學的講臺上出現了黑格爾、叔本華、格林兄弟、愛因斯坦、費希爾、蘭克……

這些偉大的大師們，給德國培養了無數的人才：馬克思、俾斯麥、費爾巴哈、海涅、赫茲、諾伊曼……講臺上的燦爛光芒與講臺下的風雲際會，交相輝映，一起讓柏林大學大放異彩。

除此之外，洪堡還把大量的經費用於科學研究上，洪堡認為，國家必須對教學活動給予支持，但不得干涉學術和教育活動。從此，「為科學而生活」，成為柏林大學的校風，進而成為整個德國大學遵循的原則之一。

柏林大學學術自由、教研並重的辦學理念，為它注入了獨特的生命力，成為一條融入柏林大學骨髓的靈魂，一直延續至今。柏林大學成為真正意義上的現代大學，被世界所尊敬和仿效。

在今天的洪堡大學裏，立著兩個名為洪堡的雕像。一個是創立者威廉‧洪堡，一個是他的弟弟亞歷山大‧洪堡。從肖像看，哥哥身材修長，五官分明，秀氣得像個詩人；弟弟卻充滿果斷的氣質，用深邃敏銳

BC　日耳曼部落

漢

— 0

三國
晉
—————民族大遷徙

南北朝

— 500　德意志立國

隋朝
唐朝

—————查理曼帝國
————東、西法蘭克帝國
五代十國
————薩克森王國
宋朝　————奧托一世稱帝
— 1000

元朝

明朝

— 1500
德國宗教改革

————三十年戰爭
清朝

————神聖羅馬帝國滅亡
————德意志邦聯
————普法戰爭
中華民國
————分裂成東、西德
————兩德再次統一
— 2000

的眼睛注視著前方。哥哥是傑出的教育家、政治家,弟弟是傑出的科學家。他們被稱為德意志的孿生兄弟,是德意志的神話之一。

　　普及全民教育為德意志的發展奠定了堅實的基礎,讓德意志在19世紀就站在了世界科學技術發展的前沿。

耶穌基督出生　0—

君士坦丁統一羅馬

羅馬帝國分成兩部

波斯帝國　500—

回教建立

凡爾登條約

神聖羅馬帝國建立
　　　　1000—

十字軍東征

蒙古第一次西征

英法百年戰爭開始

哥倫布發現新大陸
　　　　1500—

英國大破無敵艦隊

發明蒸汽機

美國獨立

美國南北戰爭開始

第一次世界大戰
第二次世界大戰

　　　　2000—

# | 第六章 | 為了自由與統一

　　世界上很少有哪個民族像德意志那樣崇拜國家，在狂熱的崇拜後面，隱藏的是一個民族長久分裂的失落感。當生存還是滅亡拷問著每一個德意志人時，苦難喚醒每一個德意志心靈時，為了自由和統一，德意志人一直在努力。

1. 巴登-符騰堡
2. 巴伐利亞
3. 柏林
4. 勃蘭登堡
5. 不來梅
6. 漢堡
7. 黑森
8. 梅克倫堡-前波莫瑞州

9. 下薩克森
10. 北萊茵-威斯特法倫
11. 萊茵蘭-普法爾茨
12. 薩爾
13. 薩克森
14. 薩克森-安哈爾特
15. 石勒蘇益格-荷爾斯泰因
16. 圖林根

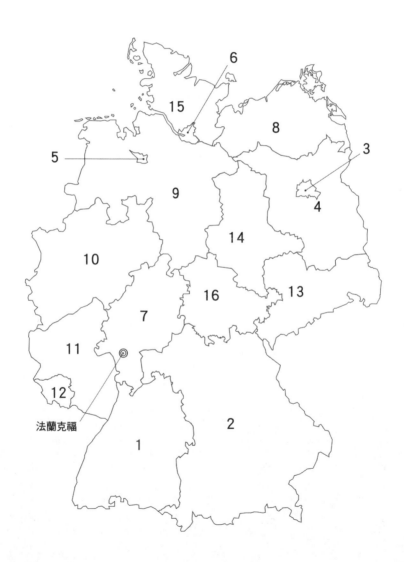

# 瓦爾特堡焚書

　　被譽為「理想城堡」的瓦爾特堡是法蘭克族的路德維希伯爵，也就是「跳躍者路易」在1067年作為邊界城牆建造的。作為馬丁·路德曾經的避難之所，瓦爾特堡一直為人們所敬重。在德國的眾多城堡中，只有瓦爾特堡被列為世界文化遺產。

　　1817年10月，象徵德意志民族主義運動的黑紅金三色旗幟在瓦爾特堡的上空飄揚，來自德國15所大學的近500名年輕的大學生在凌晨集合，向路德翻譯《聖經》的地方前進。為了一個偉大民族的未來，這群充滿激情的大學生在沿途向群眾發表熱情洋溢的演講。

　　耶拿大學的學生亨利希·里曼憤慨地說：「萊比錫大戰已經過去四年了，德意志人民曾經表達國的美好希望——破滅，現在所發生的一切與我們所期望的完全是南轅北轍。」愛國主義的真摯情感幾乎感染了每一位聽眾。

　　對於這些曾經經歷過反法戰爭，把爭取民族統一和政治自由作為奮鬥目標的大學生們來說，現實的一切讓他們寒心。

　　於是，他們在馬丁·路德發起宗教改革後的300年，在萊比錫會戰爆發四週年，決定在瓦爾特堡舉行第一次歡樂的、友誼的聚會，把這兩個事件當成「恢復自由思想和祖國解放的兩個節日」加以紀念。

　　17日的凌晨，他們在三色旗幟的引導下，來到瓦爾特堡對面的小山上。會議發言人宣布了會議的宗旨在於「在我們心靈中喚起對過去的回憶，從過去汲取在今天積極生活的力量；就我們的活動和計畫相互商

BC　　日耳曼部落
漢
— 0
三國
晉
— 民族大遷徙
南北朝
— 500 … 德意志立國
隋朝
唐朝
—
查理曼帝國
東、西法蘭克帝國
五代十國
薩克森王朝
宋朝　奧托一世稱帝
— 1000
元朝
明朝
— 1500
德國宗教改革
三十年戰爭
清朝
神聖羅馬帝國滅亡
德意志邦聯
普法戰爭
中華民國
分裂成東、西德
兩德再次統一
— 2000

BC

耶穌基督出生　0—

君士坦丁統一羅馬

羅馬帝國分成兩部

波斯帝國　500—

回教建立

凡爾登條約

神聖羅馬帝國建立
　　　　1000—

十字軍東征

蒙古第一次西征

英法百年戰爭開始

哥倫布發現新大陸
　　　　1500—

英國大破無敵艦隊

發明蒸汽機

美國獨立

美國南北戰爭開始

第一次世界大戰
第二次世界大戰

　　　　2000—

討，交換意見，給我們展現年輕人的純潔生活；最後，讓我們的人民看到，他們可以對自己的青年人寄予什麼樣的希望。」

當暮色降臨時，他們燃起篝火，舉行大規模的火炬遊行。在遊行接近尾聲時，他們模仿路德當年焚毀教皇訓令的方式，也舉行了焚書活動。

他們唱著民族解放戰爭時期的流行歌曲，把28本非德意志書籍投入火中。身穿灰色襯衫的大學生們，把保守的、反民族主義的作品收集起來，把「非德意志的」、具有挑釁性的政治文件收集起來，在大火中付之一炬。在焚燒的物品中，既有象徵外來佔領歲月的《拿破崙法典》，普魯士的員警法令以及被視為軍國主義象徵的普魯士騎兵制服、假髮辮和軍棍。

這次焚書，把民族主義的激情和自由主義的期望融合在一起，拉開了「統一與自由」運動的序幕。的確，德意志民族要求統一的呼聲，首先是透過大學生表現出來的。這次會議召開後，成立全德大學生聯合會的條件成熟了。1818年10月，14所大學派出代表參加了全德大學生大會，大學生運動再次掀起高潮。

但是，這種愛國的大學生運動對統一德意志的想法非常模糊，而且充滿了浪漫主義色彩。大學生的吶喊並沒有在德意志人民中間產生大的反響，卻引起了反動文人和宮廷黨的反對。普魯士政府派出高級官員調查此事，而奧地利首相梅特涅則下決心把這場愛國運動扼殺在搖籃中。

1819年3月，大學生卡爾·桑頓把科采比暗殺了；四個月後，另一名大學生刺殺拿騷長官失敗。這兩個事件給了梅特涅藉口，他不僅壓制愛國的大學生運動，還壓制一切自由氣氛，以「煽動者」的名義定罪了很多進步人士。

例如，他禁止大學生協會的報紙，當時的報刊檢查甚至到了可笑的

地步。1828年，有人發表文章稱柏林的《知識報》只不過是一份刊登廣告的刊物，沒有任何益處。當時的檢察官如此批覆：「既然這份雜誌的命名來自1727年的王室，就不能允許這種誹謗。」

大學生運動隨之轉入秘密活動，提出的主張也越來越激進。直到1848年革命爆發，才再一次積極投入到政治運動。

而大學們在運動中所使用的標誌顏色：黑、紅、金，先後為1848年革命、威瑪共和國和東、西德所繼承，直到今天仍然是聯邦德國的標誌。它代表了民主與共和，在近代德國乃至世界上都為人們所知。德國著名詩人斐迪南·福萊利格拉特曾在詩中這樣讚美三色標誌：

在憂鬱和黑暗中

我們將它珍藏！

現在我們終於使它恢復了自由，

從靈柩中解救出來！

啊，你像閃電，像雷鳴，像大海咆哮！

萬歲，黑、紅、金！

硝煙般烏黑，鮮血般殷紅，

金色火焰熊熊燃燒。

### 相關鏈結：體育之父

在諸多民族政論家中，對大學生運動影響較大的是「體育之父」弗里德里希·路德維希·雅恩。他很早就組織了「體育協會」，以訓練體操、野外遠足為名義進行愛國主義活動。他提倡道德理想，以及種族主義、愛國主義、民粹主義等。1811年，他制定了一個關於大學生聯合會的規章和機構的計畫，提交給柏林大學的校長，主張建立大學生聯合會，但遭到拒絕。

# 生意場就是戰場

耶穌基督出生　0—

君士坦丁統一羅馬

羅馬帝國分成兩部

波斯帝國　500—

回教建立

凡爾登條約

神聖羅馬帝國建立　1000—

十字軍東征

蒙古第一次西征

英法百年戰爭開始

哥倫布發現新大陸　1500—

英國大破無敵艦隊

發明蒸汽機

美國獨立

美國南北戰爭開始

第一次世界大戰
第二次世界大戰

2000—

　　形勢的發展，特別是一些符合歷史發展規律的形勢的發展，不是少數幾個人或一個階層就能夠阻擋的。德意志雖然處於分裂狀態，但經濟融合卻如地下的泉水一樣彙聚一起。經濟的統一往往是思想文化統一的延伸，也是政治統一的基礎。

　　一個叫李斯特的經濟學家認為，一個國家在經濟很不發達的時候應當推行自由貿易政策，但當本國的工業有了一定發展，卻又沒有能力與國外產品競爭時，必須實行貿易保護主義政策，以使本國工業能夠發展起來。他認為，保護本國「幼稚」的工業並不是保護落後。

　　這個觀點，對於當時的德意志來說是最恰當不過的了。當時的德國境內，關稅線和過境稅線達100多條，導致本國的商品流通非常困難。但它們對外國商品的稅率非常低，於是英國的商品源源不斷流入德國各邦，擠兌得德國企業都快破產了。

　　面對這種情況，李斯特率先提出建立關稅同盟的建議：「德意志的關稅讓德國境內交通限於癱瘓，它無異於把一個人的每隻手腳捆緊，不讓任何一隻手腳的血液流到其他手腳上去。」「只有廢除內部關稅，建立一個全聯邦的統一稅制，才能恢復國家貿易和民族工業，也有利於勞動階級。」

　　奧地利對此非常蔑視，還把李斯特定義為「最危險的煽動者」。奧地利的反對態度，讓他們自己也不會想到，統一德意志的歷史機遇就這樣被他們送到了普魯士的手中。

普魯士率先在本國廢除了普魯士境內的關卡和稅卡，所有國內的商品可以暢通無阻地進行買賣。而對外國的進口商品和過境商品，則徵收很高的稅收。自此，普魯士形成了統一的國內市場，對本國的企業形成了保護。

後來，普魯士周邊的一些小邦國也加入到普魯士的關稅同盟中。

關稅同盟讓普魯士的經濟突飛猛進，也成了其他邦國學習的對象。南部的巴伐利亞和符騰堡組成「南部關稅聯盟」，中部的薩克森、漢諾威等邦則組成「中德關稅聯盟」。三個聯盟鼎足而立。

如果這三個系統不斷強化自己的內在凝聚力，那麼很可能在德意志的土地上會形成三個區域同盟明爭暗鬥的局面，自然也會制約德意志統一的進程。所幸，歷史並沒有在這個方向前進太遠。

普魯士於1828年同黑森及達姆施塔特簽定合約，規定雙方的一切貨物都免稅；一年後又與南德關稅聯盟簽定條約，把德意志南北兩個關稅區連成一片，促使中德關稅聯盟的瓦解。

1834年，「德意志關稅同盟」出現了。德意志民族工業獲得了迅猛發展。普魯士財政大臣莫茲曾說：「統一關稅必將導致各邦政治制度的統一。」德國著名歷史學家弗里茲‧梅林則認為：「加入關稅同盟就是普魯士統一德國的開始。」

在關稅同盟成立一年半後的一天，從紐倫堡到菲爾特長達六公里的鐵路上，一列簡單的火車正緩緩行駛。因為用馬作為牽引，它用了十五分鐘才跑完全程。它是德意志第一條鐵路，雖然很短，卻迅速擴展到德意志的四面八方。

宣導者仍然是李斯特，他認為：「鐵路和關稅同盟是連體雙胞胎，具有一個思想和一個感官，相互支持，追求同一個偉大目標，把德意志各個部分統一成一個偉大、文明、富足、強大和不可侵犯的民族。」

BC

耶穌基督出生　0—

君士坦丁統一羅馬

羅馬帝國分成兩部

波斯帝國　500—

回教建立

凡爾登條約

神聖羅馬帝國建立
　　　　1000—

十字軍東征

蒙古第一次西征

英法百年戰爭開始

哥倫布發現新大陸
　　　　1500—

英國大破無敵艦隊

發明蒸汽機

美國獨立

美國南北戰爭開始

第一次世界大戰
第二次世界大戰

　　　　2000—

普魯士對李斯特的觀點領會得非常透澈。它實行關稅同盟政策，保護本國經濟，大力扶持民族工業，德意志建立起了雄厚的工業基礎。開發新礦山、建設新工廠、修建新鐵路，德意志的工業革命雖然來得較晚，但氣勢洶洶。經濟學家凱恩斯這樣認為：「德意志帝國與其說建立在鐵和血上，不如說建立在煤和鐵上。」

但奧地利一直對這個關稅同盟持反對態度，認為它是一個國中之國，會促成「德意志統一的最危險推理」。奧地利這一不明智的態度，不僅阻礙了德意志的統一，而且再一次放棄了自己的領袖位置，提升了普魯士在德意志的威望。

生意場就是戰場，在這一場沒有硝煙的戰火中，奧地利就這樣愚蠢地讓自己被踢出了歷史的大潮。此時，德意志已經在統一的道路上走了半個世紀，普魯士因為有強大的經濟基礎作為後盾，建立統一德意志民族的重任，落在了普魯士身上。

### 相關鏈結：漢巴哈大會

1832年5月27日，「德意志人的民族節日」漢巴哈大會按時舉行。參加遊行的有三萬多人，來自德國各地的議員、大學生、手工業者以及成千上萬的農民、士兵參加了大會。會議組織者高呼「自由和統一的德國永存！」會議結束後，舉行了聲勢浩大的遊行。在這次大會的推動下，其他各地也召開了類似的，具有地方意義的人民大會。

# 歐洲大陸的共產主義幽靈

「一個幽靈，共產主義的幽靈，在歐洲大陸徘徊。為了對這個幽靈進行神聖的圍剿，舊歐洲的一切勢力，教皇和沙皇、梅特涅和基佐、法國的激進派和德國的員警，都聯合起來了。

有哪一個反對黨不被它的當政的敵人罵為共產黨呢？又有哪一個反對黨不拿共產主義這個罪名，去回敬更進步的反對黨人和自己的反動敵人呢？

從這一事實中可以得出兩個結論：

共產主義已經被歐洲的一切勢力公認為一種勢力；

現在是共產黨人向全世界公開說明自己的觀點、自己的目的、自己的意圖並且拿黨自己的宣言來反駁關於共產主義幽靈的神話的時候了。

為了這個目的，各國共產黨人集會於倫敦，擬定了如下的宣言，用英文、法文、德文、義大利文、弗拉芒文和丹麥文公布於世。」

《共產黨宣言》的引言裏這樣訴說19世紀歐洲的情形，這個由馬克思和恩格斯共同起草的綱領，以優美的文字、強大的理論威力以及戰鬥精神讓整個歐洲顫慄。

1848年2月22日，巴黎街頭掀起群眾風暴，法國「二月革命」爆發。法國一打噴嚏，德國就流鼻涕。法國二月革命迸出的火花，點燃了德意志的三月革命。南德各邦首先起來反抗，工人、學生、市民全部都聯合起來了。

BC

耶穌基督出生　0—

君士坦丁統一羅馬
羅馬帝國分成兩部

波斯帝國　500—

回教建立

凡爾登條約

神聖羅馬帝國建立
　　　1000—

十字軍東征

蒙古第一次西征

英法百年戰爭開始

哥倫布發現新大陸
　　　1500—
英國大破無敵艦隊

發明蒸汽機

美國獨立

美國南北戰爭開始

第一次世界大戰
第二次世界大戰

　　　2000—

作為反民主的堡壘，奧地利民眾在開等級議會的那一天，聚集在議會大廈面前，高呼「自由！憲法！打倒政府！」面對民眾的呼聲，梅特涅毫不退讓，甚至還鄙夷地說：「這種騷動不過是些麵包師傅的吵鬧。」他的鄙視引起了民眾的憤慨，他們紛紛要求奧皇辭退梅特涅，否則就要舉行武裝起義。奧皇沒有辦法，當晚解除了他的職位。第二天，梅特涅男扮女裝逃出了維也納。

不過，在1848年革命中最精彩的是普魯士的柏林革命。從3月6日起，柏林就聚集了大批的激進青年。大批民眾舉行集會，提出了向國王提交請願書，要求國王同意軍隊撤出柏林；保證無條件出版自由等。

18日清晨，大批民眾聚集在王宮廣場，等待國王的回覆。下午二時，國王企圖用虛情假意的改革諾言來阻止革命。資產階級自由派感到很滿意，於是民眾開始陸續撤離。

但國王的弟弟，「炮彈親王」威廉卻下令清場。士兵們手持軍刀逼迫民眾，但並沒有任何流血事件的產生。當庭院裏的人都走得差不多的時候，突然發出兩聲槍響。示威的群眾以為國王背叛了他們，於是柏林變成了一座戰場。

柏林的起義者讓普軍遭到了沉重的打擊，曾打敗過拿破崙的軍隊，卻成了老百姓的手下敗將。國王驚慌失措，趕緊請求「親愛的柏林同胞」停止戰鬥。在壓力下，軍隊被迫從柏林撤退。

在德意志1848年革命中，工人階級不僅成了革命隊伍中的主力軍，還提出了無產階級在這次革命中的要求。這一年的3月21日到27日，馬克思和恩格斯發表了《共產黨在德國的要求》，提出了革命的性質和任務，制定了無產階級的綱領。

文章提出，德意志革命要完成民主、民族革命的任務，建立一個統一的、不可分割的共和國，總之要實行自下而上的革命。馬克思和恩格

斯還回到德國，與德國人民一起戰鬥。

1849年5月，馬克思被流放。恩格斯繼續參加德國人民的武裝起義，起義被鎮壓後，他隨革命軍餘部到了瑞士，後與馬克思在倫敦會合。

1848年革命失敗後，德意志經過了十年的高壓時期。德意志聯邦議會通過決議，解散一切工人組織，禁止工人集會，工人運動處於低潮。然而，隨著德國經濟的快速發展，工人階級的力量也開始加強。

經過磋商和籌備，全德工人聯合會於1863年5月在萊比錫成立，六百多名工人聚集在會場。聯合會規定，每個工人可以自由地入會和退會，理事會有權接受和開除會員。會議選舉拉薩爾為主席，瓦爾泰為書記。

但拉薩爾擔任主席的時間並不長，由於他和俾斯麥合作，經常洩露聯合會的情況，導致會員不再信任他，反對拉薩爾的聲音越來越多。反對者於1863年6月成立「德意志工人協會聯合會」，公開反對拉薩爾。

在馬克思和恩格斯的幫助下，反對拉薩爾的力量開始增強，推動了德國工人運動中馬克思主義政黨的興起。馬克思和恩格斯於1864年在倫敦成立了無產階級的第一個國際組織——國際工人協會，即第一國際。馬克思以第一國際德意志局書記的身分，幫助德意志無產階級健康發展。

1869年，威廉·李卜克內西率領全德工人正式成立了「德國社會民主工黨」，簡稱「艾森納赫派」，這是德國工人運動中，第一個真正建立在馬克思主義基礎上的群眾性政黨，也是國際工人運動中第一個在一國範圍內組織起來的社會主義工人黨。

### 相關鏈結：拉薩爾

拉薩爾出生在東部布雷斯勞，父母都是猶太人。16歲時進入柏林大

BC　日耳曼部落
漢
— 0
— 三國
晉
……民族大遷徙
南北朝
— 500 ……德意志立國
隋朝
唐朝
………查理曼帝國
東、西法蘭克帝國
五代十國
……薩克森王朝
宋朝　奧托一世稱帝
— 1000
元朝
明朝
— 1500
……德國宗教改革
………三十年戰爭
清朝
…神聖羅馬帝國滅亡
………德意志邦聯
……普法戰爭
中華民國
………分裂成東、西德
………兩德再次統一
— 2000

學學習哲學、語言和歷史，並開始接觸黑格爾和費爾巴哈的思想。他曾說：「如果我生來就是王子或王族，我就會全心全意當貴族。但既然我只是個普通市民的兒子，我便成了個民主主義者。」後來，拉薩爾以革命者的形象受到公眾關注，並最終成為全德工人聯合會的主席。後來，他與情敵決鬥，腹部受傷，死於日內瓦。

耶穌基督出生　0—

君士坦丁統一羅馬

羅馬帝國分成兩部

波斯帝國　500—

回教建立

凡爾登條約

神聖羅馬帝國建立
1000—

十字軍東征

蒙古第一次西征

英法百年戰爭開始

哥倫布發現新大陸
1500—

英國大破無敵艦隊

發明蒸汽機

美國獨立

美國南北戰爭開始
第一次世界大戰
第二次世界大戰

2000—

# 【專題】德國，一個冬天的童話

「淒涼的十一月，

日子已漸漸陰鬱，

風把樹葉摘落，

我走上德國的旅途。

來到國境，

強烈的心跳震撼著胸底。

並且，真的，

連眼淚也開始滴瀝。

聽見德國的語言，

使我有異樣的感覺，

好像我心臟的血液溢出了，

它舒暢地衰落下去了。

一位小小的琴女在歌詠，

用真實的感情，

和假的嗓音，但她的彈唱，

卻使我非常動心。

她歌唱著愛，和愛中的恨，

歌唱著犧牲，

歌唱著那天上的、更好的世界裏的重逢，

說那兒沒有愁恨。

BC　　日耳曼部落

漢

— 0

—

—
三國
晉
— ⋯⋯⋯⋯ 民族大遷徙

—
南北朝

— 500 ⋯ 德意志立國

隋朝
唐朝

—

— ⋯⋯⋯⋯ 查理曼帝國
　　　　東、西法蘭克帝國
五代十國
— ⋯⋯⋯⋯ 薩克森王朝
宋朝
⋯⋯⋯⋯ 奧托一世稱帝
— 1000

—

—

元朝

明朝
—

— 1500
⋯⋯⋯⋯ 德國宗教改革

—
⋯⋯⋯⋯ 三十年戰爭
清朝

—

⋯⋯ 神聖羅馬帝國滅亡
⋯⋯⋯⋯ 德意志邦聯
⋯⋯⋯⋯ 普法戰爭
—
中華民國
⋯⋯⋯⋯ 分裂成東、西德
⋯⋯⋯⋯ 兩德再次統一
— 2000

她歌唱著地上的眼淚，

歌唱著那一瞬即逝的狂歡，

歌唱那被華光照耀著的靈魂，

他們是沉醉在永遠的歡悅中，在彼岸

她歌唱的是古時絕望的曲調，

是在民眾痛苦哀泣的時候，

能將他們送入昏睡中的，

那天上的催眠曲調。

我知道這些旋律，這些歌詞，

知道這些詞句的作者大師們。——

他們在屋裏私自飲酒，

在門外卻假意用水勸人。

新的歌，更好的歌，

啊！朋友，讓我替你們製作——我們要在地上

建築起天國。

我們要在地上得到幸福，

再不願老是饑腸轆轆，

再不願把勤勞的兩手獲得的東西，

拿去填飽那些吃閒飯的肚腹。

為著一切的人們，

這地上有足夠的麵包產生。

玫瑰花呀，常春樹呀，美呀，樂呀，

甜豌豆呀，也同樣能孳生。

是的，豆莢裂時，

甜豌豆便是屬於萬人的，

天上的樂園嗎？

讓你們天使和麻雀拿去！

我們死後若能生出翅膀，

我們就到天上拜訪你們，

在那兒我們要和你們一道，

同吃最幸福的蛋糕和點心！

新的歌，更好的歌，

它和笛、提琴一樣暢快地響著。

懺悔的歌聲止了，

喪鐘也沉默著。

處女歐洲，

和美麗的自由天使訂婚，

萬歲呀，這對新郎新婦，

萬歲呀，他們未來的子孫！

我的歌，是結婚讚美歌，

是更好的、新的歌，

最高感激的星光，

在我的心中閃灼。

感激的星光，它會熱烈地焚燒，

熔流而成火焰的河川。

我感到自己變得無比的堅強，

我甚至能把橡樹折斷！

踏上德國的國土以來，

靈妙的液體便流貫了我的全身。

巨人再一次觸到了他的母體，

BC　日耳曼部落

漢

— 0

—

三國
晉
— 民族大遷徙

—
南北朝

— 500 — 德意志立國

隋朝
—
唐朝

—

— 查理曼帝國
東、西法蘭克帝國
五代十國
— 薩克森王朝
宋朝
奧托一世稱帝
— 1000

—

—

元朝
—

明朝
—

— 1500
德國宗教改革

— 三十年戰爭
清朝
—

— 神聖羅馬帝國滅亡
德意志邦聯
— 普法戰爭
中華民國
— 分裂成東、西德
兩德再次統一
— 2000

BC

耶穌基督出生　0—

君士坦丁統一羅馬

羅馬帝國分成兩部

波斯帝國　500—

回教建立

凡爾登條約

神聖羅馬帝國建立
　　　　1000—

十字軍東征

蒙古第一次西征

英法百年戰爭開始

哥倫布發現新大陸
　　　　1500—

英國大破無敵艦隊

發明蒸汽機

美國獨立

美國南北戰爭開始
第一次世界大戰
第二次世界大戰
　　　　2000—

他身上就又有新的力量長成。

……」

海涅的這首政治諷刺詩，是他在1843年10月回家看望母親時所寫的。當時他已經闊別祖國十三年，當他看見整個德國的統治如同冬天一樣冰冷而有感而發。他說：「我跟一些人一樣，在德國感到同樣的痛苦，說出那些最壞的苦痛，也就說出我的痛苦。」

《德國，一個冬天的神話》全詩共27章，海涅以冬天象徵死氣沉沉的專制統治，運用多種修辭手法，對德意志的政治分裂、專制統治、軍國主義等做了無情的諷刺和嘲笑。

# | 第七章 | 俾斯麥一統江湖

只有一種聲音，只有一種感情，一種仇恨和一種愛，去拯救祖國，去解放德意志。在世界帝國的迷茫中度過了千年之後，德意志人終於迎來了自己的國家。這個失去奧地利，由普魯士掌握霸權的「第二帝國」會是德意志歷史的終點嗎？

1. 巴登-符騰堡
2. 巴伐利亞
3. 柏林
4. 勃蘭登堡
5. 不來梅
6. 漢堡
7. 黑森
8. 梅克倫堡-前波莫瑞州
9. 下薩克森
10. 北萊茵-威斯特法倫
11. 萊茵蘭-普法爾茨
12. 薩爾
13. 薩克森
14. 薩克森-安哈爾特
15. 石勒蘇益格-荷爾斯泰因
16. 圖林根

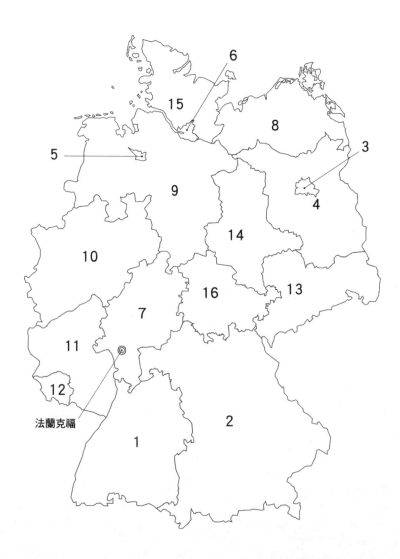

# 奧爾米茲之辱

關稅同盟成了普魯士控制其他小邦國的工具，依靠這個武器的強大威力，小德意志地區的經濟基本上「一體化」，這個地區形成了共同的經濟生活和文化。經濟上的統一為政治上的統一奠定了基礎。不甘雌伏的普魯士，向盟主奧地利發起了挑戰。

對於普魯士來說，如何打壓奧地利的影響，增強自己在德意志的地位，是它一貫實施的政策。1849年5月，普魯士以東道主的名義邀請奧地利、薩克森和漢諾威在柏林開會，商討建國事宜，可是沒有任何結果。

當時奧地利在打仗，力量受到牽制，普魯士外交大臣拉多維茲利用這一機會，向國王提出奏章。他認為大部分德意志人都渴望統一，德意志需要一個統一的行政機構以及統一的法律體系，只有普魯士能建立這樣一個聯盟。這就是普魯士提倡的「普魯士聯盟計畫」。

在拉多維茲的安排下，普魯士和薩克森、漢諾威結成「三王同盟」，普魯士的計畫設想得很周到，也獲得了不少力量的支持，但執行起來還是大打折扣：參加會議的邦國雖然有26個，但積極的只有12個。在德意志有重要影響的巴伐利亞、符騰堡、薩克森和漢諾威都沒有參加。1850年3月，艾爾福特會議召開，宣布組成德意志聯盟。

這時，奧地利從戰爭中退出來，立即反擊。它組建「四王同盟」作為對付普魯士的核心力量，以法蘭克福聯邦議會為載體。兩個聯盟存在於同一個國家中，互相牽制，互相對立。很快，衝突發生了。

黑森邦與邦議會發生嚴重爭議，黑森邦請求德意志幫助。法蘭克福

BC　日耳曼部落

漢

— 0

三國
晉
民族大遷徙

南北朝

— 500　德意志立國

隋朝
唐朝

查理曼帝國
東、西法蘭克帝國
五代十國
薩克森王朝
宋朝　奧托一世稱帝
— 1000

元朝

明朝

— 1500
德國宗教改革

三十年戰爭
清朝

神聖羅馬帝國滅亡
德意志邦聯
普法戰爭
中華民國
分裂成東、西德
兩德再次統一
— 2000

議會承諾派兵前往。黑森邦非常感激，決定退出艾爾福特同盟，站到奧地利的一邊。由於黑森邦一直是溝通布蘭登堡和萊茵地區的主要通道，鑑於它重要的戰略地位，普魯士也趕緊自告奮勇，出兵黑森邦。

奧地利認為這是打敗普魯士的大好時機，駐柏林公使說：「這次事件是上帝在幫助我們。」陸軍元帥也志得意滿地宣稱：「如果戰爭爆發，我將以十比一的兵力征服柏林。」奧地利強烈要求普魯士退兵。

此時的普魯士兵力處於下風，為奧地利的強硬所驚訝，趕緊召開會議商量對策。會議分為主和派和主戰派。主和派認為現在還不是發動戰爭的時機，內政大政曼托伊費爾分析說：「人們不能為了虛幻的聯邦憲法而冒一場戰爭的風險，普魯士一邊只有500萬德意志人，而奧地利一邊

則有1100萬。」主戰派以拉多維茲為主，他堅持認為應該出兵，「炮彈親王」更是打算與奧地利一決雌雄。

正當普魯士為打還是不打而吵得不可開交時，俄國駐柏林大使警告普魯士：「普魯士無權執德意志的牛耳，它只能給北德意志以影響，防止那裏發生革命。」沙皇尼古拉一世甚至來到華沙，同時把普魯士和奧地利國王召去，以「仲裁人」的身分，打算平息爭端。

尼古拉一世以國際外交中罕見的粗暴態度教訓普魯士國王，大罵他在玩「革命的把戲」，逼著普魯士放棄新聯盟。在俄國和奧地利的壓力下，拉多維茲被迫辭職。

在軍事上處於劣勢的普魯士，只得撤回大軍，把拉多維茲派往英國，放棄聯盟計畫。1850年11月29日，普奧首相在小城奧爾米茲簽定條約，普魯士接受奧地利提出的全部條件。根據條約，放棄在黑森的同盟協定，普魯士重新加入法蘭克福議會，並承認奧地利在德意志事務中的最高權利。

普魯士的統一行動失敗了，並以「奧爾米茲之辱」寫入歷史。普魯

士忍辱負重，以退為進的方式保住了抗衡奧地利的必要力量。普魯士計畫的失敗，顯示著德意志的統一大業面臨著國內外保守勢力的反對，形勢嚴峻。

　　普奧雙方爭奪德意志的控制權，在60年代又上演了一次，這一次的主導者為奧地利，但因為普魯士的缺席無果而終。事情的轉機出現在克里米亞戰爭之後，沙俄戰敗，喪失了歐洲的霸權，同時也放鬆了對德意志事務的控制，客觀上有利於德意志民族統一運動。

　　依靠國民議會無法解決的德意志統一問題，難道真的只剩下戰爭了嗎？

### 相關鏈結：克里米亞戰爭

　　1853年至1856年，沙俄與英法爭奪巴爾幹的近來霸權。沙皇原以為德意志聯邦能幫助他，結果奧地利不僅不支持俄國，反而站在西方列強一邊，普魯士仍然採取「中立」態度。沙俄慘敗。奧地利在巴爾幹和德意志聯邦內的影響有所增長。後來，沙俄為報復奧地利，勾結法國發動對德戰爭，首要打擊奧地利。

BC　　日耳曼部落

漢

— 0

三國
晉
— ………民族大遷徙

南北朝

— 500 …德意志立國

隋朝
唐朝

—

— ………查理曼帝國
東、西法蘭克帝國
五代十國
— ………薩克森王朝
宋朝　　奧托一世稱帝
— 1000

—

—

元朝
—
明朝

—

— 1500
………德國宗教改革

—
………三十年戰爭
清朝

—

—………神聖羅馬帝國滅亡
………德意志邦聯
………普法戰爭
中華民國
………分裂成東、西德
………兩德再次統一
— 2000

# 編織神話的鐵血英雄

BC

耶穌基督出生　0—

君士坦丁統一羅馬

羅馬帝國分成兩部

波斯帝國　500—

回教建立

凡爾登條約

神聖羅馬帝國建立　1000—

十字軍東征

蒙古第一次西征

英法百年戰爭開始

哥倫布發現新大陸　1500—

英國大破無敵艦隊

發明蒸汽機

美國獨立

美國南北戰爭開始

第一次世界大戰
第二次世界大戰

2000—

「我將成為普魯士最大的流氓或最傑出的人物。」這是俾斯麥廣為流傳的名言之一。他還因一段話被人們稱為「鐵血首相」：「……當代的最大問題不是透過演說與多數人的決議能解決的……而是要用鐵和血。」

1815年，反法戰爭勝利，但鬆散的「德意志聯邦」讓德國依然分裂。這一年，一個小男孩出生了。他對德意志的影響，絲毫不亞於拿破崙。歷史給了這個小男孩創造歷史的機會。他就是俾斯麥。

作為布蘭登堡下層貴族的後裔，俾斯麥繼承了容克的專橫暴戾，他一生經歷過25次決鬥。但他的母親卻帶給他諸多資產階級的教育和影響。在他17歲那年，他進入柏林大學學習法律專業，由於性格狂妄，經常惹事生非。畢業後，俾斯麥經營起了自己的第一份產業。

他不像別的貴族弟子一樣坐吃山空，為了解決家庭財務問題，這位身材高大的大個子積極根據市場需求調整計畫，不久就賺得大量財富。在經商的過程，也讓他從一個極端保守派，變成了一個現實主義的強權政治家。

1815年，俾斯麥就任普魯士駐聯邦公使，就在這時，他就顯示出了他的強悍。按照慣例，只有奧地利代表可以在議會上吸煙。俾斯麥發現了，也掏出雪茄大口抽了起來，還挑釁地看著奧地利代表。他的行為讓所有人都大吃一驚，卻也無可奈何。

在擔任公使的九年間，俾斯麥充分瞭解到德意志的鄰居們都反對德

意志的統一。他特別欣賞克勞塞維茲的觀點：「德意志實現政治統一的道路只有一條，那就是透過劍，由一個邦支配其餘各邦。」俾斯麥自然覺得，普魯士最有資格稱為「支配其餘各邦」的邦。

絕不向任何人低頭，卻又有全局眼光，他的頑強、敏銳以及傲慢都給普魯士國王留下了深刻的印象，以至國王批示：「等到短兵相接時，再用此人。」

1862年，德皇威廉一世為了擴充軍隊，與議會發生嚴重衝突。威廉一世走投無路，準備絕望地退位，並擬好了退位詔書。這時，俾斯麥的好友羅恩向國王推薦了他。9月18日，俾斯麥收到了一封著名的電報：「柏林，1862年9月18日。危險臨近，速回！」

四天後，俾斯麥出現在威廉一世面前。經過會談，國王撕掉了退位詔書。走出王宮時，俾斯麥已經是普魯士的首相了。他向國王表示：「在這種形勢下，我寧可與陛下同歸於盡，也不會在您與國會統治者的鬥爭中袖手旁觀。」

曾經胡亂開槍導致柏林巷戰的威廉一世，雖然才能平庸，但他懂得把權力給最有能力的人，並且用人不疑。他也堅信，普魯士肩負著統一德意志的大任。這種君王和宰相的協作，竟然持續了幾乎長達三十年。

出任普魯士宰相的俾斯麥，並沒有魯莽行事，他仔細分析了當前的歐洲形勢，因為德國問題，從來就不是一個國家的問題，它牽動著整個歐洲。出現在俾斯麥眼前的是一片大好的局面：

國際上，英國忙著拓展海外的殖民地；俄國致力於內部的農奴制解放；美國陷入南北內戰。除了法國，大家都無暇顧及德意志；國內，奧地利在與鄰邦的戰爭中大傷元氣，而普魯士卻國力強盛，經濟發達。

似乎，一切都已準備就緒，只等普魯士振臂一呼了。

俾斯麥是一個崇尚武力的人，他把整個歐洲當作棋盤，小心掂量每

個列強。1862年，他發表演說：「德國期待的不是自由主義而是權力。
巴伐利亞、符騰堡和巴登可以實行自由主義，不會有人讓它們發揮普魯
士的作用。普魯士必須積累自己的力量將它掌握在手中以等待時機……
這種時機已經被錯過好幾次了。」也就是在這次演講中，他提出了著名
的「鐵血政策」，他也因此被稱為「鐵血」宰相。

　　這次演說，引起了巨大的爭議，它並沒有打動普魯士的資本家們，
反而被譴責為「牛皮大王」和「戰爭煽動者」。甚至連國王都深感憂
慮，皇后極力勸說國王辭掉這位「危險的俾斯麥」。但俾斯麥以他的堅
定和果斷打消了國王的念頭。

　　面對反對自己的人，俾斯麥軟硬兼施，動用一切手段，讓保守黨和
進步黨最終都認可了他。他們發現，這位宰相是真的在為普魯士的利益
而鬥爭，大家紛紛配合他的統一大業。下一個目標，就是統一德意志。

### 相關鏈結：「大德意志」和「小德意志」

　　當統一德意志的呼聲成為主流後，在這個問題上出現了兩種觀點：
「大德意志」和「小德意志」。「大德意志」是在現在德意志聯邦的基
礎上加強中央集權，由奧地利國王擔當德意志皇帝；「小德意志」是由
普魯士吞併其他小邦國，形成單一的「德意志」，由普魯士國王擔任德
意志皇帝。圍繞這兩種思路，普魯士和奧地利展開了尖銳的鬥爭。

耶穌基督出生　0—

君士坦丁統一羅馬

羅馬帝國分成兩部

波斯帝國　500—

回教建立

凡爾登條約

神聖羅馬帝國建立
　　1000—

十字軍東征

蒙古第一次西征

英法百年戰爭開始

哥倫布發現新大陸
　　1500—

英國大破無敵艦隊

發明蒸汽機

美國獨立

美國南北戰爭開始

第一次世界大戰
第二次世界大戰

　　2000—

# 普丹之戰

　　任何一個國家的獨立與統一，都是建立在血上的，政治和外交或許能解決國際關係中的大部分問題，但剩下的就要靠戰爭來完成了。歷史從來就沒有不變的原則，今天的盟友或許就是明天的敵人。

　　德國的統一是由三次戰爭完成的，而這三次戰爭的主導者就是普魯士的俾斯麥。他以特有的圓滑與議會周旋，利用法律的漏洞，絞盡腦汁突破《威斯特伐利亞條約》的束縛。正是在俾斯麥靈活的外交手腕下，普魯士奇蹟般地得到了各國的中立態度，現在只缺一個機會，讓俾斯麥放手一博。

　　很快，丹麥送來了機會。

　　1863年11月13日，丹麥議會通過《丹麥—什列斯威總憲法》，打算吞併什列斯威、霍爾斯坦和勞恩堡。德意志輿論一片譁然，因為這三個公國中的什列斯威和霍爾斯坦是聯邦成員，而且民眾都講德語。

　　當俾斯麥發現激化了的什列斯威—霍爾斯坦問題，是與德意志民族運動緊密聯繫在一起時，他興趣大增：「這兩個美麗的省份確定對我們的雄心有巨大的誘惑力。」

　　善於抓住機遇的俾斯麥，非常明白，在當時的歷史條件下，只有高舉著「民族主義」的大旗，才能名正言順地跨出普魯士統一德意志的第一步。數百年來，處於歐洲列強壓迫下德意志各邦人民對「維護民族主權」非常敏感。

　　在這種情況下，俾斯麥決定「奪回」這兩個地方，讓普魯士成為

BC　　日耳曼部落

漢

— 0

三國
晉
—————民族大遷徙

南北朝
— 500 ——德意志立國
隋朝
唐朝

—————查理曼帝國
東、西法蘭克帝國
五代十國
—————薩克森王朝
宋朝
奧托一世稱帝
— 1000

元朝
—
明朝

— 1500
德國宗教改革
—
三十年戰爭
清朝
—

神聖羅馬帝國滅亡
德意志邦聯
普法戰爭
中華民國
分裂成東、西德
兩德再次統一
— 2000

全德人民心目中的希望。他要讓世人明白，普魯士是作為一個大國而不是聯邦的法杖奪取這兩個地方的，普魯士必須領導別人，而不是被人領導。

在這種深謀遠慮的指導下，俾斯麥向奧地利大使建議締結聯盟。奧地利基於自己的考慮做出承諾：如果丹麥不撤銷《總憲法》，奧軍將聯合普軍對付丹麥。

1864年1月16日，普奧雙方聯合向丹麥提出最後通牒，但丹麥國以為歐洲列強會援助它，拒絕了最後通牒。然而援助並沒有到來，因為俾斯麥已經利用各種方式讓俄、法、英等歐洲各國袖手旁觀。

2月1日，普奧聯軍越過艾德河進入什列斯威。才能平庸的總司令馮·弗良格爾沒有聽從總參謀長馮·毛奇的建議，導致戰爭初期進展並不順利。後來普軍加大攻勢，透過損失慘重的攻擊取得決定性的勝利。這一戰，讓經過軍事改革的普魯士軍隊牛刀小試。

4月底，英國聯合其他歐洲列強，在倫敦舉行調停會議。普奧雙方只得參加，會議提出了解決方案，但由於俾斯麥的反對，調停會議無果而終。戰爭重新爆發，並一直持續到7月12日。

倔強的丹麥政府，錯過了一些締結和約的有利時機，最後被迫在最不利條件下簽定和約。1865年8月4日，普奧簽定《加斯泰因專約》。維也納的政治家曾稱《加斯泰因專約》是「沒有謎底的謎語」，因為與普魯士接壤的霍爾斯坦由奧地利管理，而在霍爾斯坦北面的什列斯威卻由普魯士管理。霍爾斯坦成為一塊「飛地」，中間隔了個普魯士。

其實，「謎底」在俾斯麥那是早有了，他的用意很清楚，在為普奧衝突埋下伏筆。試想，奧地利要管理霍爾斯坦，隔著普魯士會有多大的困難？而普魯士要到什列斯威必然要經過霍爾斯坦，製造事端是如何容易？用俾斯麥的話來說：「這是一張遮蓋裂縫的糊牆紙。」他曾寫道：

「我們在這裏遇到的問題，是只要歐洲的政治形勢許可便隨時用來作為發動戰爭藉口的問題。」現在，俾斯麥只是在等待時機。

普魯士對丹麥宣戰，不僅消除了歐洲大國的戒心，還緩和了奧地利對它的不信任感。

### 相關鏈結：《威斯特伐利亞條約》

三十年戰爭結束後，統治西班牙、神聖羅馬帝國和奧地利的哈布斯堡家族作為戰敗者與法國、瑞典以及德意志諸侯邦國簽定了一系列合約。根據合約，哈布斯堡家族失去了大量的土地，削弱了神聖羅馬帝國對各邦國的控制，加深了德意志的分裂狀態。這些合約，也確定了在國際關係中應該遵守的國家主權、國家領土與國家獨立等原則，促進了近代國際法的發展，被譽為「影響世界的100件大事」之一。

# 普奧之戰

　　對於俾斯麥而言，打丹麥不過是統一德意志的「開胃菜」，攻打奧地利才是真正的「大餐」。霸占德意志同盟盟主地位好多年的奧地利，一直固執地阻礙著德意志的統一，因此它才是最大的絆腳石。

　　但奧地利不是丹麥，發動丹麥戰爭只需要擔心歐洲列強的態度，而它們都已被俾斯麥打點妥當。在德意志內部，人民對當時的做法都「同仇敵愾」。但調轉槍口對準奧地利，卻缺少道義上的支持。

　　俾斯麥的戰爭政策遭到將士自上而下的反對。民主派領袖聲稱：「在馮・俾斯麥先生擴大的將士統一國家與民主的聯邦國家之間毫無共同之處……統一如果不是自由的產物，就既不可靠，也無價值。」後人評論說：「自由派出於信念，工人為了團結一致，教士出於道德觀念，皇后出於害怕，王儲出於熱愛和平，而國王則因為他已經70多歲了，他們都反對這場戰爭。」

　　面對這些反對的聲音，俾斯麥的政策是說服。他用自己的忠心和決心說服了威廉國王和王室成員。他堅定地說：「人們常說，命運無常。我拿腦袋作賭注，即使把我送上斷頭臺也在所不惜。普魯士和奧地利都不能保持原狀，兩者都必須走武力這條路，別無他途！」

　　重重阻力都無法阻止俾斯麥統一德意志決心，他不遺餘力地散播這樣一種觀點：「德意志命運的難解之結，不能用執行雙雄並立這種溫和的方式解開，而只能用劍來斬開。」由於總是想著與奧地利作戰，他竟然夢見了波希米亞戰場。

獲得國內的支持後，俾斯麥開始著於為普奧戰爭掃清國際障礙，俾斯麥通過靈活的外交政策，與英國簽定關聯同盟，降低關稅；利用俄國的困境，爭取到它的中立；他三次拜見拿破崙，拉攏法國。在創造了有利的國際環境後，俾斯麥開始捕捉戰機。

但機遇不可能總是親睞俾斯麥，沒有可利用的機會，那就自己創造機會吧！首先他用經濟手段迫使南德中斷了與奧地利的關係，連曾經堅決反對普魯士的巴伐利亞也不得不屈服。

然後，俾斯麥製造事端，他主動透露波西米亞軍隊的調動情況，並鼓勵新聞界誇張報導奧地利的軍備；又向維也納提出抗議，指責奧地利慫恿奧古斯滕堡大公對什列斯威提出的無禮要求；然後召開御前會議，作戰爭動員，與會者一致認為「對普魯士來說，當前德意志和歐洲的形勢還從來沒有這麼有利過。」6月17日普軍進入奧地利捷克地區，普奧戰爭爆發。

戰爭持續了7週，因此也被稱為「七週戰爭」。德意志各邦分為兩個陣營，一方以奧地利為首包括巴伐利亞等13個成員；另一方以普魯士為首，包括北德小國等18個成員。俾斯麥利用奧地利與義大利的衝突，使義大利答應幫助普魯士。普魯士在很短的時間內就控制了整個北德。奧軍司令見難以取勝，致電維也納建議議和，但奧皇寄希望於透過一次決定戰役打敗普軍。

普、奧兩國爭雄近百年，終於要來個了斷。1866年7月3日，在一個名為薩多瓦的村莊集結了大約23.8萬奧軍和29.1萬普軍。這種密集程度在世界戰爭史上都是罕見的。在總參謀長毛奇的指揮下，普軍兵分三路，推進戰爭。普王親自督戰，俾斯麥隨普王在離奧軍不到12公里的小山頭忐忑不安地注視著戰場。他很明白，這一仗就是一場賭博。他像當年腓特烈大帝一樣帶著毒藥上戰場，一旦普軍失敗就自殺。

BC　日耳曼部落

漢

— 0

— 三國
普
—————民族大遷徙

南北朝

— 500—德意志立國

隋朝
唐朝

————查理曼帝國
東、西法蘭克帝國
五代十國
————薩克森王朝
宋朝　奧托一世稱帝
— 1000

元朝

明朝

— 1500
德國宗教改革

———三十年戰爭
清朝

——神聖羅馬帝國滅亡
德意志邦聯
———普法戰爭
中華民國
——分裂成東、西德
———兩德再次統一
— 2000

BC

耶穌基督出生 0—

君士坦丁統一羅馬

羅馬帝國分成兩部

波斯帝國 500—

回教建立

凡爾登條約

神聖羅馬帝國建立
1000—

十字軍東征

蒙古第一次西征

英法百年戰爭開始

哥倫布發現新大陸
1500—

英國大破無敵艦隊

發明蒸汽機

美國獨立

美國南北戰爭開始
第一次世界大戰
第二次世界大戰

2000—

很快戰役結束了。毛奇向普王報告：「陛下，你不僅贏得了這場戰役，而且也記得整個戰爭……維也納將俯伏在你的面前。」一位副官對俾斯麥說：「大人，您現在是一位偉人了，但如果失敗了，您將成為最大的混蛋！」

在此次戰役中，奧軍死亡2.4萬人，被俘1.3萬。奧地利請求法國出面調解，普魯士難以拒絕，於7月20日與奧地利締結停戰協定。這一次，俾斯麥再次表現出了一個傑出政治家的眼光。他知道，普魯士進一步的勝利，很可能會遭到歐洲列強的干涉。

面對國內一片「將戰爭進行到底」的聲音，俾斯麥極為理智地阻止了普魯士進軍維也納，而且還簽定了一項對奧地利非常寬容的和約。他認為：「不羞辱奧地利是絕對必要的，不要做出破壞使未來與之友好相處的事。」

因此，普魯士對奧地利非常地客氣，奧地利被踢出了德國。這一戰的勝利奠定了俾斯麥在德意志的地位以及歷史上的地位。

### 相關鏈結：《布拉格和約》

普奧戰爭以普魯士的絕對勝利而結束，1866年8月23日，雙方簽定《布拉格和約》，根據和約，德意志聯邦宣告解散，奧地利被排除在德意志事務之外，並賠償300萬，將什列斯威和霍爾斯坦併入普魯士。普魯士保證在條約生效後的三個月內撤兵奧地利。

# 普法之戰

普奧戰爭結束後，法皇拿破崙三世迫不及待向普魯士索要在戰爭因保持中立而應得的報酬。為此，拿破崙三世曾四次向普魯士遞交「帳單」。但俾斯麥根本沒有打算兌現承諾，畢竟這些承諾都是他空口許的，又沒有任何書面協議。

要不到帳的拿破崙惱羞成怒，但又不好發作。現在他需要一個理由，把自己的火發出來。因此，當他發現普魯士想吞併南德四邦後，自然不肯放過這個收拾普魯士的機會，更何況南德四邦一向是法國的勢力範圍。拿破崙宣稱：「德意志應該分為三塊，永不得統一。」只要俾斯麥「尊重現狀，我才能保證和平；如果他把南德諸邦拉近北德聯盟，我們的大炮就會自動發射。」

看來，德意志想要統一就必須克服法國這座大山的阻礙。對此，俾斯麥看得很清楚，他在1867年指出：「與法國的戰爭肯定會到來，法國皇帝顯然要把戰爭強加在我們頭上。」只是，需要選擇正確的時機。在這個時機到來之前俾斯麥要做的就是孤立法國，逼迫法國主動開戰。

首先，俾斯麥要為法國清除潛在的盟友。英國不會干涉普魯士，因為法國的野心讓它感到害怕；透過支持俄國的對外政策，俾斯麥贏得了俄國的中立；義大利想要統一，自然不願意看見法國強大。而在普奧戰爭結束後，普魯士對奧地利的寬容，給兩國合作留下了餘地。

於是，在俾斯麥的因勢誘導後，法國成了孤家寡人。至於南德四邦，俾斯麥利用經濟手段讓它們與北德密不可分，還簽定了秘密的攻守

BC　日耳曼部落

漢

— 0

三國
普 ——— 民族大遷徙

南北朝

— 500　德意志立國

隋朝
唐朝

———— 查理曼帝國
東、西法蘭克帝國
五代十國
———— 薩克森王朝
宋朝　奧托一世稱帝
— 1000

元朝

明朝

— 1500
德國宗教改革

———— 三十年戰爭
清朝

———— 神聖羅馬帝國滅亡
德意志邦聯
———— 普法戰爭
中華民國
分裂成東、西德
兩德再次統一
— 2000

BC

耶穌基督出生　0—

君士坦丁統一羅馬

羅馬帝國分成兩部

波斯帝國　500—

回教建立

凡爾登條約

神聖羅馬帝國建立
　　　　1000—

十字軍東征

蒙古第一次西征

英法百年戰爭開始

哥倫布發現新大陸 1500—

英國大破無敵艦隊

發明蒸汽機

美國獨立

美國南北戰爭開始

第一次世界大戰
第二次世界大戰

　　　　2000—

同盟，商定只要發生戰爭，南德四邦有義務出兵相助。

在一切條件都成熟之後，俾斯麥懷著與法國決鬥的心情，等待出兵的時機。因為德意志人民存在疑惑，只有法國率先出兵，才能激起大家的愛國情緒。因此，他需要一個藉口，讓人覺得侵略者是法國，而不是普魯士。

此時，又一個偶然事件給俾斯麥帶來了良機。

1868年，西班牙發生政變，一時王位懸空。在俾斯麥的策劃下，西班牙政府宣布將王位獻給普魯士的萊奧波德親王。法國自然堅決不同意，因為如果親王入主西班牙，它將面臨腹背受敵的威脅。法國強烈要求普魯士書面保證放棄這一王位。

俾斯麥好不容易說服威廉國王同意接收王位，但法國的強硬態度讓懦弱的國王退卻了。事情到這裏，本來可以結束了。但法國堅決不同意，他們要羞辱普魯士。於是，在7月13日，發生了埃姆斯溫泉事件和柏林事件，被成為「德意志歷史上最富有戲劇性和最具有決定意義的轉捩點之一。」

那天早晨，法國駐普魯士大使邦納德蒂在埃姆斯溫泉公園擋住了普王威廉的去路。法使要求普王保證今後不會繼承西班牙的王位。雖然感覺受到了侮辱，威廉在拒絕這一無禮要求的同時，也對法使者作出安撫。但法使者仍然問道：「好吧，陛下，我是否可以向我的政府彙報，陛下已經宣布永不允許萊奧波德繼承西班牙的王位？」

威廉國王一聽到這些話，後退了幾步，用非常認真的口氣說：「大使先生，我似乎已經十分清楚地表示，我決不能這樣宣布，我再也無話可說了。」威廉舉了舉帽子，離開了。

事後，威廉國王給俾斯麥發了一封電報。當時的俾斯麥正因為計畫的失敗而懊惱不已，在家裏和毛奇、羅恩喝悶酒呢，連飯都不想吃。突

然，電報來了，讓情緒低落的俾斯麥振奮起來。

他問毛奇，普魯士的軍隊能否應對一場突然的戰爭冒險？能否打敗法國？毛奇回答說：「迅速爆發戰爭比推遲對我們更加有利。」針對第二個問題，他更是信心滿滿說，沒問題。

於是俾斯麥動手修改電文，雖一字未改、一字未增，但透過刪減原文，將「從長計議」變成了「沒有什麼可說的了」。和解的意思變成了對挑釁的拒絕，「原先是商談的口氣，現在則好像是對挑戰的耀武揚威的答覆。」

俾斯麥更加得意地表示：「如果我不僅立刻在報紙上……發表這一電文，而且將它電告我國所有駐外使節，那麼，午夜以前巴黎就會知道了。不只是電文，還有發表它的方式，將對高盧公牛產生一塊紅布的效果。」

不出俾斯麥所料，電文公布後，「高盧公牛」真的憤怒了。法國政府一片叫囂：「打到柏林去！」7月19日，法國對普魯士宣戰。

雖然當時的大部分民眾還不清楚戰爭發生的原因是什麼，但法國的進攻，激起了德意志民眾的愛國熱情。南德諸邦紛紛表示支持普魯士，與北德聯邦一起，組成了一支40萬人的大軍。而拿破崙除了信心，就只有24萬大軍了。

曾經吹噓法國的進軍只是到柏林的一次「軍事散步」的拿破崙，面對的是「鐵路加步槍」的德意志聯軍，嶄新的作戰方式讓普魯士取得了決定性勝利。色當之戰，10萬法軍投降，拿破崙被俘。

對法戰爭的勝利，加速了德意志統一的步伐。1870年11月，南德各邦宣布與北德合併，德意志帝國成立。兩個月後，在法國巴黎郊區的凡爾賽宮鏡廳，普魯士國王威廉一世舉行了德意志皇帝就職儀式。

從此，德意志終於結束了分裂狀態，德國民眾可以驕傲地說，我們

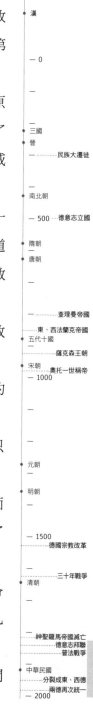

有了自己的祖國。經過千年的鬥爭，德意志從終於從一個地理名字，變成了一個名副其實的國家。而此時，英國、法國、俄國都已經發展了近400年，連美國立國也近100年了。

年輕的德國，究竟會走向哪裡呢？

### 相關鏈結：色當戰役

1870年8月底至9月1日，德意志聯軍與法國在色當地區展開了大決戰，法軍慘敗。拿破崙三世呈信給普王威廉一世：「自從命運沒有賜我死於軍中，我除了把佩劍交到陛下您的手中，別無他法。」9月2日，拿破崙三世、麥克馬洪元帥、10萬軍隊、418門大炮以及無數的輜重軍需，落入聯軍手中。德意志取得決定性勝利。

BC

耶穌基督出生　0—

君士坦丁統一羅馬

羅馬帝國分成兩部

波斯帝國　500—

回教建立

凡爾登條約

神聖羅馬帝國建立
　　　　1000—

十字軍東征

蒙古第一次西征

英法百年戰爭開始

哥倫布發現新大陸
　　　　1500—

英國大破無敵艦隊

發明蒸汽機

美國獨立

美國南北戰爭開始

第一次世界大戰
第二次世界大戰

　　　　2000—

# 【專題】獵巫運動

你一定看過《鐘樓怪人》吧？美麗的吉普賽少女艾絲美拉達因為不屈從於主教的淫威而被誣陷是女巫，並被處以絞刑。這雖然是個小說，卻真實反映了十五世紀的歐洲大地上那場規模宏大的獵巫運動。

女巫，本意是「有智慧的女性」，卻在那個時代被引申為「魔女」、「妖婦」、「魔鬼的情人」等。她們將人類的幸福出賣給魔鬼，以換取神秘的巫術。當時的歐洲，由於社會正處在急劇的變化中，黑死病等瘟疫層出不窮。動盪不安的社會、每況愈下的經濟、益加敗壞的社會秩序，讓人們迫切希望尋找替罪羊來慰藉不安全感和挫折感。

於是，女巫便成了最佳的替罪羊。歐洲大地上，上自達官貴人、下自平民百姓都相信巫術的傳說，相信她們能破壞人類的生活。1484年，羅馬教皇英納森八世頒布敕令：「（女巫們）絕不可被饒恕，她們十惡不赦、荒淫無恥。」隨後，他發動所有的神職人員參與到鎮壓女巫的行動中去。兩年後，臭名昭著的修道士海因里奇‧克拉莫和傑科布‧斯普蘭格共同出版了《巫婆之錘》一書，進一步從內容上補充了英納森八世的敕令。《巫婆之錘》的出版，拉開了中歐地區追捕女巫行動的序幕。

人們為了各種原因，將普通的女性定位女巫。可以因為私欲或因為政治原因，又或者是經濟問題，總之，只要不符合當局者的意圖，就可能被當成女巫而被殺害。

為了證明被告人就是女巫，「女巫判斷準則」應運而生。首先是尋找，人們普遍認為，女巫身上都有魔鬼的記號，這種記號因為被魔鬼觸

BC　日耳曼部落

漢

— 0

三國
晉
—　　民族大遷徙

南北朝

— 500　德意志立國

隋朝
唐朝

—　　　查理曼帝國
　　　東、西法蘭克帝國
五代十國
　　　薩克森王朝
宋朝　奧托一世稱帝
— 1000

—

元朝
—
明朝

— 1500
　　　德國宗教改革

—　　　三十年戰爭
清朝

—

—　　　神聖羅馬帝國滅亡
　　　德意志邦聯
　　　普法戰爭
中華民國
　　　分裂成東、西德
　　　兩德再次統一
— 2000

BC

耶穌基督出生　0—

君士坦丁統一羅馬

羅馬帝國分成兩部

波斯帝國　500—

回教建立

凡爾登條約

神聖羅馬帝國建立
　　　　　1000—

十字軍東征

蒙古第一次西征

英法百年戰爭開始

哥倫布發現新大陸
　　　　　1500—

英國大破無敵艦隊

發明蒸汽機

美國獨立

美國南北戰爭開始

第一次世界大戰
第二次世界大戰

　　　　　2000—

摸過，所以不會感到疼痛，也不會流血。例如一位婦女，因為在她的肩膀上發現有五個「魔鬼記號」而被認定為女巫。

由於女巫已經把她們的靈魂交給了魔鬼，因此她們的體重會比正常人輕。於是，另一個判斷女巫的方法就是將被告人綁上手腳放入水中，下沉的無罪，上浮的是女巫。然而，這種方法往往將被證明是無罪的人淹死，現在看來是如此地殘酷。還有一種方法就是觀察，看看女巫會不會流淚。因為魔鬼已經傳授給她們抑制法，讓她們在受刑時不會感覺疼痛。有名的緝巫法官博蓋曾問一位女巫嫌犯為何她不哭，那可憐的女人回答，因為她遭受太多毒打，已經流乾了眼淚。但這樣的回答顯然不會讓人接納，可憐的女人仍被當成女巫而處罰。

當一個人被確定是「女巫」後，隨之而來的往往是恐怖的刑法。如果在接受審訊時坦白認罪，會得到寬恕而被處以絞刑或斬首，這樣比較不那麼痛苦的死法。但如果在審訊時不坦白，則會接受「火刑」的命運，也就是將人活活燒死。在「獵巫運動」中被逮捕的女巫，絕大多數都被烈火所吞噬。

據統計，在這場延續了三個多世紀的獵巫運動中，大約有10～20萬巫師受到了審判，其中大約有5～10萬被處死。而女巫則占了其中的75％～80％，以至於許多西方學者把這次獵巫看作是一場主要針對女性的迫害運動。

由於逮捕的女巫人數眾多，以致司法機關不堪重負。據記載，在德國泰維舉行的一次巫師公開審判會上，被告人數達到306人，而會後獲得的從犯或嫌犯名單竟增至1500人！「犯罪人數」與日俱增，當局無奈之下，只能「根據情節輕重」釋放一部分「嫌疑人」。

不過，正義終會覺醒，這場迫害行動在十八世紀結束，理性終於戰勝迷信而深入人心。

# | 第八章 | 無法擺脫的帝國孽緣

民族主義就像一把雙刃劍，它既可以鼓勵一個民族追求強盛，也極易走向另一個極端，從而演變成種族主義。隨著德意志帝國的建立，理性之舟逐漸迷失在欲望之海，勝利正在削弱大家的思考能力。為了爭奪陽光下地盤，這艘橫衝直撞的大船會走向哪裡呢？

1. 巴登-符騰堡
2. 巴伐利亞
3. 柏林
4. 勃蘭登堡
5. 不來梅
6. 漢堡
7. 黑森
8. 梅克倫堡-前波莫瑞州
9. 下薩克森
10. 北萊茵-威斯特法倫
11. 萊茵蘭-普法爾茨
12. 薩爾
13. 薩克森
14. 薩克森-安哈爾特
15. 石勒蘇益格-荷爾斯泰因
16. 圖林根

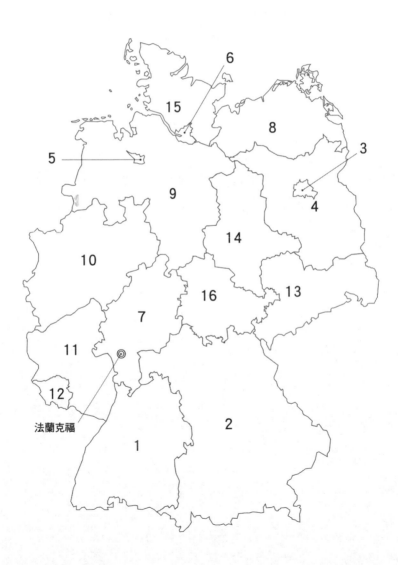

# 送走兩位皇帝，迎來一位年輕人

1890年的春天，陽光明媚。柏林火車站，皇家儀仗隊正激情洋溢地向車廂裏的一位老人致敬，他們十分賣力地把最優美的音樂獻給這位德國的領航人。不過，老人對於這一切卻並不太在意，倒是那些前來送別的人，讓他有點激動。

畢竟已經73歲了，白髮蒼蒼的老人回想起過去兩年的帝相之爭，彷彿還在昨天。一想到皇帝的虛情假意，他無不淒涼地說：「這是一流的葬禮。」金戈鐵馬的日子一去不返，俾斯麥回到自己的莊園，在那裏度過了他一生中最後的八個春秋。這位在戰場上所向披靡的鐵血宰相，居然在繼位不到兩年的年輕皇帝的施壓下，黯然隱退。

1888年，德國人送走了兩位皇帝，迎來了一位年輕人。那年3月，威廉一世去世，享年91歲。他的太子腓特烈三世繼位僅僅99天，也因病去世。29歲的威廉繼位，為威廉二世。

這位年輕的統治者希望儘快甩掉年老的宰相，同年8月，野心勃勃的新皇帝就流露出這樣的感情：「我想讓這個老頭再喘息幾個月，然後我就要自己執政了。」為此，繼位不到兩年，威廉就迫使俾斯麥寫辭呈。雖然年齡不小了，俾斯麥一點也不糊塗，辭呈寫得非常巧妙，以致皇帝別無選擇，禁止發表辭呈。

在卸任典禮上，皇帝告訴年邁的宰相，是因為擔心他的身體才接受他的辭呈的。俾斯麥說自己的身體從來沒有這麼好過，以此來回應皇帝的虛偽。

BC

耶穌基督出生　0—

—

—

君士坦丁統一羅馬

羅馬帝國分成兩部—

波斯帝國　500—

回教建立

凡爾登條約

神聖羅馬帝國建立
1000—

十字軍東征

蒙古第一次西征

英法百年戰爭開始

哥倫布發現新大陸
1500—

英國大破無敵艦隊

發明蒸汽機

美國獨立

美國南北戰爭開始

第一次世界大戰
第二次世界大戰

2000—

對此，英國的諷刺畫報《笨拙》發表了一幅漫畫：俾斯麥穿著油布夾克，正順著輪船舷梯往下走；身穿海軍將軍服的皇帝靠在船舷邊，若有所思地望著他。畫的標題是「領航員離船了」。

1859年1月，威廉二世出生了。由於出生時患上了爾勃氏麻痺症，他的左臂萎縮，對於一個命中註定要成為皇帝的人來說，這實在是一個缺憾。孩子在一個特殊的家庭裏長大，並沒有表現出明顯的自卑。然而，細心的人不難發現，他只是把自卑埋藏得很深罷了，經常用一種虛張聲勢的傲慢來掩蓋內心的猶豫。

就是這樣一個孩子，卻被訓練得學會了游泳、划船、射擊等技能，甚至還學會了網球。當然，最困難的是騎馬，先天的殘疾影響了他的平衡能力。但在老師的嚴格教導下，小威廉居然奇蹟般地成為了一名出色的騎士。

威廉早年在英國接受教育，接受過自由主義思想。他是一個天生的演說家，常常高談闊論，想到哪裡說到哪裡，誰也不知道他結束時會說些什麼，也許連他自己都不知道。他的這種誇誇其談、信口開河常常讓大臣們尷尬，讓外國輿論擔憂。

他繼承了霍亨索倫家族的奢靡之風，對奢華鋪張極為喜好。他幾乎每天都開一場化妝舞會，16年中命令衛隊換了37次制服。這些極大地滿足了他的虛榮心，而他最高興的是身邊有一群阿諛奉承的人向他唱讚歌。

他還是一個浪漫的人，熱衷旅遊。一上臺便周遊列國，1893年那年，外出旅行達199天，以致俾斯麥這樣形容：「皇上就像個氣球，不把線抓緊，就不知道過一會兒會飛到哪裡去。」柏林人都稱他為「旅行皇帝」。他的興趣經常變，就像哈姆雷特一樣，身上存在著不同的性格。今天戴著頭盔視察軍隊，明天又換上工人服裝成為一個改革國王。

雖然威廉這些毛病，在一般的年輕人身上也常常出現，但作為一個國家的皇帝，就顯得特別引人注目。他像一個隨意玩耍的人一樣，缺乏起碼的責任心。這位在軍隊中長大的皇帝，有著不安分的心，有人說他不過是一個渴望在報紙上揚名的年輕人；也有人說他的幻想力太強，一種病態的想像力正推動他去胡思亂想……

　　不管如何，這位極端有趣的人成了德國的皇帝，對他來說，沒有辦不到的事情。他所統帥的兩百萬軍隊和全國人民，只要皇帝一聲令下，他們就會默默服從。

### 相關鏈結：威廉二世與俾斯麥的衝突

　　導致帝相衝突的是，威廉二世引以自豪的善待工人問題。1889年5月，魯爾地區爆發了工人罷工運動，要求實行八小時工作制，罷工很快席捲了全國的礦區。俾斯麥堅持自己的一貫方針，要求鎮壓工人運動。而威廉二世則不願意「用工人的鮮血染紅他執政的最初歲月」，要求大臣迫使礦主滿足工人的要求以平息罷工。1890年1月的御前議會上，二人就此發生了嚴重的衝突，以致新皇帝離開時大聲說道：「他們簡直不是我的大臣，而是俾斯麥的大臣。」後來俾斯麥擅自會見中央黨領袖，被威廉二世抓住了口實，他給了俾斯麥兩個選擇：要麼取消1852年的法令，要麼離職。

# 爭奪陽光下的地盤

　　德國姍姍來遲，但它一亮相就讓世人刮目相看。它的統一使歐洲的均衡勢力被打破了。德國向法國索要的戰勝品，也遠遠多於當年拿破崙向德意志索要的。所有的德國人都在興奮之中，德國邁進大國的行列。

　　隨著德意志帝國的建立，很少有人思考帝國建立的方式，理性之舟迷失在欲望的海洋中。

　　尼采作為少數清醒者之一，這樣說：「公共輿論實際上反對談論戰爭的不良後果，尤其是一場勝利的戰爭……偉大的勝利往往隱藏著巨大的風險，它比失敗讓人類的本性更難以承受。」路德維希也認為：「在德國，勝利總是削弱人們思考的能力。」

　　統一後的德國，出現了經濟上的突飛猛進。它用三十年的時間走完了英國一百年才完成的工業革命之路。1871年至1894年被稱為是德國的「工業和經濟增長年」，而第二次工業革命的契機，讓統一的德國迅速實現了向工業社會的過渡。

　　那段時間，英國人驚訝地發現，生活中的很多東西都產自德國，連週末歌劇院上演的都是德國的歌劇。讓他們無法接受的是，很多由英國人開創的事業，卻由德國人發揚壯大，出現了「英國開花，德國結果」的狀況。到1913年，德國已經一躍成為僅次於美國的世界第二經濟大國。

　　但是在德國的政治舞臺上，威廉二世實行的是帝國主義，以顯示德國蒸蒸日上的國力。普魯士的君主制度和軍國主義被放大到整個德意

志，它篤信鐵與血，勇於軍事冒險。而鐵血宰相二十年的休養生息，為這個巨大的戰馬配上了精緻的馬鞍。

二十九歲的威廉二世完全不同於他的爺爺威廉一世。這位在懂事時德國就已經崛起的皇帝，自然不懂得創業的艱難，也無法想像德國能走到今天是多麼的不容易。他充滿了豪情壯志，認為上帝讓他當皇帝，就是為了帶領德意志稱霸世界。

只是，德國統一得太晚了，世界上的殖民地幾乎都被英國、法國等國家瓜分得差不多了。

優秀的民族需要更大的發展空間，正如《柏林最新消息》上說的：「我們歐洲的地盤對我們來說是太小了，但願那些主宰我們命運的大人物能夠使德國人在太陽下面爭得一塊必需的地盤。」

外交大臣比洛更是公開宣稱：「讓別的民族去分割大陸和海洋，而我們德國人滿足於藍色天空的時代過去了，我們也要為自己爭取陽光下的地盤。」

正是在這種思想下，威廉二世實行了一種與俾斯麥完全不同的新政策，即「世界政策」。這個政策代表了德國從大陸向海洋的稱霸願望，威廉二世得意地宣布：「德國的未來在海上」，「定叫海神手中的三叉戟掌握在我們手中」。

轉向世界政策後，德國開始大力擴展海軍。與威廉二世關係很好的馮‧蒂爾皮茲接任海軍部國務秘書。後者野心勃勃，受命要把當時在世界居於第七位的「嬰兒艦隊」提升到一流的水準。透過多次海軍擴充計畫，德國的艦隊超過法國，成為僅次於英國的世界第二。

強大了的德意志帝國具有一種讓人不安的氣質，經濟的繁榮、民族沙文主義以及德意志民族內心的野心交織在一起，讓世界都感到惶恐。德意志民族篤信鐵與血，當時一個歷史學家的觀點正好說明了當時人們

BC　　日耳曼部落

漢

— 0

三國
晉　　　民族大遷徙

南北朝

— 500　德意志立國

隋朝
唐朝

查理曼帝國
東、西法蘭克帝國
五代十國
薩克森王朝
宋朝　奧托一世稱帝
— 1000

元朝

明朝

— 1500
德國宗教改革

三十年戰爭
清朝

神聖羅馬帝國滅亡
德意志邦聯
普法戰爭
中華民國
分裂成東、西德
兩德再次統一
— 2000

BC

耶穌基督出生　0—

君士坦丁統一羅馬

羅馬帝國分成兩部

波斯帝國　500—

回教建立

凡爾登條約

神聖羅馬帝國建立
1000—

十字軍東征

蒙古第一次西征

英法百年戰爭開始

哥倫布發現新大陸
1500—

英國大破無敵艦隊

發明蒸汽機

美國獨立

美國南北戰爭開始

第一次世界大戰
第二次世界大戰

2000—

的想法：「戰爭不僅僅是一種實際上的必要，也是一種理論上的必要，一種邏輯的要求。國家這一概念就意味著戰爭的概念。」他認為，要在世界上永遠消滅戰爭是不可能的。

就連沉默寡言的毛奇元帥也認為：「永遠的和平，這是幻想。戰爭是人類生活不可缺少的組成部分。……沒有戰爭，世界將陷入自私自利之中。不用劍去衝擊，我們的政治任務是不可能完成的。」當時的德國工人們最喜歡的歌，不是《國際歌》，而是一曲曲戰歌。

威廉透過支持南非的布林人反抗英國，搶走了英國太平洋上的兩個島嶼；他支持奧匈帝國在巴爾幹擴張勢力，得罪了俄國；他和法國一起搶摩洛哥，讓法德矛盾進一步激化。

1908年，威廉二世在接受《每日電訊報》採訪時，信口開河。他談到德國和英國的一些矛盾時，先說兩國確實關係不太好，接著又說是俄國和法國慫恿德國對抗英國的。這一番話，威廉二世直接得罪了三個歐洲強國。

在德國挑事般的找麻煩中，英國、俄國、法國陸續成為它的敵人。威廉二世通過不懈的努力，終於讓三國聯合起來了，成立了「協約國」；而德國、奧地利和義大利則成立了「同盟國」，在歐洲形成了兩大軍事集團對峙的局面。

當戰爭變成生活的一部分時，世界還能安靜嗎？歐洲籠罩在戰爭陰雲之中。

### 相關鏈結：二月宣言

外交上，威廉二世極力擴張，在內政上，皇帝的政策總是在保守與進步之間搖晃。

1890年2月，威廉二世公布了社會改革方案，史稱「二月宣言」。

在俾斯麥的社會保險基礎上，威廉二世把國家干預進一步伸進了勞工領域。同時，他又公布了一些限制童工勞動時間、規定礦區勞資關係的進步法令。但政府的這些政策並沒有解決工人們的真實困難，罷工此起彼伏。

# 搶佔膠州灣

耶穌基督出生　0—

君士坦丁統一羅馬

羅馬帝國分成兩部

波斯帝國　500—

回教建立

凡爾登條約

神聖羅馬帝國建立
　　　1000—

十字軍東征

蒙古第一次西征

英法百年戰爭開始

哥倫布發現新大陸
　　　1500—

英國大破無敵艦隊

發明蒸汽機

美國獨立

美國南北戰爭開始

第一次世界大戰
第二次世界大戰

　　　2000—

　　1897年11月1日，是天主教的諸聖瞻禮日。在山東鄆城縣傳教的教士韓理來到巨野磨盤的張莊教堂，幫助教士薛田資準備節日慶祝之事。那天，正好汶上縣聖言會的教士能方濟路過此地。這三個人很久沒有見面了，於是在教堂一直閒聊到深夜。因為床位不夠，薛田資就把自己的臥室讓給年長的能方濟，將韓理安排到能方濟的隔壁，自己則到教堂守門人小屋裏休息。

　　當晚11點鐘，在夜色的掩飾下，一夥人手持大刀、長矛潛入教堂，砸開教堂西邊的窗戶，將韓理和能方濟殺死。躲在門房裏的薛田資僥倖逃過一劫。

　　得知這個消息，威廉二世心裏說不出的高興，他正為找不到藉口佔領膠州灣而費神。他立刻指示德國外交部，如果中國政府不對巨野教案付出巨額賠款，並立即嚴辦凶手，就派艦隊佔領膠州灣並採取嚴重報復手段。

　　其實，為了佔領膠州灣，德國早在1870年就開始行動了。

　　從1870年到1896年間，德國曾多次派經濟、地質學家斐迪南·馮·李希霍芬八次來中國進行考察。

　　他建議德國佔領膠州灣，因為他認為，膠州交通方便，有廣闊的發展餘地；地理位置險峻，港灣形勢優越，適合建造良好的海軍基地；膠州灣地區資源豐富，並有極好的消化力量；山東有位置優越、品質良好的煤田；膠州灣地區的居民在體質和智力方面是中國最優秀的。這裏

有著大量可供利用的勞動力資源；膠州灣的氣候良好，很適宜歐洲人居住。

這些優點，極大地鼓舞了德國無理奪占膠州灣的野心，他們對膠州灣的貪婪幾乎不加掩飾。

1896年4月，德國又派遣海軍部建築顧問、海河工程專家喬治·佛郎裘斯對膠州灣地區進行精細的調查。佛郎裘斯對膠州灣的地形、地質、氣候、港口、水文、潮汐、當地的建築材料、動植物分布等進行了極為詳盡的研究。同時，他還分析了膠州灣地區的村落、民俗、交通、商業、漁業、飲水等諸多方面。

8月，威廉二世秘密訪問俄國，與俄皇商談膠州灣問題，兩國君主對於使用膠州灣達成了私下諒解，為佔領膠州灣掃清了俄國的障礙。

在這之前，德國曾多次向清政府表示要在中國租借一個「煤站」，被清政府拒絕。

直到1896年12月16日，德國公使海靖又向總理衙門提出要求，打算用租賃五十年的方式，割讓膠州作為「煤站」，但總理衙門還是拒絕了。這時，德國侵略膠州灣的各項準備工作都開始緊鑼密鼓地展開，剩下的只是等待時機，尋找理由出兵。

巨野教案為德國帶來了攻打膠州灣的機會。德國立即抓住這個機會，下令艦隊開往膠州。清政府命令山東巡撫李秉衡迅速捕捉凶手，以免事態變得更加嚴重。為此，清政府胡亂抓了九名無辜群眾，以便安慰德國。然而這無濟於事。

10日，德國海軍上將棣立斯率領「德皇號」、「威廉親王號」、「鸕鷀號」三艘巡洋艦從吳淞口前往膠州灣。

13日，德國艦隊抵達膠州灣。棣立斯為了儘量避免戰鬥行動，以達到兵不血刃就佔領膠州灣的目的，他先派幾名軍官登陸，拜訪登州總兵

章高元，謊稱要在膠州灣進行軍事演習。不明就裏的章高元同意了。

　　第二天，德國組成五百人的陸戰隊，乘快艇登上了青島棧橋。章高元的一千多名守軍共毫無戒備地看著德軍從總兵衙門前穿過。直到德軍順利地佔領了清軍軍械庫、彈藥庫等重要軍事地點，向清軍發出限三小時全部撤退的最後通牒時，章高元才如夢初醒。然而，他已經無力挽回局勢了。

　　在德軍逼迫下，章高元率領部隊移往青島山後的四方村一帶。

　　「威廉二世號」鳴炮二十響以示慶賀。棣立斯召集陸戰隊員訓話，宣布佔領膠州灣及附近一切海島與屬地。

　　當然，德國不會忘記徵求俄國的意見。沙皇表示，對於德軍進入膠州灣，他既不能贊成，也不能不贊成。「因為我近來才知道該海灣僅在這一八九五至一八九六年暫時屬於我們。」

　　清政府原本指望藉助外國力量迫使德軍退出膠州灣，但一切努力都徒勞無益，德國不僅在中國有著強硬的態度，對歐洲列國同樣顯示了他的強硬立場。

　　1898年3月6日，李鴻章、翁同龢、海靖簽定了《中德膠澳租借條約》。按照條約，膠州灣及南北兩岸租與德國，租期九十九年。租期之內，中國不得治理。如果德國在租期未滿之前，自願將膠州灣歸還中國，則由中國償還德國在此所用款項，並另將較此相宜之處，讓與德國。

　　從此膠州灣地區，再無清軍的一兵一卒。德國用陰謀強佔膠州灣的目的得以實現，並站穩了腳跟，隨後引發了歐洲列強瓜分中國的骨牌效應。

耶穌基督出生　0—

君士坦丁統一羅馬

羅馬帝國分成兩部

波斯帝國　500—

回教建立

凡爾登條約

神聖羅馬帝國建立
1000—

十字軍東征

蒙古第一次西征

英法百年戰爭開始

哥倫布發現新大陸
1500—

英國大破無敵艦隊

發明蒸汽機

美國獨立

美國南北戰爭開始

第一次世界大戰
第二次世界大戰

2000—

## 相關鏈結：劃界管理中的爭奪

《膠澳租借條約》後，清政府派登萊青兵備道道尹李希傑、候補道尹彭虞孫等人開始與德國人商量劃界。劃界時，面對德國人的淫威，這些官員軟弱而無能，將「海平面潮平周邊一百里」的界限，擴大到包括平度、即墨、高密、膠州、諸城五縣在內的七、八百里。因此，遭到了民眾和有識官員的強烈反對。

最後清政府迫於國內輿論和壓力，透過外交手段，讓德國按約劃界，這才保全了平度等五縣不被德國侵佔。

BC　日耳曼部落

漢

— 0

三國
晉
　　民族大遷徙

南北朝

— 500　德意志立國

隋朝
唐朝

查理曼帝國
東、西法蘭克帝國
五代十國
薩克森王朝
宋朝　奧托一世稱帝
— 1000

元朝

明朝

— 1500
德國宗教改革

三十年戰爭
清朝

神聖羅馬帝國滅亡
德意志邦聯
普法戰爭
中華民國
分裂成東、西德
兩德再次統一
— 2000

# 【專題】瘋子尼采宣言「上帝死了」

耶穌基督出生　0—

君士坦丁統一羅馬

羅馬帝國分成兩部

波斯帝國　　500—

回教建立

凡爾登條約

神聖羅馬帝國建立
　　　　　　1000—

十字軍東征

蒙古第一次西征

英法百年戰爭開始

哥倫布發現新大陸
　　　　　　1500—

英國大破無敵艦隊

發明蒸汽機

美國獨立

美國南北戰爭開始

第一次世界大戰
第二次世界大戰

　　　　　　2000—

「兄弟們啊！難道我很殘忍嗎？但我說：凡是墮落的，都應該推倒！

今日的——一切墮落了，頹敗了，有誰願意保護它！但是我——我還要推倒它。

……有誰必須在善與惡中成為創造者，誠然，他必先成為毀滅者，破壞價值。

由是，至惡亦屬於至善，但這是創造的善。

讓一切東西破碎吧，還有許多屋子蓋起來。

……你們只是橋梁，但願更高超的人從你們身上渡過去！你們代表了階梯：因此不該抱怨那些超過你們而達到高處的人。

我在這山上不是等待你們最後一次下山去。你們的來臨只是一種預告，預示著現在已經有更高尚的人在途中向我走過來。」

這是尼采《查拉圖斯特拉如是說》裏的話，可以看出，他對現存的一切都存批判精神。尼采堅持反對那個時代的流行價值，堅持創造新的價值。生前雖然沒有得到世人的理解，死後卻大放異彩。

1844年10月15日，普魯士薩克森州勒肯鎮附近洛肯村的一個鄉村牧師家庭裏，尼采出生了。他的生日恰好是當時的普魯士國王腓特烈‧威廉四世生辰。所以尼采曾說：「無論如何，我選在這一天出生，有一個很大的好處，在整個童年時期，我的生日就是舉國歡慶的日子。」他的父親是一位虔誠的基督徒。尼采小時候是個沉默的孩子，兩歲半才學會

說第一句話。

1849年7月，尼采的父親死於腦軟化症。沒想到，幾個月後他年僅2歲的弟弟也夭折了。親人接連的死亡，讓這個才五歲的孩子過早地認識了人生的陰暗面，也形成了他憂鬱內向、敏感多疑的性格。第二年，尼采的母親就帶著他和妹妹遷到瑙姆堡，從此他便生長在一個全是女性的家庭裏。

儘管父親去世得很早，尼采卻希望能成為像父親一樣的好牧師，因此他時常為朋友們朗讀聖經，大家都叫他「小牧師」。

父親的死亡還是給他留下了難以磨滅的影響，死亡的無常讓他變得孤僻。在尼采的成長中，虔誠的清教徒母親對他的影響非常大，他後來終生保持清教徒的本色。

尼采曾這樣形容自己的童年：「在我早年的生涯裏，我已經見過許多悲痛和苦難，所以全然不像孩子那樣天真爛漫、無憂無慮……從童年起，我就尋求孤獨，喜歡躲在無人打擾的地方。這往往是在大自然的自由殿堂裏，我在那裏找到了真實的快樂。」「那一切本屬於其他孩子童年的陽光並不能照在我身上，我已經過早地學會成熟地思考。」

10歲時尼采就讀於瑙姆堡文科中學，對文學與音樂極感興趣。但他很少玩耍，也不願意接近陌生人，音樂和詩歌成為他感情生活的寄託。1864年，尼采進入波恩大學攻讀古典語言學和神學。他在氣質上更像一位貴族，因此對平民政治不感興趣。他喜歡希臘詩人，崇尚希臘神話中的英雄人物，並巧妙地和德國精神結合起來。

後來，年僅25歲的尼采被聘為瑞士巴塞爾大學古典語言學教授。一年後，傳來了德法開戰的消息，尼采主動要求上前線。在途經法蘭克福時，他看到一隊軍容整齊的騎兵雄赳赳氣昂昂地穿城而過。突然間尼采的靈感如潮水般湧出：「我第一次感到，至強至高的『生命意志』決不

BC　日耳曼部落

漢

— 0

— 三國
晉
————民族大遷徙

南北朝

— 500　德意志立國

隋朝
唐朝

————查理曼帝國
…………東、西法蘭克帝國
五代十國
————薩克森王朝
宋朝　奧托一世稱帝
— 1000

元朝

明朝

— 1500
德國宗教改革

————三十年戰爭
清朝

————神聖羅馬帝國滅亡
…………德意志邦聯
…………普法戰爭
中華民國
………分裂成東、西德
………兩德再次統一
— 2000

表現在悲慘的生存鬥爭中，而是表現於一種『戰鬥意志』，一種『強力意志』，一種『超強力意志』！」

從1872年開始，尼采著作非常豐富。《悲劇的誕生》、《不合時宜的考察》、《人性的，太人性的》、《查拉圖斯特拉如是說》、《權力意志》等等。

1889年，長期不被人理解的尼采由於無法忍受長時間的孤獨，在都靈大街上抱住一匹正在受馬夫虐待的馬的脖子，失去了理智。1900年8月25日，這位生不逢時的思想大師在威瑪與世長辭，享年55歲。

對尼采來說，哲學思考就是生活。他說，上帝死了，諸神都不存在了。他借狂人之口說，自己是殺死上帝的凶手。沒有了上帝的世界，需要「超人」來引導人們的生活。這「超人」就是眾人中的傑出人才。他鼓吹人生目的就是實現權力意志，成為駕馭他人的超人。

他的這些觀點，符合當時德意志民族和資本主義發展的需要，具有積極、進取的一面。但他的「超人」思想，則明顯帶著個人英雄主義的色彩。後人根據需要，將他的思想的某些部分加以誇張，為後來的納粹所利用。

十字軍東征

蒙古第一次西征

英法百年戰爭開始

哥倫布發現新大陸
　　　　　1500—

英國大破無敵艦隊

發明蒸汽機

美國獨立

美國南北戰爭開始
第一次世界大戰
第二次世界大戰

　　　　　2000—

# |第九章| 走向世界的大戰

　　迎來統一的德意志，卻仍在帝國的迷夢中沉睡不起。當戰爭不再作為政治的手段，而成為生活的目的和意義時，這個國家必將在戰爭中毀滅。在戰爭中，沒有任何一方會是真正的贏家，唯一獲得勝利的，只有戰爭本身。

1. 巴登-符騰堡
2. 巴伐利亞
3. 柏林
4. 勃蘭登堡
5. 不來梅
6. 漢堡
7. 黑森
8. 梅克倫堡-前波莫瑞州

9. 下薩克森
10. 北萊茵-威斯特法倫
11. 萊茵蘭-普法爾茨
12. 薩爾
13. 薩克森
14. 薩克森-安哈爾特
15. 石勒蘇益格-荷爾斯泰因
16. 圖林根

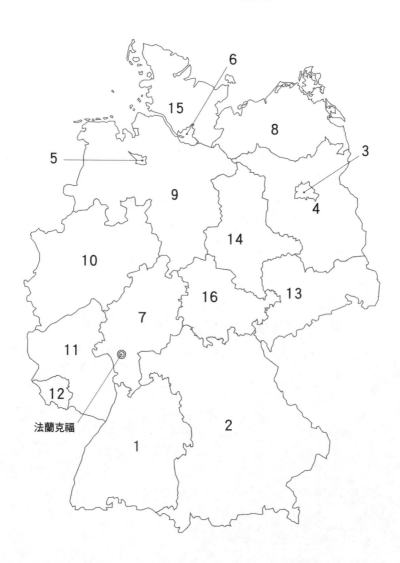

# 西線無戰事

德國作家雷馬克在1929年寫了一部小說。故事的主角是一位充滿迷茫的德國青年。他在不情願的情況下被送到戰場，經歷了戰火的折磨。在殺人與被殺之間徘徊不定，矛盾的心理始終伴隨著他在戰場的每一天。

1918年的一天，他在西線被打死了，而那一天官方的報導是「西線無戰事」。

西線真的無戰事嗎？

塞拉耶佛青年的一聲槍響，結束了斐迪南夫婦的生命，也引發了一場世界大戰。本來就摩拳擦掌的威廉二世聽了這個消息，激動地說：「這真是一個千載難逢的好機會！」他推波助瀾，極力鼓動奧匈帝國發動戰爭。這場本來是兩個國家間的衝突，在一個月內演變成了一場全歐洲的戰爭。

沒有一個國家的民眾會像德國人一樣狂熱地追求戰爭。當宣布戰爭開始後，德國人像過節一樣慶祝，君主制軍國主義意識已經深深根植在群眾的思想中。威廉二世當眾宣布：「當國家投入戰爭時，一切政黨都應該停止爭吵，我們大家都是兄弟。」

甚至連馬克思·韋伯都說：「這場戰爭儘管極其可怕，但還是偉大的，了不起的。它值得去體驗。」整個德意志都行動起來了，知識界和文化界對英國不斷謾罵；社會民主黨則向沙俄開火；報攤的明信片上印滿了戰爭口號，「一槍幹掉一個俄國佬！」

BC　日耳曼部落

漢

— 0

—

三國
晉
—⋯⋯民族大遷徙

南北朝

— 500　德意志立國

隋朝
唐朝

—

—⋯⋯查理曼帝國
東、西法蘭克帝國
五代十國
—
—⋯⋯薩克森王朝
宋朝　奧托一世稱帝
— 1000

—

—

元朝
—
明朝

—

— 1500
德國宗教改革

—⋯⋯三十年戰爭
清朝

—

—⋯⋯神聖羅馬帝國滅亡
德意志邦聯
普法戰爭
中華民國
分裂成東、西德
兩德再次統一
— 2000

按照德軍前參謀長史里芬制定的作戰計畫，德軍打算速戰速決。戰爭分為東西兩線，在東線只放十個師牽制俄國，西線集中八十七個師攻打法國。這一計畫的核心就是保證西線的絕對兵力，擊潰德國最強大、最危險的的敵人法國。

然而由於種種原因，小毛奇稍微修改了史里芬的計畫，把西線的八十七個師縮減到了七十個師。這一小小的改動，在後來的戰爭中，直接導致了德國陷入持久戰。

1914年8月2日，一百多萬德軍出兵中立的盧森堡，為了奪取它的鐵路網；隨後對比利時不宣而戰。兩天後，德軍被比利時軍隊擋在了列日要塞，大炮和機關槍讓進攻的德軍屍體堆了一層又一層，連十四旅的旅長也陣亡了。正當十四旅的官兵們不知所措時，一位氣宇軒昂的將軍接替指揮十四旅。他用夜色作為掩護，在比利時軍隊中間尋找突破口，從而攻佔了列日城區。

之後，德軍繼續向西進發。德軍一路高歌猛進，接連擊潰前來阻截的英法聯軍，慢慢逼近巴黎。短短十多天後，法軍已經傷亡三十多萬人。

初期的勝利引起了德國人的歡欣鼓舞，大多數德國人都相信，戰爭會在耶誕節前結束，都覺得勝利很快就要到來了。然而，戰線拉得太長，又沒有足夠的兵力補充，小毛奇修改的作戰計畫開始逐漸暴露隱患。

終於，「馬恩河戰役」讓德軍速戰速決的計畫被完全打破。在馬恩河兩百多公里的戰線上，一百餘萬英法聯軍在老將加利埃尼的指揮下，對九十萬疲憊的德軍。雙方展開了激烈廝殺，各傷亡二十多萬人，德軍被迫後撤五十多英里。

此戰之後，德軍將在西線面臨一場持久的戰爭，這對德國來說是

非常不利的。小毛奇為此非常懊惱，他對威廉二世說：「陛下，我們輸掉了戰爭！」沒多久，他就被免職了。之後幾個月，德法雙方都在挖戰壕、修堡壘，開始了持久的對峙。

西線，真的開始「無戰事」了。

不過，在西線，還有一個事情值得大家記住。那就是德國著名外科醫生、軍醫總監比爾教授發現，因炮彈碎片飛起而受傷的人很多，甚至超過了戰爭時候。這些亂飛的彈片常常置人於死地，尤其在頭部，很小的彈片就能讓人喪命。他想到了一個聰明的辦法，就是用金屬帽把頭罩住。他為此發明了鋼盔，而他也成了「鋼盔之父」。

相比西線的膠著狀態，東線形勢一片大好。德軍指揮官興登堡本來已經退役了，因為他在軍事演習中打敗了威廉二世率領的部隊，覺得前途無望。這一次重披戰袍，面對比自己多一倍的俄國，依然胸有成竹。再加上他的參謀是在列日要塞中獲得成功的魯登道夫，還有一個「俄國通」霍夫曼上校，這些都讓他信心滿滿。

德軍首先佯裝後退，俄國果然上當，拼命追趕，從而導致了部隊被分成兩段，中間出現了一百多公里的空隙。德軍用少部分軍力牽制了前面的敵人，然後集中主要兵力攻打後面的俄國。俄軍在頑強抵抗了幾天後，被俘十多萬人，司令被殺。然後德軍再揮師前進，將前面的俄軍逼迫後退。

這一次戰役史稱「坦倫堡戰役」，德軍以少勝多，滅敵三十多萬，挽回了一點在西線丟失的面子。不過從全局來看，雖然德軍打敗了俄軍，但奧匈帝國卻被俄國打得慘敗，因此，整個東線仍是「打個平手」的局面。

BC　　日耳曼部落

漢

— 0

— 三國
晉
—————民族大遷徙

南北朝
— 500 ———德意志立國

隋朝
唐朝
—

—————查理曼帝國
———東、西法蘭克帝國
五代十國
—————薩克森王朝
宋朝
—————奧托一世稱帝
— 1000

—

元朝
—
明朝

— 1500
——————德國宗教改革
—
——————三十年戰爭
清朝
—

———神聖羅馬帝國滅亡
————德意志邦聯
————普法戰爭
中華民國
———分裂成東、西德
———兩德再次統一
— 2000

## 相關鏈結：「城堡和平」

一戰爆發前後，德國全體民眾陷入狂熱的戰爭熱情中，這種熱情掩蓋了德意志社會存在的分歧，幾乎所有帝國的反對者都擁護戰爭的到來。威廉二世滿意地說：「朕面前，不再有政黨，……只有德意志人！」這種如同中世紀作戰時的團結，被官方媒體渲染為「城堡和平」。

# 凡爾登絞肉機

　　信心滿滿的德軍滿以為戰爭會很快結束，如今剛開戰幾個月，東、西戰線都進入持久戰。這對德意志來說，也就意味著噩夢的開始。

　　對於德意志來說，它非常不適合打曠日持久的戰爭。從歷史上來看，普魯士的勝利很多都來自漂亮的迅速行動。例如，腓特烈大帝的戰爭、七週戰爭、1870年戰爭等都是普魯士速戰速決帶來的勝利。因此，德國人同樣希望1914年的戰爭也能很快結束。

　　然而，這一希望落空了。整個1915年，德國在西線、南線和土耳其都和協約國打成平手；在東線和巴爾幹戰線上，取得了稍微的優勢，但這完全不能左右戰爭的走向。為了突破膠著狀態，儘快結束戰爭，德國總參謀長法爾根漢打算在1916年發動一次對協約國的決戰。

　　他選擇的地點是巴黎西北部被稱為聖地的凡爾登。凡爾登是英法聯軍戰線的突出部，像一顆伸出的利牙，對深入法國的德軍形成了巨大的危險。德國和法國經常在這裏交戰，但德國都沒能佔領要塞。

　　如果這次德軍能一次奪取凡爾登，一定會嚴重打擊英法聯軍的士氣。而且凡爾登是通向巴黎的通道，佔領了它就意味著佔領了巴黎，法國自然不攻自破了。就算不能佔領凡爾登，也能逼迫法國不斷地向這裏調兵，從而消滅法國的主力。法爾根漢揚言，要在這裏「讓法國把血流盡」。這次戰役，註定了是一場死亡之戰。

　　法爾根漢還瞭解到，自從1914年德軍攻克凡爾登失敗，並轉移進攻方向後，法國人就認為凡爾登不再是重要的要塞，法軍總司令霞飛甚至

BC　　日耳曼部落

漢

— 0

二
三國
晉
民族大遷徙

南北朝
— 500 ⋯ 德意志立國
隋朝
唐朝

查理曼帝國
東、西法蘭克帝國
五代十國
薩克森王朝
宋朝　奧托一世稱帝
— 1000

元朝

明朝

— 1500
德國宗教改革

三十年戰爭
清朝

神聖羅馬帝國滅亡
德意志邦聯
普法戰爭
中華民國
分裂成東、西德
兩德再次統一
— 2000

BC

耶穌基督出生　0—

君士坦丁統一羅馬

羅馬帝國分成兩部

波斯帝國　500—

回教建立

凡爾登條約

神聖羅馬帝國建立
　1000—

十字軍東征

蒙古第一次西征

英法百年戰爭開始

哥倫布發現新大陸
　1500—

英國大破無敵艦隊

發明蒸汽機

美國獨立

美國南北戰爭開始

第一次世界大戰
第二次世界大戰
　2000—

命令停止在凡爾登鞏固要塞。這樣一來，凡爾登就成了一個防守薄弱的地方。

1916年1月，法爾根漢就開始悄悄調度部隊，準備進攻凡爾登。為了迷惑敵人，他派德軍誇張地向香貝尼前進，做出準備在那裏發動進攻的樣子。法軍總司令霞飛果然上當，德軍向香貝尼的行動讓他格外警惕。等到德國人在凡爾登聚集了幾十萬的軍隊後，霞飛才明白德軍的真正意圖，儘管他火速下令往凡爾登增兵，但為時已晚。

2月21日，德軍集中了五十萬大軍，在凡爾賽要塞外的八英里戰線上布置了1400多門大炮和500多個擲雷器，開始發動進攻，法國這個時候僅有兩個師趕到凡爾登。德軍火炮輪番上陣，如雷霆一般轟擊著，輪番的衝鋒一浪高過一浪，每小時打出近十萬發炮彈，直接把法軍陣地夷為平地。

在強大的武力掩飾下，僅僅三天德軍就攻破了法軍的主要防線，俘獲兩萬多人。戰鬥對於法軍來說是艱苦的，但法軍兵沒有束手就擒。老將貝當臨危受命，依靠一條二級公路，每天用6000輛卡車將大量的援兵和彈藥送到戰場。這樣的速度，超過了德國的預期。

隨著法軍援助的不斷增強，凡爾登戰役從德軍的絕對優勢，變成了勢均力敵。德軍沒有在第一天一舉拿下凡爾登，已經失去了戰機，雙方都在向凡爾登增兵，擺開了決一死戰的陣勢。德國人由皇太子親征，但仍被法軍一次次阻止在要塞前。到秋天，法軍開始反攻了。

到了12月，德軍被迫撤退。這場歷時10個月之久的戰役，雙方投入了近200萬的兵力，德軍殲滅了50多萬法軍，而他自己也損失了40多萬人。在戰場上，流盡的不僅僅是法國的血，還有德意志的血。德軍在這一戰役中耗盡了元氣。

戰爭就像一個大口，吞沒了無數士兵的生命。德國在這次戰役上，

首次使用了毒氣，讓傷亡的人數更多。也因此，凡爾登戰場被稱為「凡爾登絞肉機」、「屠場」和「地獄」。

就在凡爾登戰役的雙方打得不可開交的時候，英法聯軍為了緩解局勢，以便轉入運動戰，在同年的7月發動了索姆河戰役。當時的德軍在那裏構築了號稱「最堅強」的防線，一共有三道陣地，每個陣地前面都有多層鐵絲網。

英法聯軍採取逐次攻擊目標的作戰方式，企圖透過消耗德軍兵力達到突破的目的。為此，在步兵進攻前，先進行了七天的炮火攻擊。7月1日，英法聯軍發起進攻，當天就突破了德軍的第一道陣地。聯軍仍然採用陣地密集隊形，遭到德軍的嚴重殺傷，第一天就傷亡近六萬人。

這次戰役，英軍首次使用坦克，參加戰鬥的有18輛，被德軍擊毀10輛。這是戰爭史上第一次使用坦克。索姆河戰役，雙方陣亡共三十萬人，是一戰中最慘烈的陣地戰。英法聯軍並沒有達到預期的目的，但確實阻礙了德軍對凡爾賽的進攻，進一步削弱了德軍的實力。

凡爾登戰役是第一次世界大戰的決定性戰役和轉捩點，德軍未能實現它奪取凡爾登包抄巴黎南路的計畫，在耗盡兵力後再也找不到出路，德國的軍事進攻能力，開始走下坡路。

### 相關鏈結：歪打正著的炮彈

在凡爾登戰役中，德軍使用炮火猛烈攻擊，給法軍帶來了沉重的打擊。由於炮彈不足，法國的還擊只能針對德軍的炮兵陣地和重兵集結地。一天，一名法國士兵將一發炮彈不歪不斜正好擊中了德軍的炮彈庫。頓時，一戰中最大規模的爆炸開始了。隨後德軍的炮彈庫只留下一片焦土。凡爾登戰役法軍最終取勝，可以說也有那枚歪打正著的炮彈的功勞。

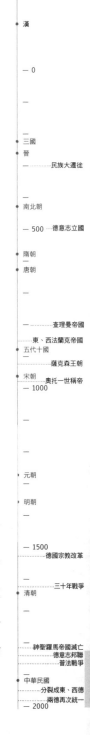

BC　　日耳曼部落

漢

— 0

三國
晉
民族大遷徙

南北朝
— 500　德意志立國
隋朝
唐朝

查理曼帝國
東、西法蘭克帝國
五代十國
薩克森王朝
宋朝　奧托一世稱帝
— 1000

元朝

明朝

— 1500
德國宗教改革

三十年戰爭
清朝

神聖羅馬帝國滅亡
德意志邦聯
普法戰爭
中華民國
分裂成東、西德
兩德再次統一
— 2000

BC

耶穌基督出生　0—

君士坦丁統一羅馬

羅馬帝國分成兩部

波斯帝國　500—

回教建立

凡爾登條約

神聖羅馬帝國建立
　1000—

十字軍東征

蒙古第一次西征

英法百年戰爭開始

哥倫布發現新大陸
　1500—

英國大破無敵艦隊

發明蒸汽機

美國獨立

美國南北戰爭開始

第一次世界大戰
第二次世界大戰

　2000—

# 大權旁落的影子皇帝

　　戰爭改變了王權機制，在德國，軍方勢力異軍突起。戰爭的延長讓最高統帥成了德國實際的獨裁者。因為凡爾登戰役的失敗，法爾根漢被迫辭職，興登堡任總參謀長，魯登道夫任第一軍需總監，皇帝完全退居幕後。

　　對此，戰後參加和談的德國代表這樣說：「威廉皇帝現在只在德國的敵人那邊出了名，在德國本土，他已經被人們完全撇在一邊，或者不如說已經作為一個無能的蠢人被掃到一邊了。在德國，沒有人再談論他；在政治上，他已經不復存在；在柏林，甚至形式上也沒有人同他商量問題了。」曾經雄心勃勃的威廉皇帝，大權旁落，成了名副其實的「影子皇帝」。

　　儘管在戰爭期間，威廉皇帝還經常出去打獵或郊遊。有時候他也會坐在地圖前，擺弄上面的小旗子，但他每天工作的時間不會超過一個小時，時間稍長一點，他就心不在焉。

　　這位誇誇其談的國王，用自己的野心挑起了德國民眾的戰爭熱情，卻在戰爭中被無情的拋棄了。如果他如他的祖父一樣悉知戰爭的殘酷，瞭解創業的艱辛，德國或許不會走上戰爭之路。然而，普魯士從腓特烈大帝流傳下來的「尚武」精神，又豈是他能改變的？除了繼承，他或許別無他法。

　　1916年，德國最高統帥部由興登堡和魯登道夫接掌。其實在大部分時間，德國真正的統治者是那位無情而頑固的軍國主義者魯登道夫。

他拒絕服從政府，卻強迫政府的領導人服從他；他不僅要擁有軍事指揮權，還追求民政等主要方面的領導權。

為了支持戰爭，德國建立了軍事管理局，在德國形成軍事專制。同時，德國還籌建了戰時經濟體制，統一控制原料徵集和分配。國家不僅干預生產，連勞動力的流動都嚴格控制。軍方把國家的整個經濟都綁架了，以用來為戰爭服務。

在魯登道夫的獨裁控制下，沒有人敢反對，也沒有幾個人意識到應該反對。只有到了戰爭結束後，德國領導人才敢揭露真相。威瑪時期的財政部長埃爾貝格爾說：「有四年時間，德國實際上沒有政治統治，只有軍事獨裁。對這一點，我們現在可以公開講了。」

所有的戰爭，受到傷害最嚴重的永遠是民眾。由於男性都上了戰場，女性就成了生產的主要力量。她們不僅承擔了以往由男性承擔的繁重工作，還要照顧孩子家庭，這些都嚴重損害了婦女們的身心健康。而在戰爭中長大的孩子，缺少家庭的溫暖，容易走上極端，接受了極大的負面影響。他們被稱為「戰爭的一代」。

原料短缺，食品匱乏，勞動力不足等問題開始暴露出來。居民必須憑藉證件才能按限額購買生活必需品，供應被壓縮到極低的水準，以維持戰爭的需要。德國民眾開始為戰爭帶來的惡果付出代價。

到了1916年的冬天，在德國連最低標準的糧食供應都達不到了。大家只好以蕪菁為食。那年的冬天，也被人們稱為「蕪菁之冬」。到了戰爭中後期，德國被餓死的人達到近80萬，其中一大半是6到15歲的兒童。人們的不滿情緒日益高漲。

面對這樣情況，政府的對策是加緊控制，並頒布《興登堡綱領》，規定只要年滿17歲與不到60歲的男子，都要應徵入伍；留在工廠工作的，不得隨便轉換工作。這更加深了民眾的抱怨，厭戰情緒開始蔓延。

BC　　日耳曼部落

漢

— 0

— 二
● 三國
● 晉
— ……民族大遷徙

● 南北朝

— 500 ……德意志立國

● 隋朝
● 唐朝
—

— ……查理曼帝國
　　東、西法蘭克帝國
● 五代十國
— ……薩克森王朝
● 宋朝　……奧托一世稱帝
— 1000

—

—

● 元朝

● 明朝
—

— 1500
　　德國宗教改革
—
— ……三十年戰爭
● 清朝
—

— ……神聖羅馬帝國滅亡
　　……德意志邦聯
　　……普法戰爭
● 中華民國
　　……分裂成東、西德
　　……兩德再次統一
— 2000

各大城市的罷工運動此起彼伏，「打倒戰爭」、「打倒政府」、「我們要麵包」等口號響徹德意志。

### 相關鏈結：《布列斯特和約》

1918年3月，趁俄國剛剛成立蘇維埃政權，德國趁火打劫，逼迫俄國與它簽定了《布列斯特和約》。根據和約，德國獲得了蘇俄一百萬平方公里的領土。在德國，絕大部分政黨是歡迎這個和約的，但也有不同的聲音。謝爾曼譴責和約違反了民族自決權；社會民主黨人在表決時棄權；獨立社會民主黨則認為這個和約是兼併性的，因此投了反對票。

# 水兵終結了一個帝國

今天的人們讀到一戰歷史，都為小毛奇更改了史里芬的作戰計畫而感到遺憾。其實，更改計畫更多是因為鐵路的運輸能力，而非完全出於軍事考量。德國的失敗在於兩線作戰，如果德國把東線的兵力分一部分給西線，那麼凡爾登戰役德國就很可能取得成功，從而逼迫法國退出戰爭。

但德國人主動打亂了一切，不僅在海軍過度擴張，而且打擊平民商船，直接導致了英國和美國的敵視。德國的海軍雖然號稱世界第二，但與世界第一的英國還是很遠。從戰爭一開始，英國就憑藉海上優勢封鎖德國的貿易，對德國的經濟打擊很大。因此，德國海軍一直在致力於打破英國的封鎖。

1916年5月，德軍採用誘敵戰術，打算消滅英國的一支分艦隊，不料卻遭遇了英國海軍主力。德軍表現很出色，依靠精湛的射擊突圍成功，但依然沒有打破英國在海上的制海權。

面對優勢的海軍，德軍只好求助於小小的潛艇以擾亂協約國的運輸線，不但攻擊地方軍艦，也攻擊商船。剛開始，面對沒有武裝的船隻，德軍還會「先禮後兵」，但英國卻利用這一點，讓士兵偽裝成商人，給德軍帶來了很大的威脅。於是，德軍後來乾脆直接擊沉船隻，造成了很多平民無辜傷亡。這其中就包含美國的商船和人民，因此美國很不滿意。

不過，這個時候的美國還在強壓自己的怒火，因為它不想參加戰

爭，只想在戰爭中做生意、發大財。直到英國竊聽了德國的一封密電：德國竟然想把墨西哥拉到同盟國一邊，還承諾將美國佔領的幾個州還給墨西哥。

剛開始，美國人打死也不相信這是真的，因為實在太異想天開了。但等他們確認了消息的真實性後，怒不可遏。後果很嚴重，美國於1917年4月參戰了。

也就在那一年，俄國因為發生二月革命和七月革命，退出了戰爭。對於這個決定，德國人很自豪自己做的明智決定。魯登道夫曾說：「從

軍事角度來看，把列寧放回俄國是一個明智之舉。……只要它（俄國）不退出戰爭，我們就不能擺脫失敗的陰影。在這一前提下，我們幫助宣

揚赤色革命的俄國激進分子，其實就是幫助德國。」

不過，美國的參加綽綽有餘地彌補了俄國退出戰爭的影響。對於

德國來說，這絕對不是一個好消息。美國參戰，直接影響了巴西、加拿

大、泰國、澳大利亞等中立國的態度，一共有23個國家在隨後加入了協約國。

剛開始，德國根本沒有把美國放在眼裏。直到1917年，德國依然在

各個戰線上保持優勢。魯登道夫打算趁俄國退出的機會，集中力量發動

進攻，一舉打敗英法聯軍。於是，1918年2月，魯登道夫發動了全線攻擊。孤注一擲的德國一度逼近巴黎，滅敵30多萬，不過德軍也為此損失

了20萬精兵。

就在法國被打得一敗塗地時，美國潘興將軍帶領裝備精良的美軍頂

了上來。德軍第一次面對如此強悍的對手，很快敗陣下來。面對德軍的

鐵絲網、機槍、碉堡和散兵坑，美軍絲毫不畏懼，冒著槍林彈雨衝將上

去，直接衝到德軍陣地，與德軍短兵相接，硬生生從德軍手裏搶過了貝萊奧森林。

德軍開始從占領的法國土地上後撤，越來越多的美國人加入戰爭，給已經是強弩之末的德軍巨大的壓力。隨著德軍的不斷潰敗，魯登道夫再也不敢誇口戰爭會勝利了。德國人趾高氣昂的勝利信心蕩然無存。國內不滿情緒隨著戰爭的一塌糊塗而集中在了一起。德國自己先崩潰了。

1917年8月，基爾軍港，德國艦隊司令部下令攻擊英國海軍，打算與對方決一死戰。八千水兵都覺得這是一場沒有意義的流血犧牲，拒絕服從命令。士兵們成立了水手委員會，在軍艦上升起了紅旗，《馬賽曲》的歌聲響徹整個港口。

司令部對此採取的是殘酷鎮壓，逮捕了近千名水兵，兩位領導者被判死刑，五十多名士兵被判刑。11月3日，水兵們舉行了一次示威遊行，要求釋放被捕者，司令部向示威者開槍，引發了武裝起義。德國政府派來的軍隊，不是被打敗，就是倒戈。

當時的德國，到處布滿了革命的乾柴。基爾水兵的起義，就如同一點火星，迅速在全國蔓延開來。短短幾天，德國各個邦國的封建領主被推翻，許多城市都成立了工人代表會。可以說，德意志帝國的結束，是由這一群水兵帶來的。

1918年11月9日，柏林起義開始，幾十萬走上街頭，舉行武裝示威，到了中午時分，基本控制了全城。馬克斯親王宣布威廉二世和皇太子從德意志帝國皇帝和普魯士國王王位上退位，緊接著把自己的職位交給亞伯特。

當消息傳到最高統帥部，威廉二世大叫「叛徒！叛徒！」倉皇逃到荷蘭，霍亨索倫王朝就這樣結束了。11日，新政府在貢比涅森林的雷通德車站，簽署了無條件停戰協定。德意志帝國在由它挑起的第一次世界大戰中覆滅了。

在這個變化多端的時代，所有德意志人的心已經無法團結在一起

了。無處不在的緊張感割裂了社會，也束縛了德意志前進的腳步。這個地處歐洲中心的民族國家不得不吞下自己釀成的苦酒。即便已經獲得了統一，德國仍然無法擺脫帝國的迷夢。

### 相關鏈結：「喜劇演員」德國間諜

一戰中，德國向協約國們派遣了數量眾多的間諜。不過這些間諜並不像電影中描述的一樣神出鬼沒，而是表現得就像一群喜劇演員。他們在美國大搞破壞，如在協約國購買的武器中裝炸彈，或者在工廠煽動罷工。但是這些行為，總是被美國員警和情報局發現。有的特工把重要的作戰計畫寫在信裏，結果被查出；有的在坐火車時，丟了裝有重要文件的皮包。這些事情，都加深了美國對德國的厭惡感，也在一定程度上促成了美國的參戰。

耶穌基督出生　0—

君士坦丁統一羅馬

羅馬帝國分成兩部

波斯帝國　500—

回教建立

凡爾登條約

神聖羅馬帝國建立
1000—

十字軍東征

蒙古第一次西征

英法百年戰爭開始

哥倫布發現新大陸
1500—

英國大破無敵艦隊

發明蒸汽機

美國獨立

美國南北戰爭開始

第一次世界大戰
第二次世界大戰

2000—

# 【專題】汽車之父

　　1888年8月的一天，早上5點多，天空剛剛亮，卡爾·賓士的妻子貝爾塔叫醒兩個孩子，齊力把汽車推了出來。他們打算開著這輛世界第一的三輪汽車去探望住在100公里以外普福爾茲海姆的母親。

　　對於這輛給賓士帶來了極大榮耀的汽車，其汽車的發明者卻沒有勇氣駕駛。因為這個不斷散發臭味的怪物總是拋錨，遭到了不少人的嘲諷。自尊心極強的賓士實在沒有信心在大庭廣眾下出洋相，但他的妻子，貝爾塔卻對自己的丈夫深信不疑。她不怕眾人白眼，帶著兩個孩子，勇敢地開始了第一次駕駛汽車的長途旅程。

　　當汽車駛過曼海姆市時，天漸漸亮了。早起的人們都聽見了怪異的響聲，紛紛伸出腦袋想探個究竟。有的人還大膽地走近它，不過很快就被難聞的汽油味薰得跑開了。

　　行使14公里後，汽車沒油了，貝爾塔只好到一家藥房購買粗汽油。就這樣一邊走一邊買油，在70公里的地方，他們被一個陡坡攔住了去路。沒辦法，只好讓小兒子駕車，貝爾塔和大兒子在車後推，終於翻過了陡坡。不久，發動機的油路堵塞了，貝爾塔就用細針修理。

　　就這樣，直到傍晚，母子三人才又累又餓地到達了目的地。孩子的祖母激動不已，不少人都跑來圍觀。更加激動的是貝爾塔，她趕緊給丈夫拍了一個電報：「汽車接受了考驗，請快速申請參加慕尼黑博覽會。」

　　接到電報的賓士雙手發抖，幾乎不相信這個事實，但妻子確實駕著

BC　　日耳曼部落

漢

— 0

— 三國
晉　　民族大遷徙

南北朝

— 500　德意志立國

隋朝
唐朝

查理曼帝國
東、西法蘭克帝國
五代十國　薩克森王朝
宋朝　奧托一世稱帝
— 1000

元朝

明朝

— 1500
德國宗教改革

三十年戰爭
清朝

神聖羅馬帝國滅亡
德意志邦聯
普法戰爭
中華民國
分裂成東、西德
兩德再次統一
— 2000

自己發明的三輪車到了100公里外。他很快辦理了參展手續,並在博覽會
上獲得大批客戶。從此,他的事業蓬勃發展,擁有了德國最大的汽車製
造廠。他也被後人稱為「汽車之父」,賓士太太則成為世界上第一位汽
車駕駛員。如今,這輛賓士1號車陳列在德國汽車發源地斯圖加特市的賓
士汽車博物館中。

　　「每個成功男人的背後,都有一名偉大的女人」,貝爾塔對丈夫的
支持不僅在此。在賓士創業初期,由於缺少場地和資金,貝爾塔變賣了
自己的嫁妝和首飾,支持賓士的研究,陪著他度過了那段艱辛的日子。

　　在世界著名的汽車公司——賓士汽車公司的簡介中,以這樣驕傲
的開頭闡述了汽車、賓士與人的關係:「人們對一輛現代轎車的各種期
盼大半可追溯至賓士。準確地說,這一切是從1886年1月29日那天開始
的。在那天,卡爾・賓士成功地為他所研製的0.9匹馬力的三輪汽車取得
了第37435號帝國專利證書。」因此1月29日被認為是世界汽車誕生日,
1886年為世界汽車誕生年。

凡爾登條約

神聖羅馬帝國建立
　　　　1000—

十字軍東征

蒙古第一次西征

英法百年戰爭開始

　　後來卡爾・賓士的公司和戈特利布・戴姆勒創辦的公司合併,成為
戴姆勒・賓士公司。當時,賓士82歲了,而戴姆勒則已經去世。這兩位
汽車發明巨匠,雖然住的地方僅僅相隔80公里,卻終生未見一面,實在
不能說不是汽車界的一大遺憾。

哥倫布發現新大陸
　　　　1500—

英國大破無敵艦隊

發明蒸汽機

美國獨立

美國南北戰爭開始

第一次世界大戰
第二次世界大戰

　　　　2000—

　　好在他們的繼承者不負眾望,兩位偉人開創的事業在他們的手中繼
承發揚光大,賓士汽車公司成為世界第一流的汽車公司。

# ｜第十章｜共和國的危機

　　從君主政體卸下來的材料，用來建設共和國，當然是困難的。不將原來的石頭全部打掉，建設是不可能的，然而這麼做需要時間。作為德國歷史上第一個議會民主制共和國，雖然只存在了短短十幾年，卻在德國歷史上具有里程碑的意義。

1. 巴登-符騰堡
2. 巴伐利亞
3. 柏林
4. 勃蘭登堡
5. 不來梅
6. 漢堡
7. 黑森
8. 梅克倫堡-前波莫瑞州
9. 下薩克森
10. 北萊茵-威斯特法倫
11. 萊茵蘭-普法爾茨
12. 薩爾
13. 薩克森
14. 薩克森-安哈爾特
15. 石勒蘇益格-荷爾斯泰因
16. 圖林根

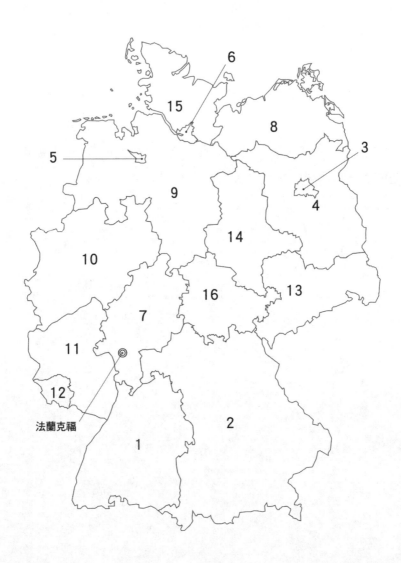

# 亞伯特接過燙手的山芋

　　馬克斯親王把宰相的職務交給了亞伯特，但這並不是一個好差事。當時的德國內憂外患，亞伯特接過的其實就是一塊燙手的山芋。不過，在當時，亞伯特更在意的是內憂。

　　當時的社會民主黨分為三派：右派社會民主黨以亞伯特為首；左派以斯巴達克、李卜克內西、盧森堡為首，一心想發動工人繼續革命，建立蘇維埃那樣的社會主義；中派又叫獨立社會民主黨，鬥爭意識不強，人數眾多。

　　亞伯特在接受這一職務後，立即以「帝國宰相」的名義發布公告，說將儘快進行普選，考慮組織一個各個政黨都同意的人民政府，目標是儘快給德國人民帶來和平，牢固地建立人民已經獲得的自由。他本來打算建立一個君主立憲制，透過召開制憲會議來確定國家的形式。

　　但是柏林街頭和整個事態的發展，已經不容許他召開普選和制憲會議了，民眾成立共和國的迫切願望讓社會民主黨率先宣布成立共和國。1918年11月9日下午兩點，社會民主黨領袖謝德曼走到國會大廈的陽臺上向廣場上參加遊行的群眾發表演說，結束時他高呼：「偉大的德意志共和國萬歲！」對此，艾爾曼大發雷霆：「你沒有權利宣布成立共和國。德國要變成什麼，必須由制憲會議決定。」

　　兩個小時後，斯巴達克同盟領導人卡爾‧李卜克內西在皇宮的陽臺上向群眾宣布德國為「自由的社會主義共和國」。雖然都是宣布德國成為共和國，但一個是議會制共和國，一個是社會主義共和國。原本都是

BC　　日耳曼部落

漢

— 0

—

三國
晉
— ………民族大遷徙

南北朝

— 500　德意志立國

隋朝
—
唐朝

—

— ………查理曼帝國
　　　東、西法蘭克帝國
五代十國
— ………薩克森王朝
宋朝　奧托一世稱帝
— 1000

—

—

元朝
—
明朝

— 1500
　　德國宗教改革

— ………三十年戰爭
清朝
—

— ………神聖羅馬帝國滅亡
　　　德意志邦聯
　　　普法戰爭
—
中華民國
— ………分裂成東、西德
　　　兩德再次統一
— 2000

工人階級政黨的戰友，現在為了不同的理念，將進行一場殘酷的較量。

　　亞伯特開始下令逮捕斯巴達克同盟的成員。他一方面拉攏獨立社會民主黨，一方面組織召開大會選舉委員會；他還和興登堡建立聯盟，在起義軍隊中重新安置舊軍官，下令解除工人的武裝。

　　1918年12月16日，在柏林的議會大廈舉行了全德工兵代表大會。出席會議的489名代表中，只有10名斯巴達克同盟的代表，其餘全是社會民主黨和獨立社會民主黨的代表。會議開幕那天，斯巴達克同盟組織25萬工人在場外舉行示威遊行。

　　會議經過激烈的討論，亞伯特等人的意見占了上風，會議承認了人民委員會為臨時政府，宣布德國為社會共和國。以後，所有的容克、資產階級政黨，在歷經革命之初的恐懼後，開始改頭換面，披上「民族的」、「民主的」和「人民的」外衣，一夜之間變成了擁護民主共和國的角色。

　　形勢對斯巴達克同盟越來越不利，他們逐漸意識到保持組織的獨立性有多麼重要。他們在12月30日成立了德國共產黨。當天，在柏林的普魯士大廈禮堂舉行建黨大會，俄國布爾什維克派出六人參加；會議以盧森堡起草的《斯巴達克同盟想要做什麼？》為基礎制定了黨綱。黨綱要求實現無產階級專制，建立社會主義共和國。

　　德國共產黨的成立，讓保留下來的舊世界感到恐懼。他們攻擊德國共產黨破壞革命、煽動內戰。亞伯特想利用這個機會，向共產黨發難。1919年1月3日，亞伯特政府強行解除了獨立社會民主黨人艾希霍恩柏林員警總監的職務，促使中派和左派聯合行動。三天後，柏林爆發了推翻亞伯特政府的罷工。

哥倫布發現新大陸
　　　　1500—

英國大破無敵艦隊

發明蒸汽機

美國獨立

美國南北戰爭開始

第一次世界大戰
第二次世界大戰

　　　　2000—

　　亞伯特決定把鎮壓罷工的任務交給諾斯克，任命他為柏林地區的司令官。這個名義上是「回覆秩序」的任務具有很不吉祥的性質，諾斯

克對此非常清楚。他說：「總得有人來當獵犬，就由我來承擔這個責任吧！」

1月8日，亞伯特政府宣稱「總清算的時刻」到來了，激烈的戰鬥發生了，「一月戰鬥」打響了。工人遭到大規模屠殺，連德國工人階級的偉大領袖李卜克內西和盧森堡也慘遭殺害。事後，雖然政府逮捕了殺害二人的凶手，但並沒有嚴懲他。

踏著工人的鮮血，社會民主黨終於登上了德國政權的最高層。1919年1月舉行的國民議會選舉中，社會民主黨成為議會第一大黨，亞伯特當選為德意志共和國第一人總統，謝德曼當選為總理。威瑪共和國正式成立。

### 相關鏈結：1918/1919年革命

作為德國的第二次革命，1918/1919年革命是一場集政治革命與經濟革命為一體的社會革命。它突如其來，不斷陷入革命目標的分歧中，受到了國內反動勢力的阻礙。社會民主黨對議會民主制的機械理解，讓這次革命喪失了推動德國社會民主轉型的機會。社會民主黨堅持議會民主制，甚至不惜與舊勢力妥協，扼殺共產黨的民主化要求。從這方面來說，1918/1919年革命並沒有為共和國的發展提供穩定的基礎。

BC　日耳曼部落

漢

— 0

三國
晉
民族大遷徙

南北朝

— 500　德意志立國

隋朝
唐朝

查理曼帝國
東、西法蘭克帝國
五代十國
薩克森王朝
宋朝　奧托一世稱帝
— 1000

元朝

明朝

— 1500
德國宗教改革

三十年戰爭
清朝

神聖羅馬帝國滅亡
德意志邦聯
普法戰爭
中華民國
分裂成東、西德
兩德再次統一
— 2000

# 生不逢時的《威瑪憲法》

「聯邦大總統，由全體德意志人民選舉之。……」

「聯邦大總統，於法律上無特別規定時，得任免聯邦文武官員，並得命其他官署行使此項任免權。」

「聯邦大總統掌握聯邦一切國防軍之最高命令權。」

「聯邦大總統，對於聯邦中某一邦，如不盡其依照聯邦憲法或聯邦法律所規定之義務時，得用兵強制之。……」

這是在《威瑪憲法》中最遭人詬病的關於總統權力的規定。雖然立法者當初的原意是為了避免國會鬥爭的混亂，希望總統能承擔起維持正義的角色。但在實際上，卻賦予總統獲得了與皇帝相同的權力。萬事大吉還是釀成惡果，完全在於總統是否能夠遵守民主原則。

1919年2月6日，在小城威瑪召開的國民議會如約舉行。這個會議的一個重要任務就是為共和國制定一部憲法。草案是在法學家胡戈·普羅伊斯教授的主持下起草的，並早在1月20日就已經公布了，這之後就開始了對憲法的反覆修改，直到國民議會才最終通過了憲法。

8月14日，憲法經過總統簽署後正式公布，因憲法誕生在威瑪，又被成為「威瑪憲法」，新國家被成為「威瑪共和國」。

威瑪憲法共181條，分為三個部分，內容分別為：德國政體、制度、政府組成及許可權；公民的基本權力和義務；經濟生活。它確立了五個原則，即共和原則、聯邦原則、民主原則、權力原則和福利原則。

憲法第一條就明確規定「德國為共和國」，宣布廢除帝制；加強

耶穌基督出生　0—

君士坦丁統一羅馬
羅馬帝國分成兩部

波斯帝國　500—

回教建立

凡爾登條約

神聖羅馬帝國建立
　　　1000—

十字軍東征

蒙古第一次西征

英法百年戰爭開始

哥倫布發現新大陸
　　　1500—

英國大破無敵艦隊

發明蒸汽機

美國獨立

美國南北戰爭開始

第一次世界大戰
第二次世界大戰

　　　2000—

了中央集權，規定聯邦立法高於地方立法；國會的選舉權大幅擴大，規定年滿二十歲的男女公民根據比例代表制的方式選舉產生；國會是最高立法機構，有權宣布戰爭還是和談；總統由公民直接選舉產生，任期七年，可以連任；所有德國人在法律面前一律平等，取消特權；保護私有財產不受侵犯，國家有權資助失業者的生活，實行社會保險政策。

威瑪憲法作為近代主要資本主義國家中產生最晚的一部民主憲法，吸取了歐美各國的精華，成為當時最有民主特色的憲法，它向人們展示了一個幾乎完美無瑕的民主制度。「從憲法的字面意思看，社會民主黨實現了一些他們在戰前都不敢想的目標。」它無疑是先進的，然而它也是短命的。

這部憲法充滿了理想和現實的矛盾，因為它所確立的體制太「美國化」，並不大適合德國的「土壤」。它既廢除了帝制，又宣稱德國為「帝國」；它既強調中央集權，又給了地方教育和稅收方面的權力；它一邊承認德國國旗為黑紅金三色旗，又允許商船使用黑白紅三色旗；它為了保證政黨的自由，卻沒有規定不能違憲；它過多地訴諸於公民的投票和選舉，很容易引起民眾的「民主疲勞」。

總之，威瑪憲法更多地關注於理論與原則的完美，卻很少和德國的實際相結合，也沒有注意到社會變遷的過程。可以說，這是一部「生不逢時」的憲法，因為當時的世界，沒有人會想到國際社會有責任保護德意志土地上的民主幼芽，也就註定了它的短命。十四年後，隨著納粹的上臺，它就被廢除了。

### 相關鏈結：巴伐利亞成立共和國

巴伐利亞的革命進程比德國全國的進程稍快一些。巴伐利亞政府對民眾封鎖戰爭消息，導致他們驟然面對的前景讓他們不再相信政府，他

BC　日耳曼部落

漢

—— 0

—— 三國
晉
——………民族大遷徙

—— 南北朝

—— 500 ……德意志立國

隋朝
唐朝
——

——………查理曼帝國
——………東、西法蘭克帝國
五代十國
——………薩克森王朝
宋朝
——………奧托一世稱帝
—— 1000

——

——

元朝
——
明朝
——

—— 1500
——………德國宗教改革

——………三十年戰爭
清朝
——

——………神聖羅馬帝國滅亡
——………德意志邦聯
——………普法戰爭
中華民國
——………分裂成東、西德
——………兩德再次統一
—— 2000

們渴望反戰的獨立社會民主黨能出來領導。1919年1月，巴伐利亞進行了邦國民議會的選舉，社會民主黨和巴伐利亞人民黨占大多數。議會授權民主社會黨的霍夫曼組織政府。共產黨拒絕參加這個政府，稱它為「虛假的代表會共和國」，並在民主社會黨和工兵代表會的鬥爭中脫穎而出，平息了局面，並組建了新的政府。列寧致電祝賀，稱「真正的巴伐利亞蘇維埃共和國」成立了。

耶穌基督出生　0—

君士坦丁統一羅馬

羅馬帝國分成兩部

波斯帝國　　500—

回教建立

凡爾登條約

神聖羅馬帝國建立
　　　　　1000—

十字軍東征

蒙古第一次西征

英法百年戰爭開始

哥倫布發現新大陸
　　　　　1500—

英國大破無敵艦隊

發明蒸汽機

美國獨立

美國南北戰爭開始

第一次世界大戰
第二次世界大戰

　　　　　2000—

# 可怕的魔咒：《凡爾賽和約》

清算的時刻到了。既然挑起了戰爭，德國就要為此付出代價。在戰爭結束後三個月，協約國們經過幕前或幕後的討價還價，終於擬出了對德國和約的初步條款。特別是法國、英國和美國，他們各自懷著心事，希望狠狠宰上德國一筆。

和會主席克雷孟梭對德國代表說：「你們向我們要求和平，我們同意把這和平交給你們。」不過他沒有說出潛臺詞，就是你們要付出慘重的代價。協約國不允許德國對和約內容有任何反對，只要求德國在十四天之內提交書面意見。

戰後動亂不堪的日子裏，德國人對於戰敗的後果考慮還比較少，甚至還抱有幻想，認為他們有權得到一個公正的和約。結果當1919年5月已經透過戰勝國同意的條約文本在柏林發表時，幾乎整個德國都震驚了。

柏林舉行了示威遊行，謝德曼總理在群眾集會上指責和約是「可怕的、謀殺性的魔錘」，並表態：誰簽這個和約，誰的手就要爛掉！集會上大家一起高唱《德意志之歌》。

5月29日，德國外長蘭曹向和會主席提出德方的回覆，同意了大部分條款，但要求成立一個「公正的委員會」來調查戰爭的責任問題。

十七天後，和會向德國遞交了和約修正稿，並附送照會強調：「今天這一條約文本，要麼完全接受，要麼完全拒絕。」如果德國沒有在五天之內做出答覆，協約國將以武力實施和約條款。

威瑪政府從上到下都反對這個和約，德國所有的黨派也是一樣。不

BC

耶穌基督出生　0—

君士坦丁統一羅馬

羅馬帝國分成兩部

波斯帝國　　500—

回教建立

凡爾登條約

神聖羅馬帝國建立
　　　　　1000—

十字軍東征

蒙古第一次西征

英法百年戰爭開始

哥倫布發現新大陸
　　　　　1500—

英國大破無敵艦隊

發明蒸汽機

美國獨立

美國南北戰爭開始

第一次世界大戰
第二次世界大戰

　　　　　2000—

僅德國國內群情激憤，就連美國總統威爾遜看到這份協議也皺著眉說：「如果我是德國人，我想我決不會簽署這份協定。」

　　只有法國人心安理得，為了普法戰爭後普魯士對法國的苛刻條約，這一次「以彼之道反施彼身」，法國人橫下了心要把那一次的恥辱洗乾淨。為此，法國專門挑選了1919年1月18日召開巴黎和會，就是為了羞辱德國。因為在四十八年的這一天，威廉一世在凡爾賽宮宣布成立德意志帝國。

　　6月20日，不願簽定和約書的謝德曼內閣辭職，社會民主黨古斯塔夫·鮑威爾成為總理，組成心的內閣。亞伯特總統也想辭職，但被勸阻。他不止一次詢問興登堡，陸軍能抵擋協約國進攻嗎？這位最高統帥表示：「重新開戰或許最初能在東線獲得短暫勝利，但最終無成功的希望。因此，我們必須在包含敵人強加條件的協約上簽字。」

　　在最後通牒前的幾個小時，國會最終以273票贊成、138票反對，5票棄權的結果「贊同」簽署和約。6月22日，新外長赫爾曼·密勒在凡爾賽鏡廳代表德國簽字。那一天，德國社會民主黨的報紙都在第一版加上了表示哀悼的黑色鑲邊，號召人民準備報復；《前進報》規勸人們接受現實，自強不息，爭取復興國家。

　　《凡爾賽和約》對德國的懲罰是嚴厲的，戰勝國自己做法官，把戰爭的所有責任全部加到德國及其盟國的頭上，把制裁、勒索德國滿足自己的利益作為首要目標。主要內容包含三個方面：首先列強們剝奪了德國全部的殖民地和海外屬地，德國本土也被割去了百分之十三的土地。

　　其次，在軍事上，規定德國陸軍不得超過10萬人，海軍不得超過1.5萬人，廢除總參謀部及類似組織，不得擁有重炮、重機槍、坦克、主力艦、艦艇和空軍；規定萊茵河右岸為非軍事區，德國不得設防；萊茵河左岸由協約國佔領15年，費用由德國負擔。

第三，德國先支付200億金馬克的現金或貨物，剩下的具體細節交給協約國特別賠款委員會決定；德國關稅不得高於他國；協約國可以自由地向德國輸入任何貨物；易北河、涅曼河、多瑙河等被宣布為國際河流。

　　整體看來，《凡爾賽和約》就是一個掠奪性的條約。德國一共喪失了7萬多平方公里的土地和730萬人口。《凡爾賽和約》不僅成了套在德國人頭上的枷鎖，也成了刺在德國人心頭的尖刀。德國人對這個辱國喪權的條約充滿了仇恨，德意志土地上的復仇情緒，給新生的國際聯盟也蒙上了陰影，也埋下了下一次戰爭的伏筆。

### 相關鏈結：魯爾事件

　　1923年，因為德國不能按時支付賠款，法國連同比利時佔領了德國的魯爾礦區。德國政府採取的政策是消極抵抗，號召魯爾礦區的礦主、工人不挖煤、不買賣、不運輸，總之就是不和法國合作。法國一看，很生氣，就強迫工人上班，甚至武力鎮壓罷工。但德國政府無視法國的佔領，並頒布法律，凡是敢和法國人做買賣的，判刑。並以此為藉口，完全停止支付賠款。這樣的對峙持續了一年多，後來在英、美等國的干涉下，法國撤出了魯爾地區。

# 啤酒館暴動：希特勒登場

耶穌基督出生 0—

君士坦丁統一羅馬

羅馬帝國分成兩部

波斯帝國 500—

回教建立

凡爾登條約

神聖羅馬帝國建立
1000—

十字軍東征

蒙古第一次西征

英法百年戰爭開始

哥倫布發現新大陸
1500—

英國大破無敵艦隊

發明蒸汽機

美國獨立

美國南北戰爭開始
第一次世界大戰
第二次世界大戰
2000—

　　1923年11月8日，在慕尼黑的一家啤酒館裏，慕尼黑政界和社會上的名流正在參加宴會。大家談笑風生，誰也沒有注意到一角不起眼的柱子旁邊，站著的三個年輕人。他們神情嚴肅地注視著大廳裏的人，密切關注著事態的發展。

　　巴伐利亞邦長官卡爾在大家的掌聲中，走上講臺開始講話。就在他正說得起勁的時候，戈林帶著二十五名武裝納粹員衝進了大廳。在大家驚慌失措的吼叫聲中，希特勒跳上一張椅子，對天開了一槍，叫喊著：「全國革命已經開始了！」他告訴屋子裏的人，說外面有六百人在原地待命，命人在門口放了一挺機關槍，不許任何人離開。

　　誰也不清楚希特勒的虛張聲勢到什麼程度，對於他這種行為感到很氣憤，卻也無可奈何。但希特勒很興奮，他把卡爾及賽塞爾、洛索夫請到隔壁的一個小屋子裏單獨會談，希望得到他們的認可，組建新的政府。他對他們說：「我手槍裏有四顆子彈。如果你們不肯跟我合作，三顆留給你們，最後一顆就留給我自己。」

　　但這三個人並沒有被他的恐嚇而投降，後來，希特勒十分懊惱地走出房間，到大廳宣布，說他們三個人已經同意和他一起組建德國政府。不過魯登道夫的到來，讓形勢發生了變化。卡爾等人被迫同意了希特勒的建議。

　　第二天，三千多名納粹黨員在魯登道夫和希特勒的帶領下，向慕尼黑的市中心進發。他們遇到了員警的阻攔，只有魯登道夫和他的尉官勇

敢地繼續向前走，其餘立馬做鳥獸散。據當時參加遊行的瓦爾特‧舒爾茲醫生說，希特勒是「第一個跳起來向後跑的人」。他登上一輛汽車，逃到了漢夫施丹格爾在鳥芬的鄉間別墅，兩天以後，他在那裏被捕。

政變徹底失敗，希特勒被判五年徒刑，關押在蘭茲貝格的監獄。他在獄中，寫了那部臭名昭著的《我的奮鬥》一書，也因此獲得機會在法庭上申辯。每次他都能滔滔不絕地講好幾個小時，贏得一片喝彩聲，因為他的觀點很對右派的胃口，也讓德國的老百姓動心。

如果說在「啤酒館暴動」中，希特勒就像一個小丑，那麼在被審判時，他卻光芒四射，震撼了整個德意志，從此，希特勒登上了德國的舞臺。

希特勒出生在德奧邊境，屬於奧地利的德意志人，父親是個小官吏。他在學習上比較隨性，喜歡歷史和藝術，卻經常補考數學和自然課，有時候甚至留級，連高中都沒有上。他一直幻想成為一名藝術家或建築師，卻在報考維也納美術學校時名落孫山。此後，他留在維也納，閉門謝客，埋頭讀書。因為沒有收入，他只能靠畫素描、水彩等來支付房租。

一戰爆發後，希特勒加入軍隊，在德軍中當一名傳令兵。一次，他在傳令途中俘虜了四名法國士兵，破格獲得了一枚只頒發給軍官的一級鐵十字獎章。戰爭後期，因中了英國的毒氣，雙目暫時失明，進了醫院。

正是這個時候，他得到了德國戰敗的消息。他不相信，認為德國失敗是背後中了賣國賊的匕首。這些賣國賊就是信奉馬克思主義的革命份子，他痛恨《凡爾賽合約》，發誓要打破它。於是他決定從政。

1919年，希特勒根據政府的安排，去調查一個德意志工人黨。這是一個只有五十多個人，剛剛成立的小黨，具有濃厚的民族主義傾向。為

BC

耶穌基督出生　0—

君士坦丁統一羅馬

羅馬帝國分成兩部

波斯帝國　500—

回教建立

凡爾登條約

神聖羅馬帝國建立
　　　1000—

十字軍東征

蒙古第一次西征

英法百年戰爭開始

哥倫布發現新大陸
　　　1500—

英國大破無敵艦隊

發明蒸汽機

美國獨立

美國南北戰爭開始
第一次世界大戰
第二次世界大戰

　　　2000—

了完成任務，他參加了該黨的一次會議。後來他在會議上發言，激情的演講讓全場震驚。他被邀參加這個黨，決心讓這條小船改變方向，成為實現自己政治抱負的工具。

在希特勒的推動下，一系列改革措施出臺。他充分發揮自己一流的演說才能，把這個小黨打造得蒸蒸日上。黨名改成「民族社會主義德意志工人黨」，簡稱「納粹黨」，黨旗為紅底白圓心，中間鑲個黑色的，並推出《二十五點綱領》作為黨綱。

希特勒信奉「強權就是勝利者」的原則，組成「糾察隊」，用來保護本黨，對付其他黨派，製造流血事件，擴大納粹黨的影響。後來，該組織改名為「衝鋒隊」，因為隊員穿褐色制服，又被稱為「褐衣隊」。

短短幾年，這個只有幾十人的小黨，已經發展到五萬多人的大黨。他大言不慚地說謊，在《我的奮鬥》中他說：「謊撒得大，就多少總有一些東西會得到人們的信任，因為廣大人民群眾受大謊的騙比受小謊的騙更容易……」眼看著自己一手打造的政黨開始變得強大，希特勒也開始打算用它為自己謀得利益。於是出現了開頭的場景。

本以為政變失敗的希特勒會就此罷手，然而僅僅被關押了幾個月之後的他在被放出來後，重新掀起了納粹運動。這個奧地利人將一步一步奪取德意志的政權，並將這個國家帶入痛苦的深淵。

### 相關鏈結：卡普叛變

根據《凡爾賽和約》，威瑪政府準備解散大部分軍隊。長官卡普不肯服從，還率領一些軍隊叛變，打算推翻共和國政府，以魯登道夫為首的大資本家極力支持。叛軍攻入柏林，亞伯特只好帶著政府逃到斯圖加特。叛軍佔領柏林，宣布威瑪共和國被推翻。後來，在德國工人們的支持下，1200萬工人罷工，卡普的叛亂政府被迫下臺。

# 【專題】黃金二十年代

　　魯爾危機解決後，標誌著威瑪共和國進入了相對穩定時期，史稱「黃金二十年代」，創造這個相對穩定局面的代表人物，是在魯爾時期臨危受命的德意志人民黨主席古斯塔夫·斯特萊思曼。

　　穩定的國外關係是共和國發展的必要前提。斯特萊思曼擔任外交部長後，德國對外關係進入新階段，他主張，利用蘇聯和西方國家的矛盾，搞東西方平衡外交，擺脫外交孤立狀態，恢復大國地位。

　　對於地處歐洲中心的德國來說，處理東西方關係始終是一個大問題。在東部，德蘇關係開始正常化，雖然幼小的蘇維埃政權曾被德國勒索過，但戰後兩國都是凡爾賽體系壓制的對象，存在合作的基礎。

　　在西部，美國開始替代法國成為解決德國賠款問題的主導國。1924年，由美國主導的《道威斯計畫》允許美英出資貸款給德國；後來的《楊格計畫》又最終確定了德國財政自主權。與此同時，德法關係開始好轉。德國以放棄對亞爾薩斯—洛林地區為代價，促進了兩國的和解。

　　二十年代的斯特萊思曼的外交簡直是一個奇蹟，它基本恢復了德國的強國地位。以此為基礎，德國的經濟也逐步走上復興之路。由於國外資本源源不斷地流入，有效緩解了德國缺少資金的難題。企業重現活力，印有「德國製造」的大件工業品又開始活躍在世界市場。

　　德國的經濟已經接近戰前水準，再次超過英、法，成為資本主義世界中僅次於美國的國家。但這種「經濟繁榮」卻很虛弱，缺乏獨立的國民經濟基礎。

BC　　日耳曼部落

漢

— 0

二
三國
晉　　　民族大遷徙

南北朝

— 500　德意志立國

隋朝
唐朝

查理曼帝國
東、西法蘭克帝國
五代十國
薩克森王朝
宋朝　奧托一世稱帝
— 1000

元朝

明朝

— 1500
德國宗教改革

三十年戰爭
清朝

神聖羅馬帝國滅亡
德意志邦聯
普法戰爭

中華民國
分裂成東、西德
兩德再次統一
— 2000

BC

耶穌基督出生　0—

君士坦丁統一羅馬

羅馬帝國分成兩部

波斯帝國　500—

回教建立

凡爾登條約

神聖羅馬帝國建立
1000—

十字軍東征

蒙古第一次西征

英法百年戰爭開始

哥倫布發現新大陸
1500—

英國大破無敵艦隊

發明蒸汽機

美國獨立

美國南北戰爭開始

第一次世界大戰
第二次世界大戰

2000—

對貸款的過度依賴讓德國經濟並沒有走上正常道路，中下層民眾處於不利的地位，失業率一直偏高，德國社會的緊張感再次出現。

在「黃金二十年代」，德國文化呈現出欣欣向榮的局面，威瑪文化所蘊藏的巨大創造力，讓柏林成為歐洲文化都城，與巴黎和倫敦媲美。在文學上，出現了霍普特曼和湯瑪斯‧曼兩大文豪，前者還獲得了諾貝爾文學獎。在歷史上出現了傳統派與民主派的分歧，前者頌揚國家和實力，對民主和共和持否定態度；後者反對把德國理想化，體現德國歷史的延續性。

物理學方面的成就最為突出，愛因斯坦開始致力於場論研究，青年物理學家紛紛開拓新的領域，施勒丁格爾獲得1933年的諾貝爾獎，海森貝格獲得1932年的諾貝爾獎。世界各地的物理學家和數學家紛紛彙聚德國。

社會學獲得較大發展，這個時期最出色的社會學家當屬馬克思‧韋伯；化學進展較為遜色，但取得的成果也不容忽視。隨著民主政體的確立，教育領域也開始了民主化進程。

總體說來，威瑪文化是共和國出現的一連串文化現象的總和，並不是一種特有的共和國文化形式。那個時間段，各種「主義」層出不窮，反映了民主共和國對各種文化創造的容忍度。先鋒派藝術家們從美國引進了舞蹈、好萊塢電影、爵士樂、橄欖球等等，在德國引起了轟動和模仿。

但另外一部分人則看到了現代化進程中的各種問題和巨大的危險，例如存在主義哲學家海德格爾致力於揭露現代人的焦慮和衝突；還有一部分人則試圖用一場「保守的革命」來改變，並呼籲第三帝國的到來。德國成為包容各種衝突對立的試驗場，讓德國成為多元文化的聚集地。

在德意志的千年歷史上，威瑪共和國猶如短暫而絢爛的流星，給後世留下了深深的思考與歎息。

# | 第十一章 | 自我陶醉的狂熱

　　無數戰爭的洗禮，並沒有讓德意志尚武的精神得到控制，反而變得更加熾熱。在經歷過文藝復興和啟蒙運動之後，這個湧現康德和歌德的國家中，再次讓歐洲乃至世界都籠罩在戰爭的陰影之下。

1. 巴登-符騰堡
2. 巴伐利亞
3. 柏林
4. 勃蘭登堡
5. 不來梅
6. 漢堡
7. 黑森
8. 梅克倫堡-前波莫瑞州
9. 下薩克森
10. 北萊茵-威斯特法倫
11. 萊茵蘭-普法爾茨
12. 薩爾
13. 薩克森
14. 薩克森-安哈爾特
15. 石勒蘇益格-荷爾斯泰因
16. 圖林根

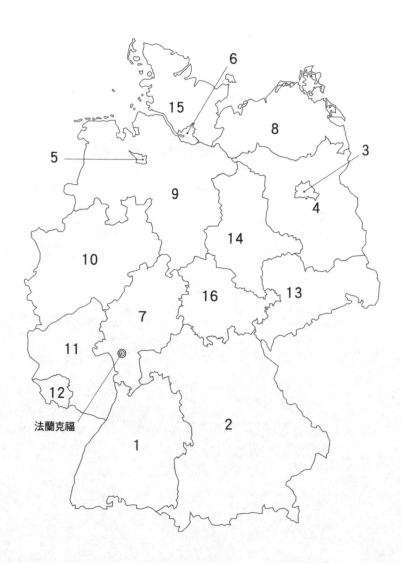

# 國會縱火！進入一級戒備

這是一座非常有名的歷史性建築，位於柏林市中心，始建於1884年，綜合了各種建築風格，歷經十年建成，自然成了德國的象徵性建築。石柱和牆上的槍眼彈痕經過修補，但仍然能一眼看出，甚至還能看到很多蘇聯士兵的塗鴉，顯示出德國人尊重歷史的傳統。這就是德國著名的國會大廈。

從1994年後，德國對國會大廈進行了大規模的改造，成為一座現代化的辦公大樓。曾讓人爭議的穹形圓頂已經成為柏林的新標誌。它全部為透明的玻璃材料構成，如果進入穹形圓頂，你會看見大廈的主席臺上正有人風度翩翩的演講。

當然，你現在看到的已經是經過修繕後的大廈，因為1933年，希特勒在這裏放了一把火。那年的2月27日晚上9點14分，柏林消防隊接到國會大樓火警報告。火情很嚴重，而且發生在幾個不同的地方。但是，當消防隊到達時，議會大廳突然發生爆炸，大火熊熊燃燒起來，大廈教堂式的圓形穹頂也被燒塌了。

直到晚上11點半，大火才被撲滅，消防員開始對現場進行檢查。他們發現了二十捆沒有燒盡的燃料和一個凍得哆嗦的男人。這個人叫馬里努斯·凡·德爾·盧貝，是荷蘭共產黨人，一個失業的建築工人，在此前不久才到德國。

其實，這火是在戈林的指使下，納粹衝鋒隊隊長卡爾·恩斯特帶領幾名隊員，由議長府下面的暖氣管道進入國會大廈，在那裏灑下汽油

BC　　日耳曼部落

漢

— 0

—

— 三國
晉
— ………民族大遷徙

— 南北朝

— 500　……德意志立國

隋朝
— 唐朝

—

— ………查理曼帝國
…… 東、西法蘭克帝國
五代十國
— ………薩克森王朝
宋朝　……奧托一世稱帝
— 1000

—

—

元朝
—
明朝

—

— 1500
………德國宗教改革

— ………三十年戰爭
清朝

—

— 神聖羅馬帝國滅亡
………德意志邦聯
………普法戰爭
中華民國
………分裂成東、西德
………兩德再次統一
— 2000

和其他易燃物品，然後從通道撤回議長府。然後他們再指使盧貝去放火的。盧貝成為「替罪羊」，而最大的替罪羊是德國共產黨。

當時，希特勒和約瑟夫・戈培爾正在用晚餐，接到火災報告後，立刻乘車趕到國會大廈。當他們遇到赫爾曼・戈林時，後者大聲對希特勒說：「這是共產黨幹的！已經逮捕了一名共產黨匪徒！」希特勒更是賊喊捉賊一口咬定是共產黨幹的。

他煞有介事地說：「看啊，這熊熊大火燃燒的大廈！如果共產黨的幽靈統治了歐洲，不到兩個月，整個歐洲都會像這大廈一樣。」他認

為，這是共產黨反動革命的信號，號召人們千萬不能忽視。次日，他還

在電臺上發表講話：「這種縱火行為是德國布爾什維克進行的最駭人聽聞的恐怖主義行為。」

隨後，希特勒走進議長辦公室，對議長說，應該給共產黨「一點顏色看看」，「當官的共產黨人個個都得槍斃，當議員的共產黨人今晚統

統得吊死，共產黨的朋友要全部關起來。這也適用於社會民主黨和國家

的蛀蟲。」

很快，希特勒下令逮捕德國共產黨和反法西斯人士，查封了他們

的報刊。他還要求興登堡總統宣布國家進入一級戒備狀態，並簽署《國

會縱火法令》，取消大部分威瑪憲法賦予的私人權利，即中止憲法保護

的個人自由，限制出版自由、結社和集會自由、限制私人財產和檢查郵政、電報、電話通訊等。

當法令宣布之後，頃刻之間，在德國一切行動都變得沒有法律可

依據。納粹在全國範圍內對共產黨和革命者進行了野蠻鎮壓。僅在普魯

士，三、四月間就有兩萬五千多人入獄，其中大部分是共產黨，也有社

會民主黨人士。共產黨被宣布為非法組織，工會被封閉，白色恐怖籠罩

著德國。

當時的希特勒已經是德國的總理，他想實行《特別授權法》，因為這個法律規定總理可以不經過議會自主制定規章來代替憲法，但是授權法需要議會三分之二的議員通過才能生效。儘管希特勒的政黨在議會上的席位相比以前已經大大提高了，但還遠遠不能達到三分之二的程度。

當時德國共產黨是第二大政黨，佔有議會中17%的席位，而且他們還反對授權法。希特勒想要佔有議會的多數席位，就必須打壓共產黨。為此，他策劃了「國會縱火案」，而且成功地將共產黨從議會中趕了出去。

在1933年3月5日的議會選舉中，納粹黨贏得了44％的席位。為了達到目的，納粹黨透過威脅和賄賂的手段，強行讓國家人民黨和他站在一邊，勉強通過了《特別授權法》。只有社會民主黨沒有投贊成票，因此，一個月後，被希特勒取締了，成千上萬的社會民主黨人被關進監獄。

之後，希特勒取締了所有非納粹黨派，宣布「黨和國家統一」，這樣國家完全變為納粹黨的權力工具，希特勒成為不折不扣的獨裁者。

### 相關鏈結：德國版的「焚書坑儒」

1933年5月10日，在納粹主義思想的鼓動下，一些大學生和青年準備焚燒「非德意志文化」的書籍。在柏林洪堡大學對面的廣場上，兩萬冊書籍被他們扔進大火中。其他大學也很快舉行「焚書日」。被毀的不僅有馬克思、恩格斯、列寧、史達林和德國共產黨人的著作，還有德國著名科學家和文學家，如海涅、湯瑪斯·曼、愛因斯坦等人著作，以及外國著名作家傑克·倫敦、高爾基等人的著作。

# 混世魔王上臺

BC

耶穌基督出生 0—

君士坦丁統一羅馬

羅馬帝國分成兩部

波斯帝國 500—

回教建立

凡爾登條約

神聖羅馬帝國建立
1000—

十字軍東征

蒙古第一次西征

英法百年戰爭開始

哥倫布發現新大陸
1500—

英國大破無敵艦隊

發明蒸汽機

美國獨立

美國南北戰爭開始
第一次世界大戰
第二次世界大戰
2000—

　　1934年8月，87歲的總統興登堡去世。希特勒在壟斷資本和國防軍的支持下，立刻制定新憲法，取消總統職務，頒布《德國國家元首法》，規定將德國總統和總理的職位合二為一。「元首兼總理」的希特勒獨掌軍政大權，擁有武裝力量最高統帥權。

　　希特勒是一個狂熱的煽動者，他的演說摻雜了德國浪漫主義傳統中的哀婉和多愁善感，最能打動德國人的民族感。當他談到「祖國」、「人民」、「犧牲」等詞語時，當他的聲音變得沙啞而刺耳時，大量的德國群眾卻為之激動如狂。他宣稱「第三帝國」已經到來，集合在他周圍的群眾真的把他當成了「上帝」。

　　希特勒在獲得最高權力後，開始逐個實現他在《我的奮鬥》中立下的人生目標。他開始做的第一件事就是取消和解散其他政黨。他頒布《禁止組織新政黨法》，規定納粹黨是德國唯一的政黨。他依靠這個黨獲得政權，自然也希望依靠這個黨來管理國家。到了1938年，希特勒達到了「黨國一體」的目標，他得意地說：「民族社會主義革命的最大保證在於納粹黨對國家及其一切機構和組織有了絕對控制。」

　　希特勒上臺後，為了鞏固統治，一方面對民眾實行欺騙，一方面對民眾實行嚴密的監控和殘酷的鎮壓。這些監控機構中，最重要的是黨衛隊、蓋世太保和集中營。德國的每個地方都有一到數名情報員，每名情報員又擁有自己的「眼線」，充當情報的人包含社會的各個階層，教師、醫生、公務員等等，密切監視著德國老百姓的一舉一動。

納粹的觸角伸入到德國生活的各個層面，民眾只能參加納粹組織的娛樂活動。青少年和年輕人都被灌輸納粹精神，接受法西斯訓練。希特勒曾要求把青年培養成「使全世界都望而生畏的青年」，「殘忍的青年」，「要從他們眼睛裏看出驕傲的神色和猛獸般的獨立的光芒。」

當然，希特勒也發展經濟，逐步建立起了納粹經濟體制。他大肆鼓吹：「消滅失業的經濟奇蹟」，強制工人階級去從事繁重的勞動，工人不允許罷工、集會，工資待遇都是規定好的。農民則按國家規定種地，不許出賣土地，也不許荒廢土地。納粹力圖建立一種國家保護主義經濟，一種脫離世界經濟市場的，「自給自足」的民族經濟。

納粹理論強調，德意志社會是一個和諧的有機體，然而在各種有毒思想的侵害下，社會成員片面追求自己的利益，造成了社會的分裂。納粹的任務就是創造新的國家。「德意志勞動陣線」作為載體，目的在於實現所有勞動者的聯合。它規定工人可以帶薪休假，經常組織工人觀看話劇，參加文體娛樂活動，接受業務進修等等。

1937年，納粹掀起了生產「大眾汽車」的活動，希特勒宣稱，要實現德國「每個德意志職工都擁有一輛小轎車」。他下令生產只銷售900馬克的汽車，經由「分期付款」方式，向德國人民出售汽車，並聚集了大量的資金。

他還改善工人的勞動條件和環境，宣稱納粹主義的企業標準：「乾淨的廠房、綠色工廠、無噪音，有良好的照明和通風設備以及提供熱氣騰騰的飯菜。」為此，政府共修建了2.4萬個更衣室和洗漱池，1800個餐廳以及1.7萬個工廠花園和3000個運動場。

此外，當局還完善社會保險制度，擴大社會保險範圍，規定40歲以下的工人和職員全部納入社會保險的範圍。納粹政府的領導人戈培爾說：「威瑪不是從個人出發，我們並不代表這種觀點，以為必須給饑餓

BC

耶穌基督出生　0—

君士坦丁統一羅馬

羅馬帝國分成兩部

波斯帝國　500—

回教建立

凡爾登條約

神聖羅馬帝國建立
　　　1000—

十字軍東征

蒙古第一次西征

英法百年戰爭開始

哥倫布發現新大陸 1500—

英國大破無敵艦隊

發明蒸汽機

美國獨立

美國南北戰爭開始
第一次世界大戰
第二次世界大戰

　　　2000—

者飯吃，給乾渴者水喝，給沒有衣服穿的穿衣服——這不是我們的動機。我們有另外一種動機，概括成簡單的一句話就是：我們必須擁有一個健康的民族，旨在世界上完成自己的使命。」

　　雖然希特勒在上臺的過程中使用了一些不道德的手段，例如欺騙、嫁禍等，但整體來說，他的當選確實是德國人民投票的結果，4200多萬德國人中就有3800多萬投贊成票。這些德國人之所以相信希特勒，除了他精湛的演說技巧、高超的煽動才能外，還有他們對威瑪共和國的失望，以及對希特勒描繪的「打倒《凡爾賽和約》」、「重建偉大德國」的期望。

### 相關鏈結：德意志勞動陣線

　　1933年5月2日，在政府的命令下，「保護德國勞動界行動委員會」使用武力佔領了工會機構，逮捕工會領導，取締了所有的工會組織。5月10日，「德意志勞動陣線」在柏林成立，萊伊博士任主席。按照希特勒的想法，勞動陣線不同於傳統的工會，「它不是解決工資等問題的場所，應該是解決更高層次問題的地方。」

# 猶太人的災難

「雅利安人的最大對立面就是猶太人！」希特勒在《我的奮鬥》中這樣寫道，這個極端仇視猶太人的德意志領導者，認為猶太人是世界的敵人，是文明的破壞者和人類的寄生蟲，是一切災難的根源，人類生活秩序的破壞者。他喋喋不休地強調，世界應該讓優等民族統治劣等民族。一個從來沒有擁有過自己國家的民族，像寄生蟲一樣在德國這樣的優等民族內蔓延，是一件恐怖的事情。要不惜一切代價限制猶太人的發展。

然而，令人諷刺的是，希特勒的父親就是猶太人，母親是歐洲人。因為從小受到了來自父親家庭方面的排斥和不公平，他心裏非常痛恨猶太人。因為猶太人是很排外的民族，他們深知母親對孩子的影響，因此一般只接納母親是猶太人的孩子。而猶太男人與外族女性生的孩子，則不被接納。

當然，希特勒反對猶太人，除了以上的種族原因和自身心理原因外，還有政治和經濟的原因。在政治上，希特勒認為，「必須始終存在一個看得見的反對對象，而不能僅僅是一個抽象的對象」，他反對猶太人，是為了緩和國內衝突，穩定國內外政局，希望藉由反猶轉移民眾的視線。

在經濟上，由於猶太人在一戰中大發戰爭財，產生很多猶太富商，壟斷了歐洲的經濟命脈，大企業、銀行基本上都是猶太人在經營。希特勒想要爭霸世界，建立德意志民族的帝國，需要巨額的資金保障。在國

BC 日耳曼部落

漢

— 0

—

三國
晉
— ……… 民族大遷徙

— 南北朝

— 500 … 德意志立國

隋朝
— 唐朝
—

— ……… 查理曼帝國
………東、西法蘭克帝國
五代十國
— ……… 薩克森王朝
宋朝 …… 奧托一世稱帝
— 1000

—

—

元朝
—
明朝

—

— 1500
…… 德國宗教改革

— ……… 三十年戰爭
清朝
—

— …… 神聖羅馬帝國滅亡
……… 德意志邦聯
……… 普法戰爭
— 中華民國
……… 分裂成東、西德
……… 兩德再次統一
— 2000

家經濟不景氣的情況下，他把手伸向富裕的猶太人就不足為奇了。

　　希特勒還利用歷史上的宗教因素，為反猶奠定了廣泛的社會基礎。他利用德意志人痛恨《凡爾賽和約》的心理，煽動大家的復仇情緒，並成功地把這種情緒轉移到猶太人身上。如此，當他一上臺，就開始了瘋狂屠殺猶太人的歷史，也給人類歷史留下了一段罕見的浩劫。

　　納粹政府對猶太人的態度，經歷了反猶－排猶－屠猶三個階段，這三個階段互相關連又逐步升級。1933年，希特勒上臺的第一年，掀起了反猶的第一個高潮。納粹份子開始有組織地抵制猶太人，衝鋒隊隊員每天早上10點在猶太人的店鋪門口阻攔顧客購買東西；頒布《雅利安條例》，限制猶太人的行動。此後兩年之內，數萬名猶太人被迫離開德國，包括許多科學家、文學家和藝術家。

　　納粹頒布的《紐倫堡法》掀起了第二次反猶高潮。一時間，各個商店、旅店和公共場所都掛上「猶太人恕不接待」的牌子。1938年11月7日，一名被驅逐的17歲猶太青年為了給父親報仇，槍殺了德國大使館的秘書拉特。戈培爾趁機煽動民眾用暴力襲擊猶太人，製造了「全國砸玻璃窗之夜」。

　　在三天後，納粹高級官員召開了一次專門會議，決定將猶太人排斥出德國一切經濟部門。猶太人被迫將手中的企業、商店廉價出售，讓納粹政府獲得了不少資金；他們還強迫猶太人佩戴六角黃星標誌，強迫受迫害的猶太人向納粹賠償10億馬克。正如有的史學家所說：「這次暴行和接著根據其目標所採取的措施，使得沒有任何組織的猶太人的生活陷入了絕境。」

　　接下來的1939年到1941年間，德國人強迫猶太人大規模移居國外。政府先後在維也納和柏林設置猶太人出境辦事處。歐戰爆發後，政府一方面在波蘭等地設立集中營，一方面計畫向海外運送猶太人。

耶穌基督出生　0—

君士坦丁統一羅馬

羅馬帝國分成兩部

波斯帝國　500—

回教建立

凡爾登條約

神聖羅馬帝國建立
　　　1000—

十字軍東征

蒙古第一次西征

英法百年戰爭開始

哥倫布發現新大陸
　　　1500—

英國大破無敵艦隊

發明蒸汽機

美國獨立

美國南北戰爭開始

第一次世界大戰
第二次世界大戰

　　　2000—

1941年7月，納粹集團的反猶破壞行動發展到「最後解決」階段，即實行種族滅絕政策。計畫規定由東自西徹底清算歐洲的猶太人。沒有勞動能力的人和婦女兒童全部被處死，有勞動能力的猶太人被迫進行繁重的勞動，直到累死。

蘇德戰爭爆發後，希特勒殺害猶太人的罪行進一步加劇，幾乎採用了世界上最野蠻最殘忍的手段來消滅猶太人，很多猶太人都是在毫無防備的情況下被殺害的。每到一處，他們就從當地居民中得到猶太人名單，然後通知他們去登記，以便重新安置。所謂的重新安置，就是殺害、活埋或者押送集中營。猶太人對此毫不知情，信以為真，結果紛紛束手待斃。

任何歷史事件都是社會各種相關因素一起作用產生的，或者說是由當時的時事造成的。600萬猶太人被殺，希特勒自然是罪魁禍首，但也是當時德國社會環境孕育的產物。正是在希特勒自身原因和德國社會原因的共同作用下，引發了這場人類歷史上的大悲劇。

### 相關鏈結：「全國砸玻璃窗之夜」

1938年11月7日晚上，德國的法西斯分子走上街頭用棍棒對猶太人的住宅、商店、教堂進行瘋狂地打、砸、搶、燒。那天夜裏的十五個小時，有36名猶太人被殺害，195座教堂被焚毀，共摧毀了815家猶太人店鋪。3萬餘名猶太男子在家中被捕，押往達豪、布痕瓦爾德和薩克森豪森集中營，孩子和家人都被害或折磨致死。因為砸碎的玻璃遍地都是，又稱為「水晶之夜」或「晶瑩剔透之夜」。

BC　日耳曼部落

漢

— 0

三國
晉
— 民族大遷徙

南北朝
— 500 … 德意志立國

隋朝
唐朝

— 查理曼帝國
東、西法蘭克帝國
五代十國
— 薩克森王朝
宋朝
奧托一世稱帝
— 1000

元朝

明朝

— 1500
德國宗教改革

三十年戰爭
清朝

神聖羅馬帝國滅亡
德意志邦聯
普法戰爭
中華民國
分裂成東、西德
兩德再次統一
— 2000

# 玩的就是心跳

　　1961年，英國史學家泰勒在他的《第二次世界大戰起源》中，認為第二次世界大戰不是希特勒引起的，主要原因還是各國政治家們的忙中出錯。因為希特勒作為一個國家的首腦，他並沒有迫切想透過戰爭獲得勝利，而是想不戰而勝。

　　泰勒認為，希特勒利用各種手段，如欺詐、矇騙、恐嚇、局部戰爭等手段來打破凡爾賽體系，擴大德國的領土，以達到他統治歐洲的目的。當然，希特勒也明白，不管用什麼辦法達到目的，軍事準備都是必要的後盾。

　　受《凡爾賽和約》箝制的德國軍事力量，一直處於最低的水準，《凡爾賽和約》要求德國只能有10萬陸軍和少量的海軍。從威瑪共和國開始，德國就致力於打破和約的束縛，重整軍備。但一旦要擴軍，必然導致毀約，為此，如何讓擴軍變得合法化，成了希特勒絞盡腦汁要解決的問題。

　　他開始了一系列的試探活動，挑戰著協約國們的底線，玩的就是心跳，希特勒在凡爾賽體系的邊緣小心翼翼地走著。1933年10月14日，希特勒致電世界裁軍會主席，以「不能滿足德國軍備的平等要求」，退出了裁軍會議，以此擺脫了國際會議和國際組織的束縛。接著，希特勒又宣布退出國際聯盟，一舉擺脫了一切國際監督。

　　之後，希特勒秘密擴充海軍和空軍，還下決心把陸軍兵力從10萬擴充到30萬。凡爾賽條約規定德國只能建1萬噸的軍艦，希特勒對外宣傳自

己建的是1萬噸的軍艦，實際上卻建造2.5萬噸的軍艦；打著建「民用航空」的旗號，開始建空軍。當然，這一切都是秘密進行的，希特勒的願望是能大張旗鼓地擴建軍隊。

1934年7月，希特勒又嘗試了一下，他支持奧地利的納粹發動政變，想把奧地利合併過來。但這一次引起了英法等國的強烈反應。希特勒只好裝模作樣地譴責這次政變，表示自己與此毫無關係，支持奧地利平息動亂。

失敗讓希特勒清楚地明白，想要突破凡爾賽體系，不能著急。別看希特勒是個狂熱份子，做起事情來卻也不急不慢，穩紮穩打。他利用英法要求德國簽定《東方羅加諾公約》的機會，向外宣布德國開始開始建空軍了。結果，英法一點反應都沒有。接著他又進一步宣布德國準備把陸軍擴充到50萬了，英法反應並不強烈。

就這樣，希特勒玩弄外交手段，一步一步撕毀了《凡爾賽和約》對德國軍事的束縛，英法等國雖然都表示了強烈的抗議，但也就僅此而已。當然，希特勒擴軍，打著保家衛國、和平平等的口號，表示德國對其他國家的領土不感興趣，同時非常歡迎裁軍。

在擴軍問題上獲得了國際社會的默認之後，希特勒還是嘗試進行軍事冒險，他要進一步挑釁一下大國們的反應。經過認真分析，他挑選了《凡爾賽和約》中規定德軍禁止入駐的萊茵地區。於是1936年3月，他派了一支幾千人的軍隊進入了萊茵地區。

希特勒用他慣有的和平聲調，高呼這次調動軍隊只是在德國本土上的常規調動而已，我們一如既往地支持和平。雖然希特勒說得很輕鬆，但他自己也清楚這一步會帶來如何巨大的後果。

他在後來承認：「進軍萊茵地區以後的48小時，是我一生中神經最受折磨的時刻。如果當時法國人真的向萊茵地區進軍，我們就只能忍辱

撤退，別無他法，因為我們當時擁有的軍事力量就連稍微抵抗一下都辦
不到。」

然而，西方國家對於這種完全有能力擊退的挑釁行為，卻沒有表示
出任何意見。一切風平浪靜，德軍沒有遭到任何反擊。萊茵地區儘管是
德國領土，但德軍進入，卻讓德國取得了在這裏突襲法國的機會；英法
兩國不肯擊退萊茵地區的德軍，不僅給自己留下了後患，之後的幾年，

他們將面對的是幾百萬德軍；也讓希特勒更加放肆，他的貪欲沒有被及
時制止，導致他在國際舞臺上也日益猖獗。

### 相關鏈結：納粹法西斯

法西斯是一個讓人生畏的詞語，它總是和凶暴殘忍、獨裁專制聯
繫在一起。當然，更重要的是它總是和戰爭一起出現。人類歷史上首先

出現的三個法西斯國家德國、義大利和日本，都把發動戰爭作為基本國
策。納粹法西斯是一種以戰爭為目的的極端民族主義，它鼓吹民族優越

感，渴望透過戰爭征服全世界。

十字軍東征

蒙古第一次西征

英法百年戰爭開始

哥倫布發現新大陸
　　　1500—

英國大破無敵艦隊

發明蒸汽機

美國獨立

美國南北戰爭開始
第一次世界大戰
第二次世界大戰
　　　2000—

# 世界在向納粹讓步

希特勒成功地帶領德國突破了《凡爾賽和約》對德國軍備的控制，在德國民眾中的威望日益高漲。當然，這僅僅是一個方面。他在經濟上實行國家干預政策，用經濟軍事化來擺脫危機，在各個領域大勢投資，大幅度減少了失業人員，納粹政府贏得了德國民眾的支持。

在這個階段，德國不僅在工業發展速度上趕超英法美等國，而且在產品絕對量上也大大超過了英法兩國。然而，希特勒將國民生產總值的23％用於軍費開支，讓德國經濟的復甦受到了極大的影響。希特勒利用這種不利條件，成功地點燃了德意志民眾的「擴展生存空間」的征服欲望。

不過，希特勒的擴張還需要盟友的支援，為了擺脫孤立狀態，納粹集團拉攏其他法西斯國家，組建法西斯同盟。「柏林－羅馬」軸心首先形成。雖然希特勒總是自稱墨索里尼的學生，但顯然這位老師並不怎麼待見學生，墨索里尼一直在警惕著德國對奧地利的野心。不過，當德國成為義大利侵略衣索比亞唯一的支持者後，並在西班牙戰爭中聯手前進後，老師和學生終於牽起手來。

1936年，兩國簽定《德義協定書》，承認對方的擴張結果。

接著，德國聯手日本，以反共為名，簽定《德日反共產黨國際協定》。一年後，義大利也加入反共協定，形成了「柏林－羅馬－東京軸心」。

希特勒曾在《我的奮鬥》中說：「締結同盟的目的如果不包括戰

BC　日耳曼部落

漢

－ 0

三國
晉
　　　民族大遷徙

南北朝

－ 500　德意志立國

隋朝
唐朝

　　　　查理曼帝國
東、西法蘭克帝國
五代十國
　　　薩克森王朝
宋朝
　　奧托一世稱帝
－ 1000

元朝

明朝

－ 1500
　　　德國宗教改革

　　　三十年戰爭
清朝

　　神聖羅馬帝國滅亡
　　德意志邦聯
　　　　普法戰爭
中華民國
　分裂成東、西德
　兩德再次統一
－ 2000

BC

耶穌基督出生　0—

君士坦丁統一羅馬

羅馬帝國分成兩部

波斯帝國　500—

回教建立

凡爾登條約

神聖羅馬帝國建立
　　　　　1000—

十字軍東征

蒙古第一次西征

英法百年戰爭開始

哥倫布發現新大陸
　　　　　1500—

英國大破無敵艦隊

發明蒸汽機

美國獨立

美國南北戰爭開始

第一次世界大戰
第二次世界大戰

　　　　　2000—

爭，這種同盟就毫無意義，毫無價值。締結同盟只是為了進行戰爭。」

　　1937年，一個法西斯戰爭史上的重要年代。這一年的11月5日，希特勒召集德國國防部長、外交部長和武裝部長等4人召開了一次內閣會議，希特勒的副官霍斯巴哈整理備忘錄。這次會議的目的在於正式宣布擴張戰略，順便在於試探一下高層對希特勒的忠誠度。他趁機替換掉了「不聽話」的國防部長和外交部長。

　　希特勒首先聲明，說這份備忘錄是「經過深思熟慮和四年半執政經驗的結果」，非常重要，如果他死去了，應當被當成遺囑繼續實行下去。他強調，德國的未來「在於取決於能不能解決空間不足的問題」、「德國的問題只能用武力來解決」。

　　當首先取得奧地利和捷克斯洛伐克的方針確立之後，希特勒開始把目光投向了自己的祖國。

　　「大德意志」本來就應該包含著這個神聖羅馬帝國的一部分，奧地利的許多日耳曼人也非常擁護納粹。雖然《凡爾賽和約》禁止德奧合併，但此時已經不能阻止希特勒了。

　　1938年2月，希特勒把奧地利聯邦的總理舒士尼格召到自己的山莊，要他在已經擬好的協議上簽字。這份協議要求赦免奧地利境內的因反叛被捕的納粹黨人，允許他們自由活動，並任命納粹首領賽斯－英誇特為內政保安部長。

　　舒士尼格抵不住壓力，在當天晚上11點被迫簽字。

　　舒士尼格想舉行全民投票，但被希特勒暴力制止，還強迫舒士尼格辭職。無奈之下，舒士尼格在任期屆滿前辭職，賽斯·英誇特接任總理，並在1938年宣布奧地利併入德國。就這樣，希特勒沒有費一兵一卒就佔領奧地利。不僅德國人歡欣鼓舞，就連很多奧地利人也很為此雀躍。

　　當然，在這之前，希特勒又發揮了他欺騙水準，他編造謊言，說

哈布斯堡王朝想在奧地利和捷克斯洛伐克復辟，進攻德國，騙取了墨索里尼的支持。至於英法等西方國家，它們除了在報紙強烈譴責了一番以外，再沒有別的動靜了。這再一次助長了希特勒的擴張神經，下一個就輪到捷克斯洛伐克了。

捷克斯洛伐克沒有奧地利那麼容易就搞定，因為它是一個多民族國家，而且還是法國的盟國，為此希特勒制定了詳細的入侵方案。他一邊用戰爭來恐嚇西方，說「把捷克斯洛伐克從地圖上抹掉，是我不可動搖的意志！」一邊又大唱和平迷惑世界，在世界輿論面前欺騙說，因為德意志人受到捷克人的虐待，他要求德意志人能在蘇臺地區「自治」。

1938年，德國集結大軍，準備一舉拿下捷克斯洛伐克。但捷克斯洛伐克有24個師，而德軍有36個師，在兵力上雙方差距不大。如果捷軍能得到英法等國的支持，一定可以趕走德軍。但英法一直採取的「綏靖政策」，對於德國這種明目張膽的侵略行為，採取了退讓的政策。它們企圖利用犧牲弱小國家的利益，避免自己與法西斯國家交火，企圖把德國這條禍水引向蘇聯，然後它們坐收漁翁之利。

為此英國首相張伯倫不惜坐了7個小時飛機，去和希特勒見面，以尋求和平解決的方法。經過多方的協商，四大國在慕尼黑簽定協定，滿足德國對蘇臺地區的要求。捷克斯洛伐克對此嚴重抗議，但抗議無效，捷克斯洛伐克被迫屈服。

歷史上就這樣出現了大醜劇「慕尼黑陰謀」，讓全世界為之震驚。張伯倫卻高興地說：「我相信，這是我們時代的和平。」但是，這個和平並沒有因為英法等國的一再退讓而保持下去，很快，希特勒的侵略欲望引發了世界大戰的再次到來。

BC 日耳曼部落
漢
— 0
三國
晉
民族大遷徙
南北朝
— 500 德意志立國
隋朝
唐朝
查理曼帝國
東、西法蘭克帝國
五代十國 薩克森王朝
宋朝 奧托一世稱帝
— 1000
元朝
明朝
— 1500
德國宗教改革
三十年戰爭
清朝
神聖羅馬帝國滅亡
德意志邦聯
普法戰爭
中華民國
分裂成東、西德
兩德再次統一
— 2000

## 相關鏈結：霍斯巴赫備忘錄

　　在這份備忘錄中，可以看到希特勒的擴張方針，「先大陸，後海洋」的三步走策略：第一步是建立起包含中歐的「大德意志」，包括捷克斯洛伐克、奧地利和波蘭的但澤走廊；第二步打敗法國，消滅蘇聯，成為歐洲霸主；第三步是向海洋發展，戰勝英、美，最後稱霸世界。二戰結束後，這份備忘錄被認為是納粹挑起戰爭的主要證據。

耶穌基督出生　0—

君士坦丁統一羅馬

羅馬帝國分成兩部

波斯帝國　500—

回教建立

凡爾登條約

神聖羅馬帝國建立
　　　　1000—

十字軍東征

蒙古第一次西征

英法百年戰爭開始

哥倫布發現新大陸
　　　　1500—

英國大破無敵艦隊

發明蒸汽機

美國獨立

美國南北戰爭開始

第一次世界大戰
第二次世界大戰

　　　　2000—

# 【專題】深沉肅穆的德國建築

建築是凝固的音樂，它就像一面鏡子，用一種凝固的美來詮釋一個國家文化。文化的滲透與滋養使得建築在不同的時空裏煥發著無限生機與活力。文化的滲透與滋養使得建築在不同的時空裏煥發著無限生機與活力。

世界著名規劃學家沙里寧曾說過：「城市是一本打開的書，從中可以看到它的抱負。」德國人認為一個城市最美的地方不在於高樓林立、長橋飛架，而在於歷史悠久、文化深厚、環境優美和生活舒適。德國許多城市的市區都有森林，十分茂密，而且面積極大。

德意志文化的特點，決定了它的建築風格：理性主義、講究秩序、嚴肅沉穩以及充滿了思辨精神。作為一個單一民族組成的國家，德國建築的風格存在明顯的地區差異。在巴伐利亞地區，隨處可見的是巴洛克式建築；而在德國北邊，則多見哥德式建築。

當然，除了地區差異外，時間也是導致建築風格區別的重要原因。在德國的建築歷史發展中，各個時期的建築風格明顯不同，有羅馬式、哥德式、巴洛克式等各種風格。在不同時代建設的教堂，必然帶著明顯的時代特色，也最能體現建築的時代性。

例如修建與1340年的弗賴堡大教堂，是哥德時期歐洲最著名、最有魅力的建築。這種哥德式建築，整體風格為高聳削瘦，以卓越的建築技藝表現了神秘、哀婉、崇高的強烈情感。這種建築一般有高聳的尖塔、尖形的拱門、修長的束柱，以此營造出輕盈的飛天感。高而直、空靈、

BC　日耳曼部落

漢

—　0

—

三國
晉
　　　民族大遷徙

—

南北朝

—　500　德意志立國

隋朝
—
唐朝

—　　　　查理曼帝國
　　　東、西法蘭克帝國
五代十國
　　　薩克森王朝
宋朝　奧托一世稱帝
—　1000

—

元朝
—
明朝

—　1500
　　　德國宗教改革

　　　三十年戰爭
清朝
—
　　　神聖羅馬帝國滅亡
　　　德意志邦聯
　　　普法戰爭
中華民國
　　　分裂成東、西德
　　　兩德再次統一
—　2000

虛幻的形象，似乎直指蒼穹，寓意著人們脫離塵世，奔向天國的美好願望。

塔高96.75公尺的施佩耶爾的紀念教堂就是德國最大的羅馬式建築。這種建築兼有西羅馬和拜占庭建築的特色，風格是外表輪廓分明，結構結實、牆體厚重、半圓形的拱券、堅固的墩柱、拱形的穹頂、巨大的塔樓以及富於裝飾的連拱，給人一種厚實、堅固、穩重的感覺。與隨後的哥德式建築比較時，總體上會有一種質樸的形象。

普魯士國王弗里德里希二世在波茨坦建造的「無憂宮」可稱得上是洛可可式建築的一顆明珠。這種建築起於於義大利，到18世紀上半葉，德國巴洛克建築藝術成為歐洲建築史上的一朵奇葩。這種建築造型柔和、外表華麗、線條曲折多變、追求動態和喜好華麗的裝飾和雕刻，整體建築給人一種氣勢雄偉、生機勃勃的感覺。

德國的歷史、地域所孕育的文化已經成為德國建築的內在靈魂。而建築與文化間的血脈相依和相輔相成，正是德國建築的內在精神之所在。在現代，偉大的建築往往是時尚和科技的完美結合。德國的現代建築，同樣充滿了令人讚歎的美學與實用的完美結合。

去過德國的人都會有這樣的感覺，城市建築整齊統一、市容美觀大方。市中心一般以樓房為主，但很少有摩天大樓。名勝古蹟分布在城內。這就是德國的建築風格，表現出高度的規劃性、精確性和特有的工業美感。那些隨處可見的簡潔造型、精確的比例、良好的品質都給人嚴謹的感覺。不對稱的平面、高坡度的樓頂、厚重的石牆等等都顯示了德國建築的風情。

哥倫布發現新大陸
1500—

英國大破無敵艦隊

發明蒸汽機

美國獨立

美國南北戰爭開始

第一次世界大戰
第二次世界大戰

2000—

德國建築簡潔大方，對人的空間活動非常重視，無論是建築內部還是外部，都盡力滿足人的需求。德國建築即使經歷百年，也不會被時代所淘汰，反而因為時間的洗禮而變得彌足珍貴。

# | 第十二章 | 第三帝國的滅亡

這個德意志歷史上壽命最短的帝國，就這樣在納粹的炮火中煙消雲散了，也造成了比之前兩個帝國更加慘痛的惡果。理性讓位於狂熱，民主讓位於獨裁，帝國的迷濛重新掩蓋了民族精神的真諦。當一切塵埃落定，德意志人不得不再次吞下民族分裂的苦果。

1. 巴登-符騰堡
2. 巴伐利亞
3. 柏林
4. 勃蘭登堡
5. 不來梅
6. 漢堡
7. 黑森
8. 梅克倫堡-前波莫瑞州
9. 下薩克森
10. 北萊茵-威斯特法倫
11. 萊茵蘭-普法爾茨
12. 薩爾
13. 薩克森
14. 薩克森-安哈爾特
15. 石勒蘇益格-荷爾斯泰因
16. 圖林根

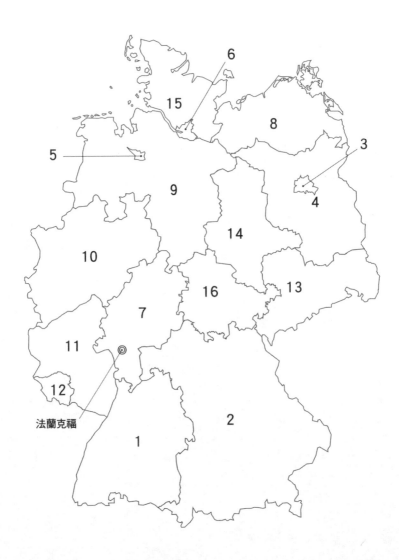

# 和平煙霧彈失效

　　對於胃口大開的希特勒來說，奧地利和捷克斯洛伐克顯然不能滿足要求。在吞併了這兩個國家之後，他又把目標指向了波蘭。

　　波蘭在第一次世界大戰結束後從德國割走了大片領土，導致東普魯士和德國本土被隔斷，這讓很多德國人心裏不服氣。就是這樣一個國家，卻在希特勒上臺後與德國保持友好關係，還參與了德國滅亡捷克斯洛伐克的戰爭。只是，它沒有想到，和希特勒這種人的友誼，是長不了的。這一次，輪到波蘭自己了。

　　征服捷克斯洛伐克的計策讓希特勒嘗到了甜頭，這一次他打算故技重施。希特勒向波蘭提出把但澤自由市還給德國，他一面對波蘭說他只要這一小塊本屬於德國的領土，一面威脅說如果波蘭不給，就要承擔戰爭的責任。

　　不過，這一次希特勒的陰謀不那麼好實現了。事不過三，英法兩國終於看清了他的面目，「綏靖政策」似乎也走到了盡頭。英國首相張伯倫在下院保證「如果發生任何一種顯然威脅波蘭獨立的行動」，英法將全力援助波蘭。

　　英法的警告，讓希特勒意識到蘇聯的立場非常重要。希特勒利用西歐國家與蘇聯互不信任的縫隙，將蘇聯拉入到自己的懷抱。1938年8月23日，蘇德簽定《德國與蘇維埃社會主義共和國聯盟互不侵犯條約》。世界對這份在莫斯科簽定的條約大吃一驚，驚訝的不是公開發表的「互不侵犯條文」和「協商義務」，而在於一份秘密的附加議定書。在這份議

BC　　日耳曼部落

漢

— 0

三國
晉
　　　　　民族大遷徙

南北朝

— 500　　德意志立國

隋朝
唐朝

　　　　　查理曼帝國
　　　　東、西法蘭克帝國
五代十國
　　　　　薩克森王朝
宋朝　　奧托一世稱帝
— 1000

元朝

明朝

— 1500
　　　　　德國宗教改革

　　　　　三十年戰爭
清朝

　　　　神聖羅馬帝國滅亡
　　　　　德意志邦聯
　　　　　普法戰爭
中華民國
　　　　分裂成東、西德
　　　　兩德再次統一
— 2000

BC

耶穌基督出生　0—

君士坦丁統一羅馬

羅馬帝國分成兩部

波斯帝國　500—

回教建立

凡爾登條約

神聖羅馬帝國建立
　　　　1000—

十字軍東征

蒙古第一次西征

英法百年戰爭開始

哥倫布發現新大陸
　　　　1500—

英國大破無敵艦隊

發明蒸汽機

美國獨立

美國南北戰爭開始

第一次世界大戰
第二次世界大戰

　　　　2000—

定書裏劃分了東歐的勢力範圍。

　　當然，希特勒在簽定條約的時候，已經想到日後要撕毀條約了。不管簽約還是毀約，挑起戰爭的目的是不變的。得到了蘇聯的默許，希特勒現在沒有後顧之憂了，不用擔心蘇聯那幾百萬軍隊在背後幫波蘭一把。

　　1939年8月31日晚上，幾名波蘭軍人闖入德國邊境的一家電臺，搗毀了設備，打傷了人員，一齣「波蘭挑起戰爭」的戲碼正在精彩上演。這幾名波蘭軍人，其實是穿著波蘭軍服的德國黨衛隊隊員。既然波蘭「挑起」了戰爭，德國自然不會放過。

　　第二天凌晨，150萬德軍、2000多輛分三路進攻波蘭。一大批轟炸機在波蘭土地上狂轟濫炸，然後由裝甲師突破防線，縱深侵入後方，搞毀波蘭的通信設備和道路運輸，最後由摩托化步兵出擊，粉碎一切抵抗。

　　雖然波蘭也拼湊了100萬軍隊，但裝備落後，技術更落後，雖然浴血奮戰，仍然抵擋不住德軍的閃電進攻。不到一個月，波蘭全線崩潰。就在這時，蘇聯再次與德國簽定《友好和邊界條約》，歷史上又一次瓜分了波蘭。

　　當時，早已保證支持波蘭的英法等國先是對德國嚴重警告，限制德國在48小時內停止侵略。當警告無效後，它們對德宣戰了。即便宣戰，西方戰線仍然處於令人奇怪的安靜之中。法國一直沒有發起進攻，波蘭淪陷後，乾脆躲在馬奇諾防線的工事中按兵不動。當時法國發表的戰報總是千篇一律的：「西線平靜，無事可述」。這就是所謂的「靜坐戰爭」、「奇怪的戰爭」。

　　英法的這種消極態度引出了嚴重後果。佔領波蘭後，希特勒居然再度宣稱願意和英法言和。不過這一次，英法不會相信希特勒的花言巧語了，希特勒的「和平煙霧彈」再也發揮不了作用。希特勒乾脆撕掉了遮

羞布，光明正大地侵略起別的國家。

1940年4月9日，德軍突然採取行動，橫掃丹麥。彈丸之地的丹麥很快投降，據統計，雙方死亡的人不到50人。之後，德軍登上挪威海岸。英法終於知道，再不團結攻打德國，後果將更加嚴重。於是在英法的援助下，挪威開始抵抗，可惜聯軍在德軍空軍的轟炸下節節敗退。挪威被占。

但這只是德軍西侵的開始。之後，德軍繞過馬奇諾防線，突襲中立國荷蘭、比利時和盧森堡，兩天後進攻法國。德軍發揮閃電戰的優勢，對法軍的南翼和北翼佯攻，集中主力部隊，從中央突破，一下子把盟軍截成兩半。被分割包圍的盟軍一觸即潰，到了6月中旬，德軍進入巴黎。

德軍再次創造了奇蹟，僅僅用了6週時間就完全打敗了和他數量相當的敵軍。德國人終於把《凡爾賽和約》的仇連本帶利地報了。1940年6月22日，就在1918年德國簽署投降協定的貢比涅森林，法國簽署了投降協定。希特勒為此還專門叫人把當初簽定協議的那節火車車廂從博物館裏推了出來。

昔日的歐洲霸主，高盧雄雞，就這樣在與德國戰車的較量中慘敗。

### 相關鏈結：敦克爾克大撤退

就在德軍機械化部隊繼續沿著英吉利海峽扇形展開，把英法聯軍圍困在敦克爾克港口上時，希特勒突然下令停止軍事逼近。利用這個機會，英國用850艘各種各樣的船隻把33.5萬軍隊撤回英國。如果希特勒不下令後退，這些英兵註定會被消滅。關於希特勒停止進攻的原因，歷史上眾說紛紜。有的人認為是因為希特勒想和英國和談，所以對英兵網開一面；有的認為是希特勒決策的失誤。但有一點是正確的，那就是希特勒打算重新編整軍隊，以便在南面對法國進行決定性戰爭。

BC

耶穌基督出生　0—

君士坦丁統一羅馬

羅馬帝國分成兩部

波斯帝國　500—

回教建立

凡爾登條約

神聖羅馬帝國建立
1000—

十字軍東征

蒙古第一次西征

英法百年戰爭開始

哥倫布發現新大陸
1500—

英國大破無敵艦隊

發明蒸汽機

美國獨立

美國南北戰爭開始

第一次世界大戰
第二次世界大戰

2000—

# 海獅作戰計畫不了了之

　　法國崩潰後，希特勒以為英國會媾和，他熱情地向英國伸出了和解之手，但他空歡喜一場。此時邱吉爾已經接替了「追求和平」的張伯倫，當選為英國首相。在就職演說中，他向英國人民宣誓：「我能奉獻給你們的只有鮮血、艱辛、眼淚和汗水。」這句堪稱經典的話，也是對希特勒以及法西斯侵略者的最好回答。

　　當時的英國處境極其險惡：遠征軍狼狽地逃回英國，並丟棄了全部的重武器，英國本土只剩下500門大炮、200輛坦克以及1萬挺機關槍；空軍喪失了近五百位優秀的飛行員，也只剩下1000架飛機。但英國人毫不害怕，到處是一片緊張的備戰氣氛。尤其首都倫敦，各個制高點都配置了高射炮群，無數銀色的阻塞氣球在空中飄浮著，以防敵機低飛襲擊城市。

　　面對邱吉爾的堅決，希特勒徹底放棄了與英國和談的希望。在慶祝戰勝法國的會上，他雖然提出了「結束戰爭」的口號，但這明顯也是一個煙霧彈。因為早在三天前，他就已經發出了入侵英國的《海獅計畫》。按照計畫，希特勒打算把40個師的兵力運到英國。如果這40個師登陸英國，將會對英國產生毀滅性的打擊。只是，隔著英吉利海峽，要如何登陸呢？為此，德國武裝部的首腦們經常爭論不休。

　　考慮再三，希特勒決定先用空軍對英國進行為期一週的大轟炸，他認為，奪得制空權將成為整個戰役成敗的關鍵。曾經的德國空軍英雄戈林傲氣十足地向希特勒保證：「親愛的元首閣下，您儘管可以放心，我們一定在4天之內摧毀英國戰鬥機在英國南部的防禦。再過2至4個星

期，就能完全消滅英國皇家空軍。」

戈林是有資格這樣說的，面對英國的情況，德國不知要好多少倍。3700多架飛機，300萬精良的常勝陸軍以及沿途佔領的基地、繳獲的大量武器，都讓德國在戰爭潛力上遠遠高於英國。勝利似乎就在眼前。

在1940年7月10日德軍開始對英國進行試探性轟炸，以壓倒的優勢對英國南部的雷達站、機場、飛機製造場、港口等進行大規模轟炸，引誘英國戰鬥機出來迎戰，但這個目的沒有達到，英國皇家空軍司令部只命令一小部分空軍出戰。整個7月份，雖然英國艦隻和港口受到很大損失，但空軍只喪失了148架飛機，而德國付出的代價是296架飛機。

從8月中旬開始，德軍開始「鷹計畫」大規模空中攻擊，由此引發了重大的不列顛戰役。8月15日，天氣晴朗，英德戰役中最大一次空戰開始了。德國動用了940架飛機，由於飛機密集，幾乎遮住了陽光。空襲從上午一直持續到晚上，進行了一次又一次。

英國派出29個中隊進行迎擊，利用先進的雷達技術，英軍先飛到德機頭上，然後俯衝插入德機中，展開攻擊。在一片槍擊聲中，一架架德機拖著長長的濃煙尾巴栽了下去。最終德機抵擋不住，掉頭撤退了。

就在這時，一個偶然事件改變了整個戰爭的進程。8月24日，一群德機奉命轟炸位於倫敦附近泰晤士河邊的金斯頓飛機製造廠，和巨型油罐儲存設施。中途有幾架飛機迷航了，飛到了倫敦的上空。當它們遭受到高射炮的射擊時，德軍慌忙丟下炮彈逃跑了。炮彈炸毀了古老的聖賈爾斯教堂，讓邱吉爾非常震怒。

英國人以為這是德國故意的，並在8月25日這天派出了87架飛機夜襲了柏林，並炸死了10個德國人。柏林城內的街上到處是英國飛機撒下的傳單，上面寫著：「希特勒發動的這場戰爭將繼續下去，希特勒要打多久就打多久。」這是開戰以來德國本土第一次受到攻擊，希特勒大罵

BC　日耳曼部落

漢

— 0

三國
晉
———— 民族大遷徙

南北朝

— 500 … 德意志立國

隋朝
唐朝

———— 查理曼帝國
東、西法蘭克帝國
五代十國
———— 薩克森王朝
宋朝 ———— 奧托一世稱帝
— 1000

元朝

明朝

— 1500
———— 德國宗教改革

———— 三十年戰爭
清朝

———— 神聖羅馬帝國滅亡
德意志邦聯
———— 普法戰爭
中華民國
———— 分裂成東、西德
———— 兩德再次統一
— 2000

BC

耶穌基督出生 0—

君士坦丁統一羅馬

羅馬帝國分成兩部 —

波斯帝國 500—

回教建立

—

—

凡爾登條約

神聖羅馬帝國建立
1000—

十字軍東征

蒙古第一次西征

英法百年戰爭開始

哥倫布發現新大陸
1500—

英國大破無敵艦隊

發明蒸汽機

美國獨立

美國南北戰爭開始

第一次世界大戰
第二次世界大戰

2000—

戈林，並很快做出了一個改變戰爭方向的決定：轟炸倫敦。希特勒歇斯底里地大聲叫喊：「當英國空軍投下兩千、三千或四千公斤炸彈時，我們將在一夜間扔下十五萬、二十五萬、三十萬或者四十萬公斤炸彈。我們將把他們的一些城市夷為平地。」

從9月7日開始，英德空戰進入決戰階段，德軍卻把攻擊目標換成了倫敦，使英國空軍有了喘息的機會。英軍上下齊心協力，抓住有利時機，全力修復機場和裝備，培養飛行員，恢復了戰鬥力。再加上美國的支持，英軍的實力慢慢追趕上來，準備與德軍進行決定性的空戰。

9月15日，戈林決定孤注一擲，對英國空軍進行毀滅性打擊。200多架德國轟炸機在3倍的戰鬥機掩護下在海峽上空出現。英軍出動300多架戰鬥機，雙方在英吉利海峽上空展開了一場大戰。

戰果對德國非常不利，德軍損失68架飛機，英軍損失33架。從此以後，德軍再沒有發動過如此大規模的空襲，這一天也成為不列顛空戰的轉捩點。戰後，英國將9月15日定為不列顛空戰日，以紀念勝利。1940年9月，希特勒宣布「海獅計畫」無限推遲，最後不了了之。這意味著德軍入侵英國的戰略失敗了，最終不列顛空戰以英軍的勝利而結束。

### 相關鏈結：「月光鳴奏曲」

德軍不甘心就這樣的失敗，在希特勒宣布對蘇聯作戰後，仍繼續對英國實施夜間空襲，目的是摧毀英國工業城市，削弱英國的軍事工業。1940年11月14日德軍開始了夜間代號為「月光奏鳴曲」的空襲，目的地是英國航空工業基地考文垂。當晚，德軍共出動449架轟炸機，使用代號為「X-蠟膏」的無線電導航技術，轟炸非常準確。此次空襲是非常成功的，並且由於具備了戰略轟炸的典型特點，在軍事史上具有非常深遠的影響和意義。

# 兵敗史達林格勒

德國的轟炸並沒能炸出一條通向英國的道路，希特勒的進攻受到了阻礙，他把矛頭對向了蘇聯，希望經由戰勝蘇聯，從而打擊英國。

希特勒說，如果入侵英國不能實現，德國的行動目標就應當是消除所有讓英國有希望改變形勢的因素；蘇聯是英國最想依靠的國家；隨著蘇聯被擊潰，英國最後的希望也將破滅，那時，德國將成為歐洲和巴爾幹半島各國的主人。

當然，蘇聯本來就是希特勒的打擊目標。不過在攻打蘇聯之前，德國還得去解救一下盟友墨索里尼。這位在東非和北非發動侵略的「老師」，作戰能力遠不如侵略野心，在英軍的打擊下一再敗北。為了提升軸心國的士氣，希特勒發動了巴爾幹戰役，並很快取得勝利。

巴爾幹戰役讓入侵蘇聯的時間往後退了6個月。到了1941年6月，入侵蘇聯似乎已經萬事俱備了。22日，一個假日的清晨，德軍突然進入了蘇聯國境。

雖然英國等國和蘇聯的間諜多次提醒史達林，德國將在1941年夏進攻蘇聯，但史達林怎麼也沒有想到在英德戰火正酣的時候，希特勒會掉頭攻擊蘇聯。他甚至懷疑，這是英國間諜為了將蘇聯拉入對德作戰的陷阱而捏造的。

在德軍閃電般的進攻下，蘇軍猝不及防，紛紛潰敗。到了9月份，德軍已經佔領了蘇聯100多萬平方公里，殲滅蘇軍200多萬。不過，德軍也付出了慘重的代價，死傷好幾十萬。一個月後，德軍執行「颱風」計

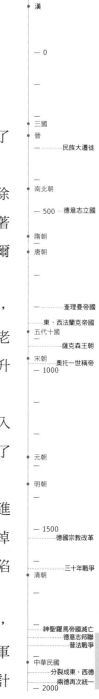

BC 日耳曼部落

漢

— 0

三國
晉
民族大遷徙

南北朝

— 500 德意志立國

隋朝
唐朝

查理曼帝國
東、西法蘭克帝國
五代十國
薩克森王朝
宋朝 奧托一世稱帝
— 1000

元朝

明朝

— 1500
德國宗教改革

三十年戰爭
清朝

神聖羅馬帝國滅亡
德意志邦聯
普法戰爭
中華民國
分裂成東、西德
兩德再次統一
— 2000

畫，向莫斯科發動猛烈攻擊。蘇軍在朱可夫將軍的帶領下，堅守莫斯科。德軍攻擊到莫斯科城下，屢次突擊不成，漸漸失去耐心。再加上寒冬將至，德軍被迫轉入防禦。

這次戰役，希特勒損失50萬人，是德軍參戰以來的第一次重大失敗。隆冬時節，伴隨著莫斯科郊外的隆隆炮聲，不可一世的德國也快到了自己的冬天。

不久，美國參戰，不過希特勒現在顧不上太平洋戰場。他將戰略重點放在了南線，打算進攻史達林格勒。這是希特勒犯下的一個嚴重錯誤，直接導致了二戰最血腥戰役的開始，也把德國推向了失敗。

1942年7月，史達林格勒戰役打響了。德軍由保盧斯上將指揮，兵力有25萬人，740輛坦克以及1200架飛機，而蘇軍只有16萬人，400輛坦克以及600架飛機。因此，德軍在戰爭剛開始的時候進展很順利，突破了蘇軍的層層防線。

兩個月後，德軍進入史達林格勒市區。這時候，朱可夫調任史達林格勒指揮官，蘇德兩軍在史達林格勒開始了一場曠日持久且血雨腥風的巷戰。對於力量單薄的史達林格勒來說，這場戰爭打得異常艱辛，每一個街區甚至一棟樓房都要反覆爭奪，付出巨大的傷亡代價。

人們在屋頂上、院子裏、下水道裏短兵相接。德軍飛機把這個城市變成了一片廢墟。到了9月底，德軍一直不能完全佔領史達林格勒。對此，朱可夫是這樣認為的：「敵軍只能踏著我們的屍體前進，而蘇軍是殺不完的。」

哥倫布發現新大陸
　　　　　1500—

英國大破無敵艦隊

發明蒸汽機

美國獨立

美國南北戰爭開始

第一次世界大戰
第二次世界大戰

　　　　　2000—

11月19日，蘇軍開始實行天王星計畫，開始反攻。面對不利的戰爭形勢，保盧斯想突圍出城，但希特勒卻命令他不許撤退，要「戰鬥到最後的一兵一卒一槍一彈」。蘇軍僅用4天時間就突破了德軍的防線，把幾十萬德軍包圍在史達林格勒。

希特勒趕緊命令曼斯坦因將軍帶領第六集團軍去解圍，但卻命令他和保盧斯一起鎮守史達林格勒，這直接葬送了第六集團軍。保盧斯因被重重圍困，彈盡糧絕，被迫投降。聽到保盧斯投降的消息，希特勒嘲諷地說，如果他自殺，還可能升到「永生和民族不朽」的天國，現在他「寧願到莫斯科去」。

史達林格勒戰役是世界上最殘酷的戰役，德國損兵接近150萬，喪失了德軍東線四分之一的兵力。蘇軍傷亡113萬，其中50萬是平民。這次戰役使蘇德戰場發生了根本的轉變，也是第二次世界大戰的轉捩點。

### 相關鏈結：「巴巴羅薩作戰」

希特勒為了入侵蘇聯，制定了「巴巴羅薩計畫」。該計畫是集中大量兵力，大概有300萬精銳德軍，以「閃電戰」的方式，從三個方向對蘇聯進行迅猛的突擊，佔領蘇聯首都莫斯科、列寧格勒和基輔等，在蘇聯西部地區消滅蘇聯紅軍主力，之後向蘇聯長驅直入，並用空軍摧毀烏拉山工業區，從而擊敗蘇聯。

BC　日耳曼部落

漢

— 0

三國
晉
——————民族大遷徙

南北朝

— 500 ——德意志立國

隋朝
唐朝

——————查理曼帝國
東、西法蘭克帝國
五代十國
——————薩克森王朝
宋朝　奧托一世稱帝
— 1000

元朝

明朝

— 1500
德國宗教改革

——————三十年戰爭
清朝

——————神聖羅馬帝國滅亡
——————德意志邦聯
——————普法戰爭
中華民國
——————分裂成東、西德
——————兩德再次統一
— 2000

# 刺殺希特勒計畫

BC

耶穌基督出生　0—

君士坦丁統一羅馬
羅馬帝國分成兩部

波斯帝國　500—

回教建立

凡爾登條約

神聖羅馬帝國建立
　　　　1000—

十字軍東征

蒙古第一次西征

英法百年戰爭開始

哥倫布發現新大陸
　　　　1500—

英國大破無敵艦隊

發明蒸汽機

美國獨立

美國南北戰爭開始
第一次世界大戰
第二次世界大戰
　　　　2000—

　　無論邪惡多麼強大，正義的力量總是存在，它們就像星星之火，隨時準備點燃燎原之火。希特勒的納粹政府的集權統治，遭到了世界法西斯國家和人民的反對，也遭到了德國反法西斯力量的反對。

　　這些反對力量是那麼弱小，不成氣候，但卻以行動告訴全世界的人們，還有另外一個德國存在，那就是馬克思和恩格斯的德國，是愛因斯坦的德國，是貝多芬和莫札特的德國，是一個愛好和平的德國。

　　面對納粹的專制統治和政治蠱惑，在德國幾乎整個民族都陷入了對納粹主義和希特勒個人的瘋狂崇拜中，德國仍然有一些「眾人皆醉我獨醒」的優秀人物，保持著獨立的思考。也因此出現了「白玫瑰」的受難，有史陶芬堡伯爵的刺殺行動。

　　索爾兄妹對很多外國人來說是陌生的，但他們卻是德國民眾心中永遠的一塊里程碑。曾經他們也是希特勒的狂熱追求者，但當希特勒的真正面目暴露之後，他們勇敢地站了出來。儘管因為1937年組織學生團體被納粹短暫關押，他們仍然無所畏懼。特別是哥哥索爾‧漢斯，作為戰地醫生，目睹戰爭的殘酷，認為必須要消滅希特勒這個惡魔。

　　1942年，索爾兄妹再次發起成立了大學生反納粹地下組織，並得到休波教授等導師的支援，他們把這個組織叫「白玫瑰」。他們採用傳統的手段，通過散發傳單來揭發納粹迫害猶太人、發動侵略戰爭和誤導青年的罪行。

　　在不到一年的時間裏，「白玫瑰」散發了數千份傳單。這些傳單

中，揭示了納粹大批屠殺波蘭猶太人的事實，並指出：「從這裏我們看到了玷污人類榮譽的最可怕的罪行，一種在人類歷史上從無先例的罪行……」號召德國人民起來破壞納粹的戰爭機器。

　　1943年2月，希特勒在慕尼黑大學向學生訓話。他無恥地向學生們灌輸納粹精神，被忍無可忍的學生趕了出來。此時，索爾兄妹正好在慕尼黑大學發放傳單，希特勒把自己的遭遇歸罪於兄妹的挑唆，下令蓋世太保逮捕了兄妹。面對納粹法庭的判決，妹妹蘇菲冷靜地說：「其實你我都知道戰爭已經輸定了，只是你這個膽小鬼不敢說出來而已。」四天後，慕尼黑的納粹「人民法庭」以賣國親敵的罪名宣判索爾兄妹死刑。此時妹妹蘇菲·索爾年僅22歲，哥哥漢斯·索爾25歲。據稱，哥哥在走向斷頭臺說的最後一句話，是被無數人喊過的口號：「自由萬歲！」

　　「白玫瑰」被鎮壓的時候，德國正在二戰的戰場上春風得意，它的抗爭與德國的勝敗無關。但史陶芬堡伯爵的刺殺行動卻發生在軸心國節節敗退的時候，被希特勒綁上納粹主義戰車的德國面臨著被佔領的危險。

　　為了避免自己的祖國成為希特勒的殉葬品，史陶芬堡伯爵出於一個貴族的榮譽感和責任感，刺殺希特勒。

　　史陶芬堡伯爵在戰爭中失去了左眼、右臂和左手的兩個指頭，但正是這些殘疾讓他更加容易接近希特勒。1944年7月20日，這位年輕的伯爵接到通知，要他到希特勒藏身的地堡「狼穴」報告關於編組「人民步兵師」的情況。

　　那一天，陽光燦爛，因為「狼穴」裏溫度太高，希特勒把會議由地下碉堡搬到地面一棟木建築裏。史陶芬堡帶著自己的副官哈夫登中尉準時到達「狼穴」，隨身的公事包裏帶著兩枚炸彈、一個定時引爆裝置和一件襯衣。一位負責接待的副官發現他的皮包很重，伯爵便回答說：「我們有很多事情要談。」

BC　　日耳曼部落

漢

— 0

三國
晉
——————民族大遷徙

南北朝

— 500　德意志立國

隋朝
唐朝

—

——————查理曼帝國
——————東、西法蘭克帝國
五代十國
——————薩克森王朝
宋朝　奧托一世稱帝
— 1000

—

元朝
—
明朝
—

— 1500
————德國宗教改革

————三十年戰爭
清朝

————神聖羅馬帝國滅亡
————德意志邦聯
————普法戰爭
中華民國
————分裂成東、西德
————兩德再次統一
— 2000

BC

耶穌基督出生　0—

君士坦丁統一羅馬

羅馬帝國分成兩部

波斯帝國　500—

回教建立

凡爾登條約

神聖羅馬帝國建立
1000—

十字軍東征

蒙古第一次西征

英法百年戰爭開始

哥倫布發現新大陸
1500—

英國大破無敵艦隊

發明蒸汽機

美國獨立

美國南北戰爭開始

第一次世界大戰
第二次世界大戰

2000—

因為接到緊急通知，原定下午一點召開的會議提前了，時間不多，只有左手的史陶芬堡伯爵急忙躲進廁所組裝炸彈。在副官的催促下，他只好把原定的兩枚減為一枚，定時裝置設為12分鐘。

12點37分，史陶芬堡把裝有炸彈的公事包放在希特勒右方的橡木桌子桌腿內側，然後尋找機會悄悄離開了會議室。炸彈離希特勒只有兩公尺遠，如果沒有意外，希特勒一定會被炸死。但他身旁的一位軍官為了能更清楚地看地圖，就把史陶芬堡那只皮包拎起來，放到桌子厚厚底座的靠外一邊。這樣一來，在炸彈和希特勒之間就隔著一個厚厚的底座。就是這個不經意的舉動救了希特勒的命，也改變了後來的歷史。

12時42分，炸彈準時爆炸。一聲巨響後，24名與會者中只有4人當場死亡。厚實的桌腿為希特勒擋住了爆炸的衝擊，希特勒逃過一劫，只受了輕傷。下午六點，希特勒發表講話：「一夥野心勃勃、毫無理智的軍官企圖篡奪領導權……可天意讓我繼續為人民服務。」他展開了血腥的報復，逮捕了7000多人，並處決了約5000人。史陶芬堡和他另外四個同伴被判死刑。被處決的最後一刻，這位正直的伯爵還在為同伴開脫，把罪責都攬到自己身上。年紀36歲的他，高喊著「我們神聖的德意志帝國萬歲！」史陶芬堡的屍體被埋在刑場附近，但後來被納粹挖出來焚燒，並把骨灰撒入污水中。

### 相關鏈結：克萊騷集團

在反納粹的鬥爭中，一些貴族、宗教人士、富翁和青年知識份子組成了一個團體反抗納粹的統治。領導者一位是老毛奇的侄曾孫子毛奇伯爵，一位是瓦登堡的後代。他們經常在克萊騷莊園聚會，因此得名。雖然經常開會聲討納粹的罪行，但這群「精英」也只是說說而已，沒有任何實際工作。

# 沒有奇蹟

在人類歷史上，總有那麼一些人，他們野心勃勃卻又充滿智慧，他們藐視一切秩序，一生都沉醉在統治世界的美夢中；他們妄圖用武力去征服世界，用鐵血建立千秋霸業。而幾千年的歲月中，真真正正能稱得上這一類人的，卻沒有幾個。其中，就有罪行累累的希特勒。

狂妄的希特勒沒有吸取威廉二世的教訓，他揮動納粹的軍刀與世界為敵，與人類為敵。但玩火者必自焚，戰火最終還是燒到了希特勒自己的身上。

面對國內的不間斷刺殺行動，國外與日俱下的戰局，希特勒深知，在這樣下去，取得戰爭勝利是不可能的了。這個戰爭狂人，對著地圖思考著下一步怎麼辦。他決定在亞爾丁森林發起突破，將西線的英美聯軍橫切兩段，奪取他們的後勤基地，迫使他們撤退。希特勒想當然的以為，這一戰如果勝利，盟軍或許會同意議和。

然而，這一次希特勒已經沒有了精銳的部隊，軍事力量也比盟軍弱了很多。雖然在戰役開始階段，依靠計謀德軍取得了一些勝利，但一旦盟軍反應過來，德軍遭遇的抵抗也越來越強。很快，美軍在巴頓將軍的帶領下，風馳電掣地攻擊過來，德軍招架不住，被迫退回原地。「阿登反擊戰」不到一個月就失敗了。

由於西線的反擊，德軍在東線就更加難以支持。蘇軍的猛烈攻擊，英美聯軍的強烈反擊，如兩股鋼鐵洪流夾裹著的德軍艱難抵抗，碾壓著德意志的大地，也讓希特勒的心越發沉重。眼看著自己的夢想就要付諸

東流，這個偏執的戰爭販子變得瘋狂起來。

希特勒把戰敗的責任全部推給別人，他認為德國失敗是因為他的部下和德國人不夠優秀，所以才會滅亡。他下令把整個德國的軍事、工業和民生設施都毀掉，他要把德意志變成一堆焦土，讓戰勝國在德國得不到任何東西。

失敗的打擊讓希特勒和他的追隨者們都變得極為迷信。他們期望像腓特烈大帝一樣，在絕境中能發生奇蹟，從而讓盟國分裂。戈培爾不斷地宣傳，「決定戰爭的神秘武器」不久就要出現，蘇聯和西方國家的緊張關係將使德國和希特勒獲得生機等等。

1945年4月12日，美國總統羅斯福真的死了。可惜，杜魯門並不像彼得三世崇拜腓特烈大帝一樣追隨希特勒。不管是羅斯福還是杜魯門，都對納粹犯下的罪行深惡痛絕，德國法西斯的罪孽也必將受到懲罰。

希特勒高興了幾天，隨著邱吉爾聲稱德國必須無條件投降的消息而開始失望。很快，潮水般的壞消息接踵而來。朱可夫發動了柏林戰役，希姆萊「局部投降」的建議遭到拒絕，英美盟軍在奧地利會師，義大利的盟軍也節節逼近。誰都可以看出了，奇蹟不可能出現了，希特勒最終絕望了。

不過，他也不希望自己落入敵人之手，他告訴自己的貼身侍衛林格，如果柏林失守，他將和愛娃自殺。為防止屍體落入蘇聯之手，他命令在他死後將防空洞全部焚毀。現在應該在門口準備好兩桶汽油。

愛娃聽說了希特勒的這個決定，顯得很鎮靜，她本來就已經打算和希特勒共赴黃泉。不過在這之前，她提了一個小小的要求，那就是她希望能以希特勒夫人的身分與他一起走上黃泉路。

4月28日，希特勒和他的情婦愛娃在簡陋的防空洞裏舉行了婚禮，柏林街頭的隆隆炮聲為這場不幸的婚禮平添了幾分淒涼。宣傳部的一位

高級官員主持儀式，宣布他們正式成為夫妻。就在這一天，他的盟友墨索里尼和他的情婦被義大利游擊隊擊斃，屍體被掛在路燈上。

兩天後，希特勒終於下定了決心。早上，他讓保鏢把一隻狗帶到臥室，他要檢驗一下毒藥是否管用。狗吞食毒藥後，立刻斃命。下午3點45分，他走進部下的辦公室，與他們告別。他囑咐保鏢，別忘了焚毀他的屍體。

兩位保鏢剛剛走出辦公室，便聽見裏面傳來一聲槍響。大家推開門，發現希特勒歪倒在沙發上，子彈從右太陽穴穿入，周圍濺滿鮮血。愛娃服毒已經停止呼吸，蜷縮在希特勒的右邊，地上扔著希特勒用過的手槍。

這位不可一世、叱吒風雲的暴君，就這樣淒慘地死去了。

### 相關鏈結：希特勒遺囑

這份遺囑是由希特勒口述，他的速記秘書維爾涅爾女士記錄的。希特勒在遺囑中回憶了自己三十多年的從政歷程，認為戰爭是猶太人策劃的，是總參謀部打敗的，他自己是「背叛的犧牲品」。他解除了戈林等人的職務，任命海軍元帥鄧尼茲為德國總統和總司令。他還下令德國軍隊不能投降，要戰鬥到最後，並希望人民繼續搞種族滅絕，消滅猶太人。

# 【專題】奧斯威辛集中營

耶穌基督出生　0—

君士坦丁統一羅馬

羅馬帝國分成兩部

波斯帝國　500—

回教建立

凡爾登條約

神聖羅馬帝國建立
　　　　　1000—

十字軍東征

蒙古第一次西征

英法百年戰爭開始

哥倫布發現新大陸
　　　　　1500—

英國大破無敵艦隊

發明蒸汽機

美國獨立

美國南北戰爭開始

第一次世界大戰
第二次世界大戰

　　　　　2000—

　　2009年12月18日清晨，奧斯威辛集中營遺址入口處的一個長五公尺，重四十一公斤的著名標誌 —— 「勞動帶來自由」被偷了。這起偷盜事件引起了大屠殺受害人和一些國家的不滿。兩天後，警方在波蘭北部的一名竊賊家中找到切割成三份的標誌。

　　這是不是新納粹集團的陰謀不得而知，不過納粹對世界人民犯下的罪行，特別是在奧斯威辛集中營的行為，讓這個不出名的小城市，成為納粹罪行的歷史見證。

　　當「死亡列車」到達奧斯威辛月臺時，人們被趕出車廂，強行排成男女兩列。

　　臭名昭著的約瑟夫‧門格勒醫生帶領一隊醫生將人群分成可以勞動和不能勞動的。不能工作的人被送往奧斯威辛二號。

　　對於要進入毒氣室的人們，劊子手用欺騙的手段讓他們保持良好的紀律。廣播溫和地勸告受害者先洗個澡。「浴室」門前栽著令人高興的時令鮮花，給人一種輕鬆愉快的感覺。誰也不會想到，草坪裏那些可愛的「白蘑菇」，正是毒氣室的通氣孔，納粹將在這裏面投放毒藥。

　　走進「浴室」可以看到一支穿著白衫和海軍藍裙子的小樂隊在「浴室」前廳為「歡迎」新來者，正賣力地演奏一些輕鬆的樂曲。

　　看守們告訴人們每人能分到一個衣櫥，還「友善地」提醒大家記住自己衣櫥的號碼，免得出來時找不到自己的東西。人們爭先恐後地脫掉衣服進入「浴室」。隨著進入的人越來越多，「浴室」內變得擁擠不

堪，感到蹊蹺的人們還沒明白，沉重的大鐵門已經關閉。

突然，所有的燈都滅了，大家不禁驚叫起來。接著，離噴頭最近的人倒下了，大家不明就裏爭相向大門口湧去⋯⋯15分鐘後燈亮了，屠殺者通過窺視孔觀察裏面的動靜，如果有人還在掙扎，就熄燈再等等。然後，看守們打開抽氣機抽走毒氣，處理屍體。

雜役們將月臺和衣櫥裏的東西全部裝車拉到一個巨大的「廠房」。上百名「熟練的」犯人像分揀郵件一樣分揀這些東西。成箱的金錶、項鏈、戒指和胸針等，被送到當鋪當掉，轉換成黨衛隊的經費。

有勞動能力的人則被帶到「檢疫區」，他們被剪掉頭髮、領取囚服並進行拍照、登記。然後，大部分囚徒被送往奧斯威辛一號和三號或其他集中營幹苦役。

他們每天的作息包括：早上醒來，整理床鋪；接著點名，開始工作；長時間勞動，排隊領一頓可憐的飯；最後返回營地，晚上點名。點名期間，無論天氣如何，衣衫單薄的囚徒都必須紋絲不動，否則便遭到殺害。

在集中營的11號樓和12號樓之間的院子裏有一面讓人生畏的牆。這面牆下被槍斃了數以萬計的犯人。如今院內還豎了個小牌。上面寫著：「請您保持肅靜，不要打擾死難者的寧靜」。許多犯人到了這裏幾個月就死去了。

這裏不僅關押著成年人，也有小孩子。

德國法西斯還在集中營內設立了用活人進行「醫學試驗」的「病房」和試驗室。納粹挑選了許多被關押者進行醫學試驗，慘無人道之極讓世人震驚。

1945年1月27日，蘇聯紅軍解放了奧斯威辛集中營，當時集中營裏只剩下7650名活著的囚徒，其中包括130多名兒童。

奧斯威辛集中營在1945年1月27日由蘇聯紅軍解放。

1947年波蘭國會立法把集中營改為紀念納粹大屠殺的國家博物館。1979年，聯合國教科文組織將奧斯威辛集中營列入世界文化遺產。2007年，聯合國教科文組織把集中營命名為「奧斯威辛－比克瑙德國納粹集中和滅絕營（1940～1945年）」

耶穌基督出生　0—

君士坦丁統一羅馬

羅馬帝國分成兩部

波斯帝國　500—

回教建立

凡爾登條約

神聖羅馬帝國建立
1000—

十字軍東征

蒙古第一次西征

英法百年戰爭開始

哥倫布發現新大陸
1500—

英國大破無敵艦隊

發明蒸汽機

美國獨立

美國南北戰爭開始

第一次世界大戰
第二次世界大戰

2000—

# |第十三章|從分裂走向統一

歷史不可以原諒，但歷史之後的歷史卻可以重寫。德國人用六十年的時光才走出了二戰的陰霾，他們擁有驚人的修復能力，也擁有讓人感觸頗深的「尊重歷史」。一個尊重歷史的民族，自然會不斷地創造未來。

1. 巴登-符騰堡
2. 巴伐利亞
3. 柏林
4. 勃蘭登堡
5. 不來梅
6. 漢堡
7. 黑森
8. 梅克倫堡-前波莫瑞州

9. 下薩克森
10. 北萊茵-威斯特法倫
11. 萊茵蘭-普法爾茨
12. 薩爾
13. 薩克森
14. 薩克森-安哈爾特
15. 石勒蘇益格-荷爾斯泰因
16. 圖林根

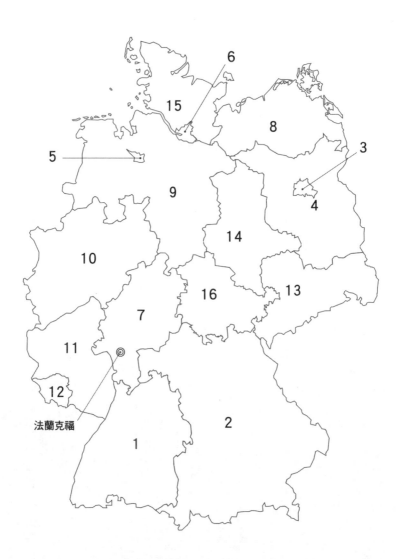

# 人為刀俎，我為魚肉

繼任總統鄧尼茲認定自己的任務就是執行不可避免的投降。1945年5月7日，在蘭斯艾森豪司令部裏，約德爾將軍代表德國向同盟國全面投降。第二次世界大戰結束，第三帝國成為歷史。

希特勒口中的帝國，就這樣存在了十二年就瓦解了。一個國家不管多麼強大，只要他想稱霸世界，並為此發動戰爭與世界為敵，就逃脫不了失敗的結局。

戰爭的失敗讓德國又回到了300年前簽定《威斯特伐利亞條約》的時代，或者130年前的維也納會議時代。

德國再一次成為被人宰割的魚肉，民族的尊嚴再一次被踩在腳下，歷史又回到了原點。

戰敗後的德國滿目瘡痍，政局混亂、經濟凋敝，盟軍的連續轟炸以及希特勒最後實行的「焦土政策」，讓整個德意志變成了殘垣斷壁的廢墟。有統計說，如果每天從柏林開出10列50節車廂的火車來運輸這些瓦礫，需要十六年才能運完。整個柏林已經成為一座「死亡之城」。

紐約《先驅論壇報》記者這樣描述柏林：「柏林什麼也沒有留下。沒有住宅，沒有商店，沒有運輸，沒有政府建築物。納粹留個德國人民的遺產……僅是一些斷壁殘垣……柏林如今僅僅是一個碎磚破瓦堆積如山的地理位置。」除了柏林以外，德國很多城市都遭到了嚴重破壞。

在城市裏，人們在地下室和廢墟裏棲生，帶著茫然的表情艱難生存；在農村，倖存者和外來者擠在一起。德國人的生活面臨極大的困

BC　日耳曼部落

漢

— 0

—

三國
晉
—————民族大遷徙

南北朝

— 500 ⋯⋯德意志立國

隋朝
唐朝

—

—⋯⋯⋯查理曼帝國
東、西法蘭克帝國
五代十國
—————薩克森王朝
宋朝⋯⋯奧托一世稱帝
— 1000

—

元朝
—
明朝

— 1500
⋯⋯德國宗教改革

—————三十年戰爭
清朝

—

—⋯⋯神聖羅馬帝國滅亡
德意志邦聯
—————普法戰爭
中華民國
⋯⋯分裂成東、西德
兩德再次統一
— 2000

難，住房緊缺，物價飛漲，死亡率上升。由於食物缺乏，盜竊和搶劫案件頻發，道德觀念嚴重淪喪。

德國出現了所謂的「煙頭」時期和「德國女孩」時期：人們嗜煙如命，香煙價格迅速上漲，計量單位以支計算。很多外國軍人常常發現他們的後面跟著德國人，等著他們扔掉的煙頭；為了換取生活必需品，一些德國女孩千方百計勾搭盟軍士兵，以補貼家用。

蘇聯《真理報》的記者報導了饑餓的柏林家庭婦女發瘋似地扒開道路進入毀壞的商店搶劫食品，或者突然從廢墟中冒出來向征服者討好以便獲得食物。

1946年的冬天似乎比往年更加寒冷。德國人幾乎所有家庭都沒有暖氣、沒有電，嚴寒的威脅甚至超過了饑餓。據統計，在那年4個月的漫長冬季裏，全德國死亡人數至少有10萬人，僅柏林就有至少1000人凍死，慘不忍睹。

大規模的人口遷徙潮加劇了德國的混亂和人民生活的痛苦，從集中營裏放出來的800萬外國人，從蘇聯和波蘭來的猶太人以及攻入德國的800萬外國軍隊，更多的是東部失去家園的德意志難民，都加重了本地居民的負擔。

在心理上，很多德國人並沒有做好戰爭失敗的準備。面對德國的徹底失敗，很多人無法接受。隨著紐倫堡審判的展開，納粹政府的真正面目被揭發出來，很多人感到震驚，並對這些罪行感到羞愧。

一些知識份子承擔起了自我反省和自我教育的重任。自我反省的精神導師當屬哲學家雅斯佩斯，由於妻子是猶太人，在希特勒一上臺就成為國家的敵人。大戰結束後，他出版了著名的《責任問題》一書，對德國的罪責問題進行了深刻的剖析。但由於長期遠離政治和社會，他的觀點並不能被大多數人接受，讓雅斯佩斯倍感孤單。

除了反思懺悔，民族的精英們也在思考德意志的前途。在戰後成立的政黨和社團中，曾討論過德國前途的三種可能：傾向東方；成立一個「縮小」的德國；密切聯繫西方。只是，德國的這些問題，暫時還不能由德國人來決定。

　　現在，整個德國的命運都交給了蘇、美、英三個大國。三巨頭各懷鬼胎，都認為徹底拆散德國對本國不利，避免了德國被分解的厄運。不過，割地賠款是少不了的。後來法國參加進來，四大國各自劃分了德國的一塊地盤進行駐軍；就連柏林也也被劃分成四塊，由四大國各占一塊。

　　後來，英、美、法將他們在德國的地盤集中起來，成立一個國家，德意志聯邦共和國，簡稱聯邦德國或西德正式成立。沒多久，在蘇聯的主導下，德意志民主共和國，簡稱民主德國或東德也成立了。

　　兩個德國的出現，標誌著部分德國人「統一德國」的夢想破滅了，從此，德意志民族開始了長達40年的分裂狀態。在東西方大國的夾縫中生存的德意志民族，雖然對自己的命運感到不公，卻也無可奈何。

### 相關鏈結：紐倫堡審判

　　紐倫堡國際軍事法庭在1945年11月20日開庭，連續審訊到1946年9月30日。軍事法庭審判了二戰中的人犯共21名。法庭共進行了403次公審，聽取了大量的證詞。審判紀錄和作為證據的文件達到42大本，讓全世界都看到了納粹集團的陰謀和暴行。調查顯示，80％的德國人認為審判是公正的。

BC　日耳曼部落

漢

— 0

三國
晉　　　民族大遷徙

南北朝

— 500　德意志立國

隋朝
唐朝

查理曼帝國
東、西法蘭克帝國
五代十國　　薩克森王朝
宋朝
— 1000　奧托一世稱帝

元朝

明朝

— 1500
德國宗教改革

三十年戰爭
清朝

神聖羅馬帝國滅亡
德意志邦聯
普法戰爭
中華民國
分裂成東、西德
兩德再次統一
— 2000

# 翻越柏林圍牆

BC

耶穌基督出生　0—

君士坦丁統一羅馬

羅馬帝國分成兩部

波斯帝國　500—

回教建立

凡爾登條約

神聖羅馬帝國建立
1000—

十字軍東征

蒙古第一次西征

英法百年戰爭開始

哥倫布發現新大陸
1500—

英國大破無敵艦隊

發明蒸汽機

美國獨立

美國南北戰爭開始

第一次世界大戰
第二次世界大戰

2000—

20世紀70年代，到柏林旅遊的外國遊客都會發現，二戰的廢墟已經消亡。無論是西柏林還是東柏林，都散發出青春的活力。

在西柏林，大街上霓虹燈閃爍，廣場的商廈裏琳琅滿目，劇院裏的文藝作品輪番上演，一切都是那樣生機盎然；在東柏林，物廉價美的商店、影院、劇場在大街兩旁矗立著，浩大的住宅工程正在加緊建設，一切都是那樣井然有序。

然而細心的遊客會發現，繁榮背後卻是令人惋惜的民族分裂。一面厚重而醜陋的牆，將德意志生生分離，語言相通的同一片土地上，卻跳動著兩顆陌生的心。德意志聯邦共和國和德意志民主共和國，走上了完全不同的兩條發展道路。

西德在建國的過程中，吸收了英美等國的成功經驗和自身的歷史教訓，引人注目地走出了一條崛起之路。在政治領域，西德的《基本法》是集西方經驗、歷史教訓以及創新的重大成果，為西德戰後四十年奠定了堅實的基礎，確立了民主、法治、聯邦和社會國家四大原則。

在經濟上，西德建成了一種具有德國特色的資本主義經濟模式，創造了連續16年的經濟增長，被譽為「經濟奇蹟」。在外交上，西德是歐洲冷戰舞臺上的耀眼之星，不僅讓自己恢復了「正常國家」的身分，還成為歐洲獨立外交與一體化的積極推動者。在一片廢墟中，西德以驚人的速度重建了一個現代社會。

東德則吸取蘇聯的社會主義建設經驗和模式，根據本國現狀，進行

社會改造和經濟轉型，成為社會主義陣營中，僅次於蘇聯的發達國家。政治上，東德剛開始實行一黨為主的多黨制，後來改為以德國統一社會黨為領導的多黨議會民主制。

在經濟上，剛開始東德的經濟條件極為糟糕，後來逐步形成了社會主義計畫經濟體制，成為世界十大工業國之一；但經濟體制和外部矛盾也開始暴露出來，東德的經濟活力明顯不足。在外交上，東德卻沒有什麼建樹。

比較東德西德，雖然經濟都發展了，但很明顯西德經濟更發達，生活更美好。帶著對西德的嚮往，很多東德人尤其是中產階級紛紛前往西德去了。而且途徑是如此方便，只要跑到西柏林就夠了。十多年來，從東德跑過去的人有200多萬，相當於東德總人口的十分之一。這200多萬中，又有150多萬是通過西柏林過去的。

為了防止東德人再跑到西德去，1961年8月12日凌晨1點，2萬多軍隊開到東西柏林邊境，開始修建代號為「中國長城第二」的柏林圍牆。僅僅到13日凌晨，全長165公里的柏林圍牆將整個東西柏林完全隔開了。

然而，就在柏林圍牆修建的過程中，東德人就開始了翻越柏林圍牆，逃到西德去的歷史。13日下午，第一個翻越柏林圍牆的人出現了。

那是一個青年，他用百米衝刺的速度奔向鐵絲網，但員警追上了他。他一邊與員警搏鬥，一邊向西柏林飛奔。他明顯不是三名員警的對手，一把刀刺進了青年的膝蓋。就在這時，西柏林群眾的怒吼聲嚇退了三名員警，青年拖著殘廢的腿，爬向他所嚮往的西柏林。

為了翻越柏林圍牆，東德人可謂花樣百出：有開車撞牆的，有藏在汽車引擎蓋裏的，也有製作熱氣球飛過去……翻越柏林圍牆的故事，也不盡是成功的，也有眼淚和悲壯。

BC　日耳曼部落

漢

— 0

三國
晉
——民族大遷徙

南北朝

— 500 ——德意志立國

隋朝
唐朝

——查理曼帝國
東、西法蘭克帝國
五代十國 ——薩克森王朝
宋朝 ——奧托一世稱帝
— 1000

元朝

明朝

— 1500
——德國宗教改革

——三十年戰爭
清朝

——神聖羅馬帝國滅亡
——德意志邦聯
——普法戰爭
中華民國
——分裂成東、西德
——兩德再次統一
— 2000

BC

耶穌基督出生　0—

君士坦丁統一羅馬

羅馬帝國分成兩部

波斯帝國　500—

回教建立

凡爾登條約

神聖羅馬帝國建立
1000—

十字軍東征

蒙古第一次西征

英法百年戰爭開始

哥倫布發現新大陸
1500—

英國大破無敵艦隊

發明蒸汽機

美國獨立

美國南北戰爭開始

第一次世界大戰
第二次世界大戰

2000—

18歲的彼得·菲西特已經爬到了柏林圍牆的頂部，只要再最後加一把勁，他就成功了。這個時候，槍響了，彼得落回了柏林圍牆東側。身受重傷的彼得血流如注，但卻沒有一個東德員警來管他。西柏林的人群爆發了憤怒的抗議，西德的員警甚至冒險跑到柏林圍牆邊把急救包扔給彼得，可惜太晚了，彼得停止了呼吸。

翻越柏林圍牆的故事實在太多，數以萬計的德國人，用自己的生命詮釋了什麼是「自由」。甘迺迪總統曾說：「這是人類歷史上第一堵不是防範外敵，而是防範自己人民的牆。」柏林圍牆成了德國分裂的標誌，也是北約和華約交鋒的前沿。只有德國人自己，默默承受著分離的痛苦。

### 相關鏈結：四D計畫

波茲坦公告確定了四D計畫，即在德國奉行非軍事化、非納粹化、非工業化和民主化的政策，由此改造德國社會。由於德國的軍事力量在戰後已經被摧毀，「非軍事化」改為「非軍國主義化」。這個計畫在一定程度上摧毀了舊的權勢集團，扶持新的力量，促成德國人民反省歷史的決心。但是在改造的過程中，文化的差異、佔領者之間的矛盾以及現實困境，並沒有完全實現改造目標。

# 布蘭特的華沙之跪

1970年12月7日，那個蕭瑟的冬日，在波蘭一個古老的城區，華沙猶太人起義紀念碑前，反納粹的鬥士、時任聯邦德國的總理、66歲的布蘭特正在碑前敬獻鮮花。突然，出乎所有人的意料，布蘭特雙膝一彎，跪倒在紀念碑前。

布蘭特神色凝重，長跪不起，表達了深深的懺悔和哀痛。事後他說，在那種情況下，他覺得，僅僅獻一束鮮花是不夠的。這個舉動感動了波蘭，也感動了全世界。1971年10月，諾貝爾獎委員會一致提名通過，授予布蘭特諾貝爾和平獎。

一位記者這樣寫道：「不必這樣做的他，替所有必須這樣做而沒有下跪的人跪下了。」布蘭特自己對於波蘭和猶太人是沒有任何罪惡的，相反，二戰期間他一直是一位堅定的反法西斯戰士，還因此遭到希特勒的通緝。

然而，今天，他卻代表德國，代表德意志民族，在德國納粹犯下的罪惡面前長跪不起。這個舉動使德意志洗心革面、悔過自新的形象得到了世界的諒解。德國總理施羅德這樣說：「布蘭特以一種特殊的姿態表現，只有承擔歷史責任，才能走向未來。」

跪下去的是布蘭特，站起來的卻是整個德意志民族。原來野心勃勃、以征服世界為夢想的德國已經過去了，一個勇於承認錯誤、敢於面對歷史、追求和平的新德國正在到來。在2003年「最偉大的德國人」評選活動中，布蘭特獲得了第五名。

BC　　日耳曼部落

漢

— 0

三國
晉
——民族大遷徙

南北朝

— 500　德意志立國

隋朝
唐朝

——查理曼帝國
——東、西法蘭克帝國
五代十國
——薩克森王朝
宋朝　奧托一世稱帝
— 1000

元朝

明朝

— 1500
德國宗教改革

——三十年戰爭
清朝

——神聖羅馬帝國滅亡
——德意志邦聯
——普法戰爭
中華民國
——分裂成東、西德
——兩德再次統一
— 2000

布蘭特推行的「新東方政策」因此獲得了極大的成功。「新東方政策」的主旨是「與西方合作與協調一致，並與東方達成諒解」；「放棄使用武力」；「與蘇聯和東歐各國人民實現完全意義上的和平」；承認兩個德國的存在，發展兩德之間的特殊關係，為德意志民族未來的統一做出貢獻。

布蘭特認為，必須維護民族的統一，使德國結束這種不正常的關係。就算德意志存在兩個國家，它們之間也不應該是互為外國，它們之間的關係只能是特殊性質的關係。

很顯然，「新東方政策」是積極的、明智的，有利於與鄰國和睦共處，代表著聯邦德國的外交新時代的到來。而且「新東方政策」雖然面向的是整個東方，但著眼點還是在兩德關係上，因此只有實現了與民主德國的關係正常化，這個政策才算獲得成功。

從1970年3月開始，布蘭特多次與民主德國部長會議主席斯多夫在民主德國的艾爾福特會晤。會談從一開始就充滿了激烈爭論，各自都堅持自己的立場和觀點：布蘭特堅持「一個民族、兩個國家」，斯多夫強調「兩個民族、兩個國家」；勃蘭克強調必須克服德意志內部的鐵絲網，斯多夫認為兩個國家不能合二為一。對於其他的問題，如德國分裂的責任、德意志民族的前途等等問題都存在嚴重分歧。

雖然會談沒有達成任何協議，但布蘭特認為，雙方能坐下談，本身就是一個進步。在與東德談判的過程中，布蘭特接連出訪其他社會主義國家。蘇聯、波蘭、捷克斯洛伐克、匈牙利等國都和聯邦德國改善了關係。

特別是聯邦德國與蘇聯簽定的《莫斯科條約》之後，民主德國改變了立場，讓談判出現峰迴路轉。1972年，兩德先後簽署了《交通條約》和《基礎條約》，約定雙方為兩國公民的旅遊交通提供方便；雙方都同

耶穌基督出生　0—

君士坦丁統一羅馬

羅馬帝國分成兩部

波斯帝國　500—

回教建立

凡爾登條約

神聖羅馬帝國建立
　　　　1000—

十字軍東征

蒙古第一次西征

英法百年戰爭開始

哥倫布發現新大陸
　　　　1500—

英國大破無敵艦隊

發明蒸汽機

美國獨立

美國南北戰爭開始

第一次世界大戰
第二次世界大戰

　　　　2000—

意用和平手段解決爭端；願意發展和促進經濟、文化、衛生等各個領域的合作等等。

　　條約簽定後，兩國公民互相訪問往來的人數快速增長。聯邦德國到民主德國的人增加了60％；民主德國到聯邦德國的人增加了19％。《基礎條約》的簽定，促進了兩個德國關係的改善，也讓兩個德國的對外關係得到新發展。1972年10月同中國正式建立外交關係，被成為「新東方政策」的終結碑。

　　這樣一位功勳卓絕的政治家，卻被國內的政治鬥爭折騰得苦不堪言。保守勢力攻擊他出賣德國、投靠蘇聯，甚至利用他「私生子」的身分進行人身攻擊。後來，因為他的助手和妻子被揭露是民主德國的間諜，他引咎辭職。

### 相關鏈結：新納粹組織

　　戰後，新納粹組織是在一種極其不利的情況下開展活動的。因為世界都對納粹敵視，聯邦政府對新納粹組織採取了嚴厲的控制措施，對公開的納粹分子堅決鎮壓。新納粹組織基本繼承了老法西斯的奮鬥目標，但也與時俱進，聲稱「尊重憲法和國家秩序」。他們大都文質彬彬，衣冠楚楚，沒有狂熱的救世主形象。

# 功臣胖子柯爾

BC

耶穌基督出生 0—

君士坦丁統一羅馬

羅馬帝國分成兩部

波斯帝國 500—

回教建立

凡爾登條約

神聖羅馬帝國建立
1000—

十字軍東征

蒙古第一次西征

英法百年戰爭開始

哥倫布發現新大陸
1500—

英國大破無敵艦隊

發明蒸汽機

美國獨立

美國南北戰爭開始

第一次世界大戰
第二次世界大戰

2000—

　　2009年11月9日，數千人在兩個小時內就聚集到波恩霍莫鐵橋的邊境旁，數十萬人聚集在布蘭登堡門前。儘管寒風凜冽，卻撲滅不了柏林人的熱情，他們在等待一個極具紀念意義的時刻：柏林圍牆倒塌二十週年系列活動。

　　從布蘭登堡門到波茲坦廣場，1000塊描繪得五彩繽紛的牆體模型綿延了1.5公里。「鐵娘子」梅克爾在二十年後再一次走過這座鐵橋，心情複雜；原波蘭總統華勒沙推倒了第一塊模型，1000塊牆體如多米諾骨牌一樣一個接一個倒下。之後，梅克爾帶著法國總統薩科奇、英國首相布朗、德國總統梅德韋傑夫以及美國國務卿希拉蕊，由東向西，跨過布蘭登堡門。

　　歷史的進程到了1989年下半年，東德已是強弩之末。由於東德政府一直按照蘇聯的模式發展，實行的是計畫經濟，對國內反對聲音嚴厲打擊，導致經濟發展幾乎停滯。人民生活貧困，環境污染嚴重，國家負債累累，國內彌漫著深深的不滿情緒。

　　而西德經濟繁榮發展，讓東德的人民豔羨不已；東德堅持的「兩個民族、兩個國家」的政策，也讓廣大德國人民很不認同；再加上東德政府的「秘密員警」對民眾生活的監視，加深了政府和老百姓的衝突。很多東德人都逃到西德去了。

　　東德政府為了安定民心，還是做出了放鬆旅遊管制的規定。雖然這個決定只是一個無奈之舉，但這個晚上卻被德國人民當成了歡樂時刻。

1989年11月19日晚上10點，民主德國的邊防戰士得到命令打開過關欄杆，數以萬計的東德人組成巨大的人流，往聯邦德國湧去。西德人開著汽車前往邊境站，歡迎來自東德的同胞。當東德人實實在在站在西柏林的土地上時，他們還覺得像在做夢。他們和西德的同胞擁抱親吻，歡呼聲、哭泣聲連成一片。

據聯邦德國有關機構的民意調查，贊成德國統一的聯邦德國公民占85％，其中有27％的人願意將自己的財產捐獻給祖國的統一大業；90％的民主德國公民贊成統一。

這個時候，聯邦德國換上了大胖子柯爾當總理。民主德國的種種變化，讓柯爾看到了統一的希望。他欣喜萬分，充分利用這個「從未有過的有利時機」，在統一問題上採取積極步驟。財大氣粗的柯爾政府，一面高舉民族統一的大旗，一面推行「金錢政策」，力圖把統一德國的進程掌握在自己手中。

在這之前，聯邦政府就已經做好準備，迎接民主德國公民的到來。凡是到西德的東德人，每人一年可以領100西德馬克，憑護照或身分證到銀行、儲蓄所、郵局領取；東德人在西德坐火車半價；東德人在西德坐公車、逛公園都有優惠。除了對平民用優惠政策「收買」外，柯爾還訪問民主德國，與東德就政治、經濟、文化、科技、旅遊等達成一系列協議。不過，柯爾仍然在等待，他牢牢抓住已經拉滿弓弦的統一之箭，等待民主德國歷史上的第一次選舉。

1990年3月18日，民主德國的這次議會選舉就成了東德西德乃至全世界關注的焦點。在民主德國首都柏林的廣場上，彙集了來自不同國家和地區的五十多個電視臺、電臺的記者2000多人。來自聯邦德國、法國、英國、盧森堡等數十名歐洲議會人員到柏林觀察大選。

獲勝的是以基督教民主聯盟為首的「德國聯盟」，當過樂師和律師

的洛塔爾‧德‧梅齊埃當選民主德國部長會議主席。他積極主張引進聯邦德國的政治經濟制度，要求加速兩德統一，通過直接申請加入聯邦德國的捷徑，讓統一一步到位。

　　兩德統一的進程就這樣順利地進入柯爾設計的軌道。但是「德國的統一，並非僅僅是德國人的事情」，戈巴契夫的這句話很清楚地表明在統一的道路上，四大國的態度和舉措也具有決定性作用。

　　這時，聯邦德國的外交部長發揮了他的外交手段。他多管齊下，憑著三寸不爛之舌，讓戈巴契夫同意德國統一，並同意德國留在北約；接

著通過兩次「2+4」會議，將德國統一的各個障礙一一清除。

　　1990年10月3日，兩德正式宣布統一，國名仍然是「德意志聯邦德國」。分離數十年的德意志民族終於統一了。正如德國國歌裏唱的：

「統一、主權和自由，

為了德意志祖國；

讓我們一起為了這個目標而努力，

像兄弟那樣團結起來，獻出我們的雙手和真心。」

### 相關鏈結：「2+4」會議

　　德國的統一要獲得蘇、美、英、法四大佔領國的認可。為此，美

國在1990年初提出了「2+4」方案。「2」指的是聯邦德國和民主德國，「4」指的是美、蘇、英、法四大國。當年5月5日，兩德外長和四大國

外長在波恩舉行了第一次「2+4」會議，在德國問題上並未取得一致見

解；6月22日召開了第二次會議，仍然沒有突破性進展。第三次會議於

7月17日在巴黎舉行，會上確定了德波邊界，解決了德國統一的核心問

題。於是9月11日在莫斯科舉行第四次會議，簽定了《關於最終解決德國

問題的條約》，最終清除了德國統一的外部障礙。

# 【專題】竊聽風暴

電影《竊聽風暴》的內容，講述的八〇年代的東德，主角威斯勒奉命去監聽德萊曼夫婦。後來被德萊曼的生活所感動，最終幫助德萊曼逃離了監禁甚至槍決的危險。但威斯勒卻被貶職到永無天日的地下室工作。柏林圍牆倒塌後，德萊曼獲悉了真相，給素未謀面的威斯勒一個禮物——出版了一本《好人鳴奏曲》。

當威斯勒走進書店，無意中看見這本書時，他買下了，當店員問他是否要包裝時，他說「不，這是送給自己的。」

這雖然是一部電影，卻也是當時東德人民生活的真實寫照。或許你不會想到，片中威斯勒的扮演者是德國演員穆荷，當他在兩國統一後去查看自己的檔案時，發現他的妻子在長達六年的時間裏，每天向秘密員警報告他的言行舉止。

當然，在那個人人自危的年代，他不是唯一被親人背叛的人。據統計，在東德總共有9萬名正式秘密員警和17.5萬名告密者。到處都是告密者，妻子監視丈夫，學生監視老師，孩子監視父母等等，而他們的報酬無非是電影中威斯勒所說的「給麥克太太在協助調查中記錄一筆。」

只有天真無邪的孩子，在那段不堪回首的歷史中不會害怕秘密員警。就如電影中那個和威斯勒在一起的金髮小男孩。幸運的是，孩子遇到的是已經開始懷疑這個社會的威斯勒，不然他的命運將會非常黑暗。要知道，在當時的東德，不少孩子就因為種種罪名被關進了「少年管教所」。

BC　日耳曼部落

漢

— 0

—

二

三國

晉 ────民族大遷徙

—

南北朝

— 500 ─德意志立國

隋朝

唐朝

—

— ────查理曼帝國

東、西法蘭克帝國

五代十國

— ────薩克森王朝

宋朝　奧托一世稱帝

— 1000

—

—

元朝

—

明朝

—

— 1500

德國宗教改革

— ────三十年戰爭

清朝

—

— ─神聖羅馬帝國滅亡

德意志邦聯

─────普法戰爭

—

中華民國

────分裂成東、西德

─────兩德再次統一

— 2000

BC

耶穌基督出生　0—

君士坦丁統一羅馬

羅馬帝國分成兩部

波斯帝國　500—

回教建立

凡爾登條約

神聖羅馬帝國建立
1000—

十字軍東征

蒙古第一次西征

英法百年戰爭開始

哥倫布發現新大陸
1500—

英國大破無敵艦隊

發明蒸汽機

美國獨立

美國南北戰爭開始
第一次世界大戰
第二次世界大戰

2000—

　　監視是如此徹底，以致東德的安全工作人員甚至企圖收集人的氣味。人類的氣味檔案在斯塔西辦事處的玻璃罐內存放了好幾年。

　　1989年12月4日，柏林圍牆被推倒後一個月，東德艾爾福特市的一棟政府辦公大樓的樓頂上突然冒出了陣陣黑煙，引起了一個正巧經過的女醫生的注意。她意識到這意味著東德政府正在銷毀秘密檔案。憑著勇氣與正義感，她與市民們衝進了政府辦公大樓，強行接管了正在被銷毀的秘密檔案。

　　1990年1月15日，成千上萬的市民衝進了斯塔西總部大樓，他們看見的是堆積如山的碎紙——這些來不及焚燒或者投入粉碎機的海量檔案僅憑人力被撕成碎片，裝滿了足足16000個大麻袋，甚至於大樓內所有的碎紙機都因為超負荷工作而統統陷入故障。除此之外，仍有3900萬張檔案卡片和排起來可達180公里長的文件來不及銷毀，被市民完整接收。

　　經過二十年的努力，驚天秘密正在被修復。斯塔西作為世界上規模最龐大的對內情報組織與秘密員警機構，在東德非常盡職地維護著政權的穩定，它幾乎監視過東德三分之一的公民。在東德，平均一天就有八個人被秘密逮捕，很多人下落不明。

　　解密的前東德情報機關檔案，據說有125英里長，裏面包含重量達6250噸、21.25億頁的卷宗，它記錄著東德幾乎全部人民各方面的生活。這個只有1700萬人口的國家，17.5萬個告密者隱藏在社會的各個角落。

　　但是，儘管檔案損失嚴重，那些倖存的碎片被解密後，對東德社會造成了巨大的衝擊。很多家庭為此破裂，很多友誼也走到了盡頭。沉重的真相，讓很多人難以接受，也讓德國人拖著長長的心理陰影。

# |第十四章| 全新的掌權者

　　梅克爾連任了，她將超過英國柴契爾夫人，成為世界歷史上在位時間最長的女性領導人。梅克爾其實就是德意志民族的縮影，德國人深信，這位務實低調、不近人情卻又剛強無比的領導人，會帶領他們走向更美好的未來。

1. 巴登-符騰堡
2. 巴伐利亞
3. 柏林
4. 勃蘭登堡
5. 不來梅
6. 漢堡
7. 黑森
8. 梅克倫堡-前波莫瑞州

9. 下薩克森
10. 北萊茵-威斯特法倫
11. 萊茵蘭-普法爾茨
12. 薩爾
13. 薩克森
14. 薩克森-安哈爾特
15. 石勒蘇益格-荷爾斯泰因
16. 圖林根

法蘭克福

# 中間道路行不通

2005年11月19日，德國漢諾威市，德國總理格哈特・施羅德參加德國軍隊的火把閱兵儀式，這也是施羅德離任的告別儀式。儀式上，德國三軍儀仗隊和軍樂隊手持火把，莊嚴肅穆地從施羅德面前走過，並同時演奏這位政績斐然的總理最喜歡的曲目。

當樂隊演奏起他喜歡的美國已故名歌手法蘭克・辛納屈的名曲《我的征途》時，人們在電視螢幕上看到，平素一向沉穩的施羅德，因情緒激動而雙眼噙滿淚花。

在德國的政壇上，施羅德可能是最「悲壯」的人物之一。當社民黨在選舉中慘敗時，他或許已經知道自己的結局，他將告別自己的總理生涯。施羅德的選舉失敗，也預示著他的「中間路線」政策的失敗。

施羅德出生在二戰末年，他的父親在他出生後不久戰死，母親在農場工作，供養整個家庭。施羅德最初做售貨員，他勤奮努力，利用業餘時間學習，通過了歌廷根大學的入學考試。之後，他一邊讀書，一邊勤工儉學。1972年，他通過律師考試，並成為一名律師。

九十年代，他帶領社民黨度過艱難的「反對黨」歲月，並在1998年擊敗連續執政十六年的柯爾內閣，成為德國的「平民總理」。在任期第一年，施羅德以「媒體總理」聞名，他不時採取協商來完成個人決定，溫和的形象深入人心。

施羅德的執政特點是推行「新中間路線」，這是世界性的「第三條道路」的組成部分。所謂第三條道路，是指介於社會主義和資本主義

BC　日耳曼部落

漢

— 0

— 三國
晉
……民族大遷徙

南北朝
— 500 …德意志立國
隋朝
唐朝

—……查理曼帝國
……東、西法蘭克帝國
五代十國
……薩克森王朝
宋朝……奧托一世稱帝
— 1000

元朝
—
明朝

— 1500
……德國宗教改革

……三十年戰爭
清朝

——神聖羅馬帝國滅亡
……德意志邦聯
……普法戰爭
中華民國
……分裂成東、西德
……兩德再次統一
— 2000

兩條道路之間的其他選擇。它不單單是一條中間路線，或者說是一種妥協，它是糅合了兩種路線的優點、摒棄缺點的政治哲學。

施羅德的「新中間路線」，強調「革新是我們的傳統」，原則不是靜止的概念。在新的時代，「自由」還意味著為集體和個人承擔更多的責任。他認為，「公正」不是簡單的平等，人們不能過分依賴國家。

帶著這樣的理念，在實際操作中，施羅德政府開始調整社會福利制度，對國家健康保險、失業金和養老金等資金來源做了新的規定，制定了稅收改革法案，改善勞工僱傭制度，提出了放棄核能法案，推動發展可再生資源，取消大學學費，並合法化同性戀地位。

與失業做鬥爭是施羅德執政期間的中心任務，重點在降低青年失業和長期失業。為此，他提出了青年就業計畫。柯爾雖然實現了德國的統一，但在他的任期間失業率猛增，經濟停滯不前，這也是導致他大選敗給施羅德的原因。

凡爾登條約

神聖羅馬帝國建立
1000—

十字軍東征

蒙古第一次西征

英法百年戰爭開始

如今這個問題，同樣是施羅德政府面臨的首要問題。但是，施羅德並沒有解決好這個問題。一對德國夫婦，長期失業並依靠救濟金生活。但施羅德推出的哈茲失業解決專案，並沒有帶給他們希望。在仔細閱讀完申請程序後，這對夫婦發現，他們在未來根本不可能獲得任何工作機會，甚至還失去了領取救濟金的資格。絕望下，他們留下控訴政府的遺言，自殺了。

哥倫布發現新大陸
1500—

英國大破無敵艦隊

發明蒸汽機

美國獨立

美國南北戰爭開始

第一次世界大戰
第二次世界大戰

2000—

這條消息震驚了德國，也表明施羅德的中間路線非常不符合德國的現實情況。施羅德宣稱的「新中間路線」，目的是想縮短貧富差距，改善社會福利，解決失業問題，但檢驗他的成績，幾乎全部不及格。改革的措施沒有取得預期的成效，將近500萬的失業人數沒有減少；在刺激經濟增長和改革國家財政等方面，也缺少建樹。

在施羅德在職的七年中，德國輿論一直褒揚少、貶斥多。正如德國

媒體評論的：「毫無疑問，是德國國內居高不下的失業率使選民極度不滿；毫無疑問，是國家長年債臺高築使選民驚愕不已；毫無疑問，是社會保障體系呈現的問題使選民們不知所從。」正是這些原因，這位相當有領袖才華和魅力的政治家，在2005年的競選中失敗。

### 相關鏈結：《2010規劃》

2003年3月，施羅德在議會上宣布《2010規劃》的改革方案，力圖改變企業的職工福利負擔過重、國家管制過多、職工工資附加成本過高等結構性弊端，向國家福利開刀。從2003年到2005年，施羅德實施了四次哈茲改革方案，對德國社會的福利、養老金、勞動力市場等進行了大幅度調整。但這也引發了工會與社民黨之間的尖銳矛盾，雙方的關係面臨嚴峻考驗。

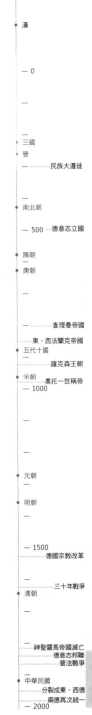

BC　　日耳曼部落

漢

— 0

—

— 三國
晉
— ………民族大遷徙

南北朝
— 500　……德意志立國
隋朝
唐朝
—

— …………查理曼帝國
…東、西法蘭克帝國
五代十國
…………薩克森王朝
宋朝　奧托一世稱帝
— 1000

—

—

元朝
—
明朝
—

— 1500
德國宗教改革

—
…………三十年戰爭
清朝
—

…神聖羅馬帝國滅亡
………德意志邦聯
………普法戰爭
中華民國
………分裂成東、西德
………兩德再次統一
— 2000

# 從「灰姑娘」到「鐵娘子」

BC

耶穌基督出生　0—

君士坦丁統一羅馬

羅馬帝國分成兩部

波斯帝國　500—

回教建立

凡爾登條約

神聖羅馬帝國建立
1000—

十字軍東征

蒙古第一次西征

英法百年戰爭開始

哥倫布發現新大陸
1500—

英國大破無敵艦隊

發明蒸汽機

美國獨立

美國南北戰爭開始

第一次世界大戰
第二次世界大戰

2000—

德國作作家戈爾德‧朗古特這樣形容她：「她很低調，總有自己的堅持，一般人很難讀懂她，認為她是個謎。」

她多年老朋友溫德林這樣評價她：「有點鐵娘子的風格，又時常顯現著一份平淡！」

德國當代歷史學家沃爾夫魯姆認為她「從不張揚，是一個優秀的中間派，這樣就能拉攏住每一個人，這正是她成功的關鍵。」

德國《圖片報》的副主編尼科勞斯‧布隆姆如此表示：「她把猶豫、遲疑的性格弱點轉化成了一種政治技巧，反而讓德國在國際事務中不會被『牽著鼻子走』。」

他們口中的「她」，就是德國總理梅克爾，她是德國歷史上最年輕的總理，也是德國歷史上第一位女總理。

1954年，梅克爾出生在德國漢堡，她的父親霍斯特是一位路德新教的牧師，母親則從事教育工作，教授拉丁文和英語。梅克爾從小在鄉村長大，後來一家遷往布蘭登堡的小城鎮坦布林。在梅克爾很小的時候，威嚴的父親就向她灌輸了一種觀念：必須永遠比同齡人更出色。這個信條在後來便成了梅克爾畢生的座右銘。

學生時代的梅克爾並不顯眼。在高中同學們的印象裏，她從未有過男友，屬於「沒被吻過的一族」。由於生活十分簡樸，她的衣著色彩總是很淺淡，很多同學譏笑她是「灰老鼠」。1986年，梅克爾獲得物理學博士學位。

柏林圍牆倒塌改變了梅克爾的人生方向，她開始積極投身政治活動，參加了「民主崛起」組織，後又參加了該組織合併後新成立的基民黨。1990年年底，在德國統一後的第一次大選中，梅克爾成功地成為聯邦議員。不久，又被德國前總理赫爾穆特・柯爾納入內閣，在德國政壇中嶄露頭角。

柯爾絲毫不掩飾自己對梅克爾的欣賞。儘管她毫無經驗，慧眼識珠的柯爾還是決定重用。在柯爾的關照下，梅克爾很快地成長起來，在仕途上平步青雲。因此，有人把她稱為「柯爾的小女孩」。

然而，對於這位大恩人，梅克爾並沒有因為他的錯誤而包庇。相反，當柯爾陷入獻金醜聞時，是梅克爾首先呼籲他辭職。為此，德國人對她的這個行為毀譽參半，但她確實開始展現「鐵娘子」的風範。正如德國事務專家裴蒂・登蒲賽指出，「如果梅克爾不無情的話，就當不上德國總理。梅克爾有著獨立的個性和政治雄心。」

2000年，梅克爾當選為基民黨主席。對於她的當選，很多人並不看好，認為她不過是一個依靠柯爾提攜的「政治花瓶」，或者認為她是一個臨時收拾「爛攤子」的過渡人物。但梅克爾卻憑藉越來越成熟的政治手腕，牢牢在主席這個職位上站穩了腳跟。

在不長的政治生涯中，梅克爾學會有屈有伸，學會了堅強面對危難，並以她簡練、堅定和實幹的作風贏得了大家的支持。在激烈的競選中，她提出的口號：「我願為德國效力」是那樣的真誠而有力。儘管犯了一些失誤，梅克爾最終以微弱的優勢當選為德國總理。

梅克爾很會控制自己的情緒，她身邊的工作人員說她從不會大發雷霆。一次，她希望一位官員向她解釋一些資料，但這位官員卻不著邊際，讓她很不滿意。她嘲笑那位官員說：「真是一番了不起的評論。」說得那位官員滿臉通紅。等到會議結束後，她又安慰那位官員：「你回

BC 日耳曼部落
漢
— 0
— 三國
晉 — 民族大遷徙
— 南北朝
— 500 德意志立國
隋朝
唐朝
—
— 查理曼帝國
東、西法蘭克帝國
五代十國 薩克森王朝
宋朝 奧托一世稱帝
— 1000
—
—
元朝
—
明朝
—
— 1500
德國宗教改革
—
三十年戰爭
清朝
—
—
神聖羅馬帝國滅亡
德意志邦聯
普法戰爭
中華民國
分裂成東、西德
兩德再次統一
— 2000

BC

耶穌基督出生　0—

君士坦丁統一羅馬

羅馬帝國分成兩部

波斯帝國　500—

回教建立

凡爾登條約

神聖羅馬帝國建立
1000—

十字軍東征

蒙古第一次西征

英法百年戰爭開始

哥倫布發現新大陸
1500—

英國大破無敵艦隊

發明蒸汽機

美國獨立

美國南北戰爭開始

第一次世界大戰
第二次世界大戰

2000—

答得沒錯，只是對我毫無幫助。」她的表情是溫柔而和善的。

面對德國的問題，這位女總理奉行一步一步來的原則，她說，我不擔心，我的任務是解決和預防問題。在歐債危機的大背景下，德國經濟在梅克爾的帶領下依然表現得很出色。她拒絕當「消防員」，以「規則重建者」的姿態，拋出了歐洲一體化的藍圖。她反對歐洲中央銀行成為最終貸款人，甚至說「只要我活著，就不會發行歐元債券」這樣的狠話。

在她執政的八年，她收拾了前總理施羅德留下的爛攤子，降低了德國的失業率，遏制了歐債危機，出口保持強勁。她幾乎兌現了她曾經的諾言，讓德國經濟前景一片光明。

在2013年的《富比士》「全球最有權力人物排行榜」中，梅克爾獲得第二，緊隨美國總統奧巴馬。同時，在「最具權力女性排行榜」中，梅克爾當仁不讓地成為第一。所有人都知道，這位德國鐵娘子已經創造了歷史，她像英國傳奇首相柴契爾一樣締造了自己的主義。

### 相關鏈結：梅克爾訪問中國

梅克爾一共訪問過三次中國，分別是2006年5月22日和2007年8月以及2008年10月24日。第一次訪華，中德簽定了19份雙邊合作文件；第二次訪華，恰逢中德建交三十五週年，梅克爾專門參加德國在華系列文化活動「德中同行」開幕式；第三次訪華，被視為梅克爾修復奧運會後中德關係之旅。

# 叫醒德國沉睡的經濟

2013年9月22日，對於所有德國人而言，那天是一個意義重大的日子，德國新一屆總理競選結果在這一天揭曉。以梅克爾為首的聯盟黨以壓倒性優勢贏得聯邦議院選舉，得票率為41.5％，創造了1990年以來最好成績。這意味著，梅克爾將繼續連任德國總理，有分析稱，德國將進入「梅克爾主義時代」。

梅克爾之所以能獲得連任，主要是贏在經濟上。從2005年任職以來，梅克爾面臨的可以說是世界上經濟波動最大，挑戰、困難最多的時期。從2007年的美國次貸危機，到2008年的全球金融危機，再到歐債危機，當世界各國都在遭受危機重創時，只有德國還保持了強勁的發展勢頭。

在歐洲深陷債務危機的泥潭之際，她對德意志民眾承諾：「德國將以強大的姿態走出這場危機。」從德國的發展來看，她幾乎已經兌現了承諾。在她的領導下，德國不僅僅在危機中獨善其身，還成為拯救者，讓德國成為歐洲的經濟領袖。

當然，德國經濟能夠復甦，還與幾千萬勤勞的德國人分不開。德國前總理艾德諾曾說：「德國人民是深深地低著頭，但沒有消沉。」即便是在二戰後滿目瘡痍、百廢待興的時候，德國人就是在這一片廢墟上重建了一個現代化的德國。

美國總統1972年訪問歐洲，在聯邦德國感受到了德意志人的悲慘生活和不屈的精神。當總議員來到大街上，一群兒童手裏拿著父親們用鮮

BC

耶穌基督出生　0—

君士坦丁統一羅馬

羅馬帝國分成兩部

波斯帝國　500—

回教建立

凡爾登條約

神聖羅馬帝國建立
　　　　　1000—

十字軍東征

蒙古第一次西征

英法百年戰爭開始

哥倫布發現新大陸
　　　　　1500—

英國大破無敵艦隊

發明蒸汽機

美國獨立

美國南北戰爭開始

第一次世界大戰
第二次世界大戰

　　　　　2000—

血換來的勳章，希望能換點食物。但他們只是希望交換，並沒有任何乞討的意思。一位議員給了一個小女孩一塊巧克力，本以為這個饑餓的孩子會自己吃掉，哪知她立刻把巧克力塞到了妹妹的口中。

在苦難中，德國人爆發出了驚人的生命力和創造力，他們努力工作，經過幾代人的堅持，創造了德國的「經濟奇蹟」。而這些，又與德國文化發展和科技進步分不開。

雖然德國發動了兩次世界大戰，並都以失敗告終，但這絕不是科技文化的失敗，這也是為什麼德國能在兩次戰後迅速崛起的原因。德國人認為科學和技術是「進步的中樞神經」，正是將一系列的研究成果轉化為實際，才讓德國再次躋身世界前列。

談到德國，人們很快便會聯想到賓士、寶馬、大眾，聯想到西門子、拜耳、巴斯夫等大企業。在世界500強企業中，有37家在德國。作為歐洲的頭號經濟體，德國的經濟總量占歐盟總量的三分之一，它是一個製造大國，其工業製造業占GDP的29％，它的製藥。機械、環保產品聞名於世。實實在在發展實體經濟是德國經濟奇蹟的秘訣，也是德國能成功抵禦全球金融危機的原因。

但是，當很多歐洲國家都面臨經濟疲軟、失業率居高不下、老齡化等等問題時，德國作為世界經濟的一員，也不能避免，實際上，德國自己也「病」得不輕。針對高收入的增稅政策自然會打擊消費者；雖然失業率高，但旨在保護勞動者免於失業的勞動法卻因阻力太大而難以實施。

作為歐洲最大的經濟體，很多歐洲國家都希望德國能帶頭進行改革。對於這種期望，梅克爾看得很清楚，她說：「關注德國的那些國家，都期望一個答案。德國依舊強健，是歐洲經濟增長引擎和『定海神針』。不過，德國能力並非無限大，如果高估這一點，所有那些援助方

案都會變得空洞無力。」

　　只是，德國人不歡迎改革，改革讓他們沒有安全感，大多數德國人都認為改革是一件危險的事情。德國人不願意付出任何代價，也不願意失去現有的福利。正如經濟社會學院的主管斯黛芬妮‧瓦爾說，對德國人來說，經濟自由變成了一種威脅。

　　梅克爾在接受一家德國經濟類雜誌社訪問時也說：「德國人必須學會用經濟來思考。」對此，彼得森說：「德國人還是寧願做鴕鳥，他們不願接受現實。」如果是這樣的話，德國的經濟將會由誰來喚醒呢？

### 相關鏈結：歐債危機

　　2008年金融危機後，希臘等歐洲國家爆發了主權債務危機。它是美國次貸危機的延伸，主要是政府的債務負擔超過了自身承擔的能力，引發了違約風險。2010年3月，歐債危機開始發酵，開始向葡萄牙、義大利、愛爾蘭、希臘、西班牙蔓延，德國與法國等歐元區主要國家也受拖累。

BC　　日耳曼部落

漢

— 0

三國
晉　　　民族大遷徙

南北朝

— 500　德意志立國

隋朝
唐朝

查理曼帝國
東、西法蘭克帝國
五代十國
薩克森王朝
宋朝　　奧托一世稱帝
— 1000

元朝

明朝

— 1500
德國宗教改革

三十年戰爭
清朝

神聖羅馬帝國滅亡
德意志邦聯
普法戰爭
中華民國
分裂成東、西德
兩德再次統一
— 2000

耶穌基督出生　0—

君士坦丁統一羅馬

羅馬帝國分成兩部

波斯帝國　500—

回教建立

凡爾登條約

神聖羅馬帝國建立
　　　　1000—

十字軍東征

蒙古第一次西征

英法百年戰爭開始

哥倫布發現新大陸
　　　　1500—

英國大破無敵艦隊

發明蒸汽機

美國獨立

美國南北戰爭開始
第一次世界大戰
第二次世界大戰

　　　　2000—

# 【專題】綠蔭場上的「德國戰車」

足球是德國人最喜歡的運動，德國既是一個足球大國，也是一個足球強國。德國國家足球隊是全世界最有名的足球隊之一，德國也是目前世界上唯一一個男足和女足都獲得過世界盃冠軍的國家。

德國分別在1954年、1974年、1990年、2014年獲得世界盃冠軍，從1954年開始，就從來沒有缺席過。它曾在1972年、1980年、1996年獲得歐洲國家盃冠軍，是歐洲國家獲得這個冠軍最多的國家。

有人說，足球是文明人的戰爭，其實對於德國來說，足球的意義遠不在此。作為從英國引進足球運動的第一個歐洲國家，足球就成了德國最流行的運動。德國的足球屬於力量型，因此德國球隊被成為綠茵場上的「德國戰車」。

二戰後的德國百廢待興，頂著「戰爭販子」的帽子在世界人民面前低著頭生活著。他們急需一個事情來恢復他們的尊嚴，重新樹立起自信。1954年的世界盃，「伯爾尼奇蹟」讓德國人體面地撿回被希特勒丟棄的尊嚴。

當時，匈牙利是足壇名將，在決賽時與西德相遇。作為剛被國際足聯接納的聯邦德國，能走到決賽已經很不容易了。上半場，匈牙利領先進了兩個球，一場貌似毫無懸念的比賽正在進行。但到了中場休息時，德國教練重新調整了戰術，阿迪達斯公司的老闆也給隊員打氣，還一人給了一個大紅包。

下半場的德國隊有如神助，連著進了三個球，並把3：2的比分一直

保持到最後。一場看起來會輸的比賽卻變成了一場勝利，讓無數的德國人心裏充滿了自豪感。當裁判吹響終場哨的時候，德國電臺的解說員瘋狂地喊道：「德國是世界冠軍！」

從此以後，德國便保持了優秀而穩定的成績，堅強、穩定和審時度勢是德國人獲勝的法寶。天生的服從意識讓球員在球場上堅定地執行教練的戰術，對他們來說，踢球不僅僅是工作，也是他們對祖國的責任和義務。無數的德國球員用他們的行動向世人展示著他們的決心，在他們的努力下，足球變成了整個德國精神的寄託。

德國人自詡是「足球民族」，而且德國也絕對能承擔起這個稱呼。在德國有27000多個足球俱樂部，足球人口達到650萬，占德國總人數的8％。德國人喜歡成立社團，各種各樣的社團有50多個，但是規模最大、人數最多的是慕尼黑的足球俱樂部，擁有會員18萬多人。

為了促進德國青少年足球人才的發展，德國建立了400多個足球基地，平均40個青少年就擁有一個足球基地，每個基地平均有4名專職的教練。德國人認為足球是一件具有挑戰性的工作，因為在挑選人才上也非常注重要求。在德國，不管你的年紀多大，只要具有足球天賦，你就不會不受到關注。

很多人以為，德國人嚴謹有餘而活潑不足，不大可能成為球迷。但事實上，對很多德國球迷來說，足球不僅僅是一項運動，還是信仰的代替品。德國人把贏球當成是開派對，德國隊贏了一場球，在德國球迷口中是「派對可以繼續」。

在柏林，布蘭登堡門到勝利柱之間，政府建起了全德國最大的球迷廣場，可以容納近百萬球迷在這裏觀球。無論是體育場內，還是球迷聚集區，德國球迷們揮舞著國旗，聲勢浩大，卻又有理有節。狂歡中的德國球迷不會酗酒鬧事，他們只享受勝利帶來的喜悅。

# 海鴿文化出版圖書有限公司
### Seadove Publishing Company Ltd.

| | |
|---|---|
| 作者 | 劉觀其 |
| 美術構成 | 騾賴耙工作室 |
| 封面設計 | 斐類設計工作室 |
| 發行人 | 羅清維 |
| 企畫執行 | 林義傑、張緯倫 |
| 責任行政 | 陳淑貞 |

古學今用 150

一本書讀懂
## 德國史

| | |
|---|---|
| 出版 | 海鴿文化出版圖書有限公司 |
| 出版登記 | 行政院新聞局局版北市業字第780號 |
| 發行部 | 台北市信義區林口街54-4號1樓 |
| 電話 | 02-27273008 |
| 傳真 | 02-27270603 |
| e‐mail | seadove.book@msa.hinet.net |

| | |
|---|---|
| 總經銷 | 創智文化有限公司 |
| 住址 | 新北市土城區忠承路89號6樓 |
| 電話 | 02-22683489 |
| 傳真 | 02-22696560 |
| 網址 | www.booknews.com.tw |

| | |
|---|---|
| 香港總經銷 | 和平圖書有限公司 |
| 住址 | 香港柴灣嘉業街12號百樂門大廈17樓 |
| 電話 | （852）2804-6687 |
| 傳真 | （852）2804-6409 |

| | |
|---|---|
| CVS總代理 | 美璟文化有限公司 |
| 電話 | 02-27239968　e‐mail：net@uth.com.tw |

| | |
|---|---|
| 出版日期 | 2021年12月01日　二版一刷 |
| 定價 | 350元 |
| 郵政劃撥 | 18989626戶名：海鴿文化出版圖書有限公司 |

國家圖書館出版品預行編目資料

一本書讀懂德國史／劉觀其著--
一版,--臺北市 ： 海鴿文化，2021.10
面 ； 公分. －－（古學今用；150）
ISBN 978-986-392-392-3（平裝）

1. 德國史

743.1　　　　　　　　　　　　　　110015095

Seadove

Seadove

Seadove

Seadove